En el espíritu de las islas

Los tiempos cubanos
de Max Henríquez Ureña

JOSÉ M. FERNÁNDEZ PEQUEÑO

© José M. Fernández Pequeño, 2022
© Iliada Ediciones, 2022
© Ulises Regueiro, de la fotografía del autor, 2022
ISBN: 979-8364442291

www.iliadaediciones.com

ILIADA EDICIONES
Heidebrinker Str.15
13357 Berlín
Alemania

Maquetación: Tobías S. Hirsch
Edición/Corrección: Lauren T. Hope.
Logo Ilíada Ediciones: Maikel García
Diseño: MJA —AV Kreativhaus UG

EN EL ESPÍRITU DE LAS ISLAS

Los tiempos cubanos de Max Henríquez Ureña

A Ricardo Repilado,
por su pasión de maestro.

A los dominicanos
cuya solidaridad me dibujó la patria más ancha.

Cuando vengas (¿cuándo vienes?) trae a Max contigo, siquiera por tres o cuatro meses. Escribiríamos, en unas cuantas noches, un libro eterno: yo haría el prólogo, o quizás mejor el epílogo. Max, ya que por ahí le da ahora, la bibliografía [...]. Me parece que su característica literaria es la honradez: conoce todo aquello de que habla. Haría un excelente humanista. Dale tú el espaldarazo.

Alfonso Reyes
Carta a Pedro Henríquez Ureña,
París, febrero 16 de 1914.

Tiempo de los inicios perpetuos

La casualidad no existe. Que resulte difícil a veces establecer el mapa de causas propicias, no niega la delicada articulación con que se trama la vida. Esta historia comienza una noche habanera de 1983, cuando la profesora Dioni Durán me habló del centenario de Pedro Henríquez Ureña, que se cumpliría un año después. Dioni preparaba entonces su tesis de doctorado sobre el humanista dominicano y yo trabajaba en la Casa del Caribe, una institución fundada en Santiago de Cuba dos años antes por un grupo de intelectuales interesados en la investigación y promoción de las culturas del Caribe. Fue fácil ponernos de acuerdo sobre la pertinencia –dígase mejor, la obligación– de celebrar en Cuba la fecha con un coloquio nacional acerca de los Henríquez Ureña, vinculados de forma tan estrecha a la cultura cubana. Ningún lugar mejor para la celebración que Santiago de Cuba, donde tan profundas huellas ha dejado la familia Henríquez.

Sobre mi aporte personal al temario, no tuve siquiera una duda: me ocuparía de la actividad desplegada por Max Henríquez Ureña en Santiago de Cuba. Me impulsaban en tal sentido la influencia del profesor Ricardo Repilado que, en sus brillantes y belicosas clases de la Universidad de Oriente, hablaba de los Henríquez con una ternura nada frecuente en su carácter, irónico y cascarrabias; el conocimiento de que el Instituto de Literatura y Lingüística, en La Habana, guardaba una nutrida papelería del intelectual dominicano; y, por último, la conciencia de que las opiniones sobre su ejecutoria santiaguera, tan orgullosamente recordada por entonces en Cuba, caían más del lado –hermoso pero impreciso– de la leyenda, que de los hechos comprobados.

En fin, la Casa del Caribe organizó el Coloquio Nacional por el Centenario de Pedro Henríquez Ureña en 1984, logramos reunir en Santiago de Cuba a especialistas de varias provincias cubanas, sobre todo de las más importantes universidades en el país, y yo no alcancé a leer mi trabajo pues en los afanes organizativos había quedado afónico. Pude, eso sí, continuar investigando el asunto después, con más calma. Tuve el apoyo inapreciable de los especialistas que laboraban en el archivo del Instituto de Literatura y Lingüística, quienes jamás escatimaron disposición y cariño, y de otros centros de información cubanos, entre ellos los Fondos Raros y Valiosos de la biblioteca Elvira Cape, en Santiago de Cuba. Encontré la comprensión de la familia Henríquez, descendientes del último matrimonio realizado por Francisco Henríquez y Carvajal, quienes aún vivían en el Oriente de Cuba. Y conté además con la fortuna de trabajar durante 1985 y parte de 1986 con la papelería del poeta Regino E. Boti, en Guantánamo, uno de los archivos literarios más valiosos y, por aquella época, menos conocidos de Cuba.

Esto último tampoco fue obra de la casualidad, sino de la pasión con que la hija del poeta, Florentina Boti, guardó, clasificó y protegió esos documentos; de su interés –desgraciadamente inconcluso– por ir dando a conocer el tesoro que su padre almacenó durante décadas de empecinada labor creadora; y de un cariño tan contradictorio como temperamental nacido entre el bronco carácter de Flora y mi impenitente tozudez. Pues en la casa guantanamera de Florentina, mientras preparábamos la correspondencia literaria cruzada entre Boti y los escritores orientales de su tiempo –de la que, también desgraciadamente, solo se publicó uno de los dos volúmenes concluidos– entré en contacto con numerosos documentos relativos al ambiente intelectual en que se había movido Max Henríquez Ureña hasta 1931. Había allí libros, así como colecciones de revistas y periódicos que, de otro modo, nunca habría podido consultar.

Esas iniciales pesquisas dieron por resultado un pequeño libro que fue premiado en el Concurso de Literatura José María Heredia y publicado durante 1989 bajo el título de *Periplo santiaguero de Max Henríquez Ureña* por la filial santiaguera de la Unión de Escritores y Artistas de Cuba. Aquellas líneas buscaban trazar, a partir de una apoyatura documental lo más sólida posible, la labor de promoción cultural

realizada por el dominicano en sus ya lejanos días santiagueros y poner el acento sobre un ejemplo cimero del profuso
intercambio que, hasta bien avanzado el siglo XX, habían
mantenido la República Dominicana y el Oriente cubano.
Nada más. Para mí –o al menos para el que yo era en aquel
1989– esas búsquedas estaban concluidas.

No podía sospechar entonces que un día de 1998 pondría
residencia en Santo Domingo, igual que Max Henríquez
Ureña la había puesto en Santiago de Cuba un día de 1904. Y
mucho menos que lo haría con la misma edad que tenía el
dominicano cuando dejó definitivamente la capital del
Oriente de Cuba, en 1931; es decir, 45 años. ¿Casualidad? Si
es así, se trataría de un azar muy dilatado porque, al momento de sumergirme en el multiempleo dominicano, nada estaba tan lejos de mi intención como volver a la figura de Max
Henríquez Ureña. Fue en octubre de ese 1998 que el crítico
literario Diógenes Céspedes, por un comentario del escritor
Andrés L. Mateo, me solicitó una serie de artículos sobre el
tema para su sección cultural del periódico *El Siglo*. Y la lectura de esos artículos impulsaron al historiador y editor Orlando Inoa a proponerme ampliar el pequeño texto publicado diez años antes.

En principio pensé simplemente abrir un poco sus líneas,
con la inclusión de la bibliografía y los documentos atesora-
dos en los archivos dominicanos, entonces a mi alcance.
Luego, a medida que fui adentrándome en la consulta de
fuentes, decidí que era necesario rehacer por completo lo antes elaborado. Y así, cada vez que vencía un nuevo objetivo,
me preguntaba por qué no ir más lejos, por qué no avanzar
otro paso en el estudio de un escritor que llenó toda una larga época antillana. Max Henríquez Ureña puede prestarnos
aún muchos servicios y, por encima de todo, puede ayudar-
nos a comprender mejor nuestro tiempo, siempre que este-
mos dispuestos a alargar una reflexión desprejuiciada y sin-
cera sobre el suyo. Lo que comenzó siendo labor de remiendo,
terminó por extenderse a cuatro años de esfuerzos. Este proyecto, totalmente nuevo, fue publicado en 2003 –exactamente
veinte años después que comenzara la investigación– por la
Editorial Alfaguara, en su colección Taurus.

Otros veinte años se cumplirán muy pronto de aquella primera publicación, y considero llegado el momento de hacer una edición definitiva del texto, al tiempo que procurarle la difusión entre las personas llamadas a ser sus lectores primordiales –académicos, intelectuales y, en general, el público amante de la historia y la literatura– que, lamentablemente, su edición príncipe no tuvo. Las herramientas de difusión surgidas a la sombra de Internet garantizan hoy que esa tarea pueda realizarse con limpia eficiencia, siempre que el libro esté en manos de editores con real vocación y profesionalismo.

Para esta edición, se han mantenido y actualizado los cinco capítulos originales del libro. El primero va de 1904 a 1908 y recoge la llegada de Max Henríquez Ureña a Santiago de Cuba con solo dieciocho años, así como su paso por La Habana y México, lugares todos donde adelantó sus primeros escarceos como editor, periodista, conferencista y gestor cultural, en busca de una base económica que le permitiera concluir los estudios profesionales. El segundo cubre de 1909 a 1916, con la estancia del intelectual dominicano en La Habana, la conclusión de sus estudios de Derecho, la sólida repercusión que alcanzó su trabajo como periodista y animador cultural en la capital cubana, así como su regreso a Santiago de Cuba para iniciar en firme la carrera como maestro y establecer sus primeras instituciones de animación cultural en la capital del Oriente cubano. El tercero alcanza desde 1916 hasta 1921, con centro en las ingentes labores para enfrentar la ocupación de la República Dominicana por parte de las tropas norteamericanas, acciones en que la familia Henríquez tuvo un papel protagónico desde la Comisión Nacionalista Dominicana. Etapa movida, se abre también a la consolidación del trabajo docente de Max Henríquez Ureña, a través de la Escuela Normal para Maestro de Oriente; el arraigo de su quehacer periodístico, con la fundación de los periódicos *Diario de Cuba* y *El Sol*; y termina con un largo viaje de este a Europa. En el cuarto capítulo se examina el período de 1922 a 1931 y, dentro de este, la integración del tercero de los Henríquez Ureña al movimiento político renovador que sacudió Cuba durante los años veinte del siglo pasado. Asistimos a la focalización y profundización de la gestión cultural llevada adelante por el dominicano en Cuba, gracias a la fundación de la Institución Hispano-Cubana de Cultura de Oriente y su revista *Archipiélago*, así como a la publicación de sus primeros textos mayores.

En 1931, Max Henríquez Ureña regresó a la República Dominicana y cerró, por tanto, su periplo santiaguero. Las casi tres décadas que van de 1904 a 1931 son las de su formación y en ellas están las raíces más sólidas para entender su larga colaboración con la dictadura de Rafael Leonidas Trujillo, que se extenderá hasta los años cuarenta, y los rasgos esenciales de su obra mayor, publicada durante su madurez. Partiendo de esas raíces, el capítulo cinco reflexiona sobre la actitud política de Max Henríquez Ureña y somete a juicio su obra mayor como historiador de la literatura.

Los nueve anexos que aparecieron en la edición de 2003 han sido ahora eliminados. El hecho de que el Ministerio de Cultura de la República Dominicana, en colaboración con el Instituto de Literatura y Lingüística de Cuba, haya publicado la papelería de Max Henríquez Ureña en 28 tomos, quita toda pertinencia a esos documentos. Se mantienen, eso sí, la cronología sobre la vida y obra del escritor dominicano, depurada sobre bases documentales confiables, y una relación de los más importantes discursos y conferencias pronunciados por este entre 1904 y 1931, debido a la relevancia que tales modos de promoción tuvieron dentro de la gestión cultural desplegada por el autor de la *Breve historia del modernismo*.

Una aclaración más. He decidido mantener en esta edición definitiva el extenso aparato crítico del libro según las antiguas normas de citado al pie de página. Conozco muy bien y he tenido que usar, en ejercicios académicos donde resultaba obligatorio, los actuales métodos de cita incorporada al discurso expositivo, pero sigo pensando que –al menos para un texto como este– tales métodos son engorrosos, en la misma medida que interrumpen constantemente la lectura y rompen el disfrute de quien lee. Es esta una elección muy bien madurada.

Porque, en verdad, no deseo que el lector enfrente las páginas por venir con la idea de que tiene en sus manos una investigación formal y cumplida, ufana de su fidelidad a un método y abonada con la mística del dato comprobado. Este libro es solo la mirada –indiscreta en tanto humana– que un escritor echa sobre la actividad de otro cuya andadura considera significativa. Para esto, me siento autorizado a emplear todas las herramientas disponibles, siempre que me lleven con honestidad al lugar apetecido y me expresen como intelectual. Creo que la verdad tiene excelentes aliados en las fuentes documentales, pero sé también que no es posible acercarse a ella definitivamente sin una intuición bien dispuesta y alguna pizca de ficción oportuna. Hay recovecos en el alma de los hombres para los que el único documento posible es la mirada solidaria que nace de lo vivido, de la experiencia.

De hecho, el texto de este libro se fue construyendo como un discurso narrativo, sobre la marcha, a medida que asomaban los obstáculos o se insinuaban las respuestas ante el interrogador curioso. Los dos capítulos iniciales, con su carácter básico, requirieron el empleo mayoritario de armas cercanas a la investigación biográfica. El tercero anduvo por las cercanías de la historia y el pensamiento político. El cuarto posee un carácter más híbrido y exigió una responsabilidad mayor al juicio literario. En el quinto prevalece la reflexión de corte ensayístico. Sin embargo, repito, el texto en su conjunto quiere ser trabajo de escritor y no otra cosa. Me gustaría saber que resulta una travesía amena porque confieso haber encontrado más de una sorpresa en su transcurso.

Cuando este libro se publicó por primera vez, expresé mi asombro por el hecho de que Max Henríquez Ureña fuera tan mal conocido por la masa lectora en su país de origen, la República Dominicana. Muchos de sus mejores textos nunca habían sido impresos en el país; otros, se habían dado a conocer muy limitadamente; mientras que su poesía y su narrativa eran prácticamente ignoradas, más allá de sus novelas de corte histórico, que no forman parte de su mejor literatura. Por suerte, hoy no es así. Quedan, en mi opinión, dos tareas clave para hacer justicia a los largos años entregados por este intelectual al estudio y la creación literaria: poner los veintiocho tomos que abarca su papelería al alcance del mundo académico internacional, algo que puede hacerse sin demasiado esfuerzo a través de las plataformas digitales al uso para la comercialización de libros; y recoger la ingente obra de crítico literario que el tercer hijo de Salomé Ureña dejó regada en publicaciones periódicas del mundo entero. Estoy seguro de que esa producción pondría de relieve algunos componentes de la estimativa literaria desarrollada por el autor que no son fácilmente perceptibles en su obra mayor.

Tanto en aquella primera edición como en esta, he querido que mis páginas sean precedidas por el testimonio de Ricardo Repilado acerca de la familia Henríquez en Santiago de Cuba. "Los Henríquez que yo conocí" fue originalmente un artículo que Joel James solicitó al crítico e historiador cubano para *Del Caribe*, una revista que ayudé a fundar en Santiago de Cuba a mediados de 1983. Como un reconocimiento al estímulo intelectual que representó el profesor Repilado en la concepción de este trabajo y a lo que significó su dilatada tarea de mentor para varias generaciones de intelectuales cubanos, le solicité en 2003 que me permitiera utilizar el artículo como texto liminar, a lo que accedió con el desprendimiento de siempre. Hoy, cuando la muerte ha hecho imposible que pueda sentarme con Repi a conversar sobre literatura en su casa de Vista Alegre, quiero que el texto no solo siga antecediendo mis reflexiones con su espléndido espesor humano, sino que su presencia en este libro sea el abrazo de su discípulo agradecido.

Aquí estamos, pues. A este punto no hemos llegado por casualidad, sino gracias a una intensa conjunción de obstáculos, esfuerzos y −¿por qué no?− ternuras. A la hora de publicar la edición definitiva de este libro, tengo más dudas que seguridades. Lo que sigue, ¿son las letras de un cubano que aspira a reverenciar la cualidad de ser dominicano? ¿O es la magnificación de un dominicano que reverenció con todas las potencias de su talento la cualidad de ser cubano? ¿O es que ambas cualidades serán lo mismo? Haber escrito este libro es mi manera de responder a esas interrogantes.

Liminar
LOS HENRÍQUEZ QUE YO CONOCÍ

Siendo yo muy niño, cada vez que la gente mayor de la familia Repilado se reunía, su conversación invariablemente derivaba hacia gentes y lugares para mí desconocidos: Américo Lugo, mi tío Miguel Gutiérrez, *mister* King, el barrio Cuba Libre, Máximo Gómez, el general Gregorio Luperón, la calle del Cibao, el doctor Ulpiano Dellundé, los Báez, los Cesteros... Sobre todo, hablaban sobrecogidos de un señor a quien llamaban Lilís, hombre terrible que según ellos había matado a mucha gente. Todo lo que conversaban mis mayores había ocurrido en Puerto Plata, un lugar situado por mi imaginación infantil muy cerca de Santiago de Cuba, quizás un poco más allá de El Caney. Pero después de cumplir los seis años supe que mi padre y su hermana Rosa habían nacido en Puerto Plata, y que este lugar no quedaba tras las lomas que acunan El Caney, sino mucho más lejos, pues había que cruzar el mar para llegar hasta allá. Poco a poco pude ir discerniendo que, años antes de mi nacimiento, todos los seres queridos de mi familia paterna habían vivido en aquel ahora lejano Puerto Plata tan amado por ellos.

Fueron pasando los años y el mundo crecía conmigo. Pero los viejos siempre hablaban de Puerto Plata. Un buen día descubrí algo interesante: para ellos Santiago de Cuba y Puerto Plata no eran más que dos tiempos distintos de una misma patria. Y ya en mi adolescencia supe que el más grande de todos los cubanos, al escribirle a su "amigo y hermano" don Federico Henríquez y Carvajal, le decía de Cuba y Santo Domingo: "Esto es aquello y va con aquello". Así fue para las innumerables familias cubanas que vivieron largos años en la isla hermana; así fue –y aún es– para los numerosos dominicanos que han encontrado en Cuba una extensión de su patria; así fue para una buena parte de los Henríquez Carvajal y sus descendientes.

El profesor Ricardo Repilado entre la historiadora de Santiago de Cuba, Olga Portuondo, y el sacerdote Joan Rovira (foto cortesía de Olga Portuondo).

En 1903 Francisco Henríquez y Carvajal se trasladó a Cuba y pronto se reunió aquí con sus cuatro hijos. Frank y Pedro Henríquez Ureña se quedaron en La Habana trabajando en Silveira y Compañía. Don Francisco revalidó su título de Doctor en Medicina en la Universidad de La Habana en 1903 y se estableció en Santiago de Cuba con Max y Camila Henríquez Ureña. Esta, que solo tenía nueve años, ingresó en un colegio privado y quedó matriculada en el mismo curso que mi madre, María Ana Parreño Revolta. Allí nació entre ellas una amistad que se mantuvo inquebrantable hasta la muerte de Camila, a pesar de que en dos ocasiones dejaron de verse durante años.

Don Francisco, por su parte, había contraído nupcias en 1898 con Natividad Lauranzón, con quien tuvo cinco hijos.

En la segunda mitad de la década del 20 —quizás precisamente en 1926—, nos mudamos para una casa en la calle 15 entre 4 y 6, reparto Vista Alegre. Casi frente a nosotros, en la misma esquina de 4, Max Henríquez Ureña acababa de construir su nueva morada. Max y Guarina Lora, su esposa, eran amigos de mis padres y enseguida intercambiaron visitas. Tenían dos hijos: Hernando y Leonardo. Pronto se estableció una gran camaradería entre ellos y mi hermano Francisco y yo, pues nuestras edades coincidían aproximadamente.

La casa de Max estaba muy bien puesta y abundaban en ella los buenos cuadros y los adornos del mejor gusto. En la sala había un gran piano de cola. Max era un soberbio pianista y Guarina también tocaba el piano, pues había sido alumna del profesor Agustín Lobo Destrade, pero ya casi no usaba el instrumento porque había perdido el oído. Era una mujer de exquisita educación y su agradable rostro estaba siempre animado por una sonrisa. Hernán se le parecía mucho, así como Leonardo era la viva imagen de su padre. La sordera de Guarina era casi total, y usaba una prótesis que era algo así como una pequeña caja forrada de carey, que evidentemente la ayudaba muy poco.

Para que Guarina pudiera oír el piano, Max le hizo al instrumento una curiosa adaptación: en el arpa había hecho soldar un delgado puente de metal, en cuyo centro había una varilla movible. Cuando Max tocaba el piano ella mordía el extremo de la varilla y podía oír bien la ejecución. Max parecía sentir predilección por la obra de Schumann, que tocaba con frecuencia, aunque recuerdo haberle oído interpretar también a Mozart, Beethoven y Schubert.

La casa era visitada a menudo por el padre de Max, hombre robusto, trigueño, con una abundante melena blanquísima. Vestía casi invariablemente un traje de sarga negra, zapatos negros, camisa blanca con corbata de lacito negra, y un sombrero hongo negro que nosotros llamábamos "bombín". Hernán y Leonardo llamaban a su abuelo Papancho, y Papancho fue desde entonces para nosotros también, con su cariñosa tolerancia. Por supuesto que ni siquiera sospechábamos que Papancho era "el presidente errante", un trozo gallardo y viviente de la historia de su patria. Eso lo supe pocos años más tarde.

También venía a la casa una muchacha alta, de pelo negrísimo y porte elegante, que evidentemente era amiga de mi madre, pues al entrar o salir de casa de Max venía un momento a conversar con ella. Era Camila. Mirta Aguirre la describió como "una mujer muy alta, muy derecha, muy refinada, de noble rostro y gran encanto personal".[1] Así era, en efecto. Pero hay que añadir otros detalles. A pesar de una modestia y una sencillez absolutamente genuinas, raigales, la rodeaba un aire inconfundible de majestad. Sosegada, jamás la vi hacer nada con prisa. Todos sus gestos y movimientos eran elegantes. Siempre vistió con la mayor discreción y usaba muy pocos afeites. Su voz —con una ligera insinuación de timbre nasal— era el vehículo de una dicción impecable, pero sin el menor asomo de afectación. Salvando las diferencias de sexo, Max y Camila tenían voces similares y hablaban con idéntica entonación. Durante los varios años que visité con frecuencia las casas donde vivían Papancho y Camila, jamás la vi "en facha". Aun en la intimidad del hogar nunca fue posible descubrirle muestra alguna de desaliño.

Camila había regresado a Santiago desde 1921, después de permanecer algún tiempo en Minnesota, en cuya universidad había ampliado sus estudios —muy posiblemente junto a Pedro, que también estuvo allí— y ocupó una cátedra. Desde la infancia Camila hablaba el francés, pues mi madre siempre recordaba que en el colegio donde ambas habían estudiado juntas, se representaban comedias en francés ensayadas en casa de Camila. Al regresar a Santiago en 1921, ya ella dominaba también el inglés y el italiano. Más de una vez me dijo que su profesor de italiano había sido su hermano Pedro.

Bien junto con Camila, bien un poco más tarde, vino a Santiago de Cuba una muchacha norteamericana que Camila había conocido en los Estados Unidos. Se llamaba Marion Risk y había sido discípula de Isadora Duncan. Marion enseguida fundó una escuela de danza moderna —quizás la primera que hubo en Cuba— que funcionaba en el local del colegio Segrera, dirigido por la señora Caridad

---

[1] Mirta Aguirre: "Prólogo", en Camila Henríquez Ureña, *Estudios y conferencias*, p. 11.

Puyol, que en 1920 había enviudado del notable arquitecto Carlos Segrera.

La escuela de danza de *miss* Risk funcionó en Santiago de Cuba unos diez años y en ella se formaron varias estimables bailarinas. Por lo menos dos veces al año ofrecían al público un espectáculo excelente. Recuerdo uno en particular, alrededor de 1929. En aquella ocasión, la parte central del programa estaba integrada por lo que era en realidad un pequeño ballet completo, con la música incidental compuesta por Edvard Grieg para *Peer Gynt*, de Ibsen, y coreografía de *miss* Marion, quien interpretó ella misma el papel de Ase, la madre de Peer. Fue un espectáculo de gran dignidad artística que jamás he olvidado. Todos los años que permaneció en Santiago, Marion vivió con Papancho y Camila, y naturalmente mis memorias de los Henríquez están indisolublemente ligadas al recuerdo de ella.

Varias veces oí disertar a Max Henríquez Ureña, y recuerdo bien su elocuente y bello discurso el día que se develó el monumento a José María de Heredia y Girard en Avenida Manduley esquina a 7, en Vista Alegre. Por aquellos tiempos —fines de la década del veinte— oí a Camila en dos conferencias: una sobre Dante y la otra sobre Franz Schubert, ambas leídas en el ya desaparecido Teatro Vista Alegre. La primera de estas dos conferencias me intrigó tanto, que enseguida me puse a leer *La divina comedia*, que mi abuelo paterno, Antonio Parreño Bory, tenía entre sus libros. Camila era una de las mejores lectoras que he escuchado en mi vida. Tenía un fino sentido del ritmo y la modulación, que usaba con mucha habilidad para subrayar significados y matices. También leía poesía con insuperable eficacia, aunque sin llegar a "declamarla". Tuve el privilegio de oírle leer en italiano un buen tramo del primer canto de *La divina comedia*. Camila, en apariencia imperturbablemente serena, era en realidad muy emotiva, y no podía leer ciertos cuentos y poemas sin que los ojos se le llenaran de lágrimas.

Max fue un animador infatigable de la vida cultural en Santiago. Y digo vida cultural, que no solo literaria. Nunca negó su concurso a ninguna actividad de este tipo, y se prestaba de buen grado a escribir pequeños ensayos para encabezar los programas de recitales, conciertos y funciones teatrales. Sin embargo, aunque disfrutaba de grandes simpatías y su prestigio era muy sólido, la pacata "alta sociedad" de entonces lo miraba con un repunte de reserva, pues era "librepensador", término eufemístico para "ateo", aunque en realidad no quiere decir eso exactamente. Hace de esto muchísimos años, pero recuerdo bien el revuelo que levantó una de sus notas a un programa. Se trataba de una función a beneficio de una escuela regida por monjas. En su breve pieza, Max se refería a "la figura excelsa de Jesucristo", y esto desató un intenso debate *sotto voce* sobre si Max creía o no creía. Por supuesto que ellos no eran gente de iglesia.

Ahora bien, su innegable eminencia intelectual no hizo de Max un hombre inaccesible y estirado. Participaba con frecuencia en los juegos de sus hijos, y siempre se dirigió a nosotros –mi hermana, mi hermano y yo– con gran cariño. La familia de Guarina –la madre, la hermana Isabel y el hermano Giordano– vivían en Avenida Manduley esquina a 9, y en una pequeña plataforma que había al fondo de la casa –creo que era algo así como la tapa de un gran tanque de agua– Max ayudaba a Hernán, Leonardo y mi hermano Francisco a empinar un gran coronel rojo. Siempre que hablemos de él debemos recordar la impagable deuda que con él contrajo la ciudad de Santiago de Cuba.

Max y Guarina no parecían ser padres muy severos, pero es un hecho que sus dos hijos estaban muy bien educados. Hernán era muy inquieto y vivaz; Leonardo, un poco más tranquilo. Ambos estudiaban música desde pequeños: Hernán el piano y Leonardo el violín.

A fines de 1929 nos mudamos para una casa recién construida en la calle 6 entre 7 y 9, Vista Alegre. En la misma esquina de 7 vivía el doctor Henríquez y Carvajal con Camila, Marion, doña Malín (Amalia) y doña Pimpa (Olimpia) Lauranzón, hermanas de Natividad, la segunda esposa de Papancho. La casa tenía mucho terreno alrededor, y allá nos íbamos mi hermano y yo, a veces con Hernán y Leonardo, a veces solos. Un día, en los primeros meses de 1930, merodeábamos por los alrededores de la casa del doctor Henríquez. Había visita y nos acercamos a curiosear. Era un hombre joven, muy sonriente, que conversaba con Papancho, Max y Camila. Una expresiva mirada de esta última pareció sugerirnos que nos alejáramos, cosa que por supuesto no hicimos porque oír hablar a aquel joven era muy entretenido. Desde luego, fuimos lo suficientemente discretos para limitarnos a oír. hasta que Max se llevó al visitante al poco rato. Cuando preguntamos a Camila que quién era aquel joven, respondió que un poeta español llamado Federico García Lorca. Creo que nunca estuve más cerca del verdadero genio que aquel día. ¡Y no lo supe!

Mientras aún vivíamos en la calle 6, a fines de 1930, se mudaron frente a nosotros Fernando Abel Henríquez y Lolita Rosell con todos sus hijos. Esa fue una razón más para que Hernán y Leonardo siguieran frecuentando el barrio. Nuestro grupo se aumentó con dos de los hijos de Fernando Abel —Porfirio y Frank— que eran aproximadamente de nuestra edad. Ya yo tenía catorce años y me interesaba mucho la poesía. No recuerdo en absoluto cómo surgió la conversación, pero un día Camila me habló de los poemas de su madre, Salomé Ureña. Aquello me interesó sobremanera, y Camila, que siempre fue muy paciente y cariñosa con nosotros, me habló largamente de su madre, a quien ella no recordaba. Pocos días después ella y Max me regalaron un ejemplar de las *Poesías* de Salomé, seleccionadas por Pedro —quien posiblemente también escribió las anónimas páginas liminares— y publicadas en Madrid en 1920. Aún conservo este precioso recuerdo de Max y Camila.

A principios de 1934 volvíamos a ser vecinos de Papancho y Camila, pues nos mudamos a la calle 8 entre 11 y 13, y frente a nosotros vivían ellos, que acababan de regresar de una estancia de varios meses en París. Ya Marion se había marchado de Cuba, pero en la casa seguían viviendo doña Malín y doña Pimpa.

Mi hermana Catalina tenía una salud muy precaria, lo que le había impedido asistir con regularidad al colegio, y esto preocupaba a mis padres. Apenas nos mudamos a la calle 8, mi madre le pidió a Camila que aceptara a mi hermana como alumna privada, y ella accedió. Las clases eran diarias y duraban dos horas. Casi siempre mi hermana las recibía en la biblioteca de Papancho y Camila, pero a veces, y por motivos que se me hace imposible recordar, Camila cruzaba a nuestra casa para impartírselas a Catalina. Entonces yo también podía oír las explicaciones de aquella incomparable profesora. Su sistema de enseñanza era interesante, pues está claro que no se trataba de un curso regular. Para despertar el interés de su joven alumna en diversos períodos de la historia, le hacía leer una novela sobre una época determinada y luego le conversaba sobre la fundamentación histórica del libro. *La hija del rey de Egipto*, de Jorge Ebers, fue el pretexto para varias clases sobre la antigua civilización egipcia. Esta vieja novela –propiedad de Camila– aún está en uno de mis estantes. Supongo que ella se la regalaría a mi hermana. Para la literatura española, Camila usó un texto de James Fitzmaurice-Kelly, que también conservo.

Con el trato diario, las relaciones de amistad se estrecharon mucho. Camila venía dos o tres veces por semana a nuestra casa. Mi padre había comprado uno de los mejores receptores de onda corta que había en el mercado, y ella venía para oír ciertos programas, sobre todo la ópera, que durante los meses de noviembre a abril se trasmitía todos los sábados por la tarde directamente desde el Metropolitan Opera House en New York.

Una mañana estaba yo estudiando en el portal de mi casa, cuando de pronto oí una bella y robusta voz de soprano dramática vocalizando. Aquella voz venía de casa de Papancho. ¡Era Camila! Aquella misma tarde ella cruzó a casa a conversar con mis padres, y yo, muerto de curiosidad, le pregunté por aquella vocalización. Camila sonrió y me dijo que su primera ambición había sido hacer carrera como cantante de ópera, pero que una faringitis crónica le había cerrado aquel camino desde muy temprano. Sin embargo, había logrado aprender bastante sobre el manejo de su voz. Lilli Lehmann, la fabulosa soprano alemana que había llegado a saber más que nadie sobre la producción y entrenamiento de la voz humana, había escrito un libro notable (*How to sing*) donde, entre muchísimos detalles de técnica vocal, enseñaba un método para curar la afonía, y en ese libro Camila había aprendido el sencillo ejercicio, que ella consideraba infalible. Lo practicaba cada vez que sentía amenazadas sus cuerdas vocales. Ella vocalizaba, pues, para poder hablar cuando una afección de la faringe la hubiera dejado casi muda. Debo agradecer que me enseñó el ejercicio –llamado por la Lehmann "la gran escala"– y puedo garantizar que sí es infalible. A su práctica le debo el no haber incumplido nunca un compromiso para hablar en público.

El doctor Henríquez y Carvajal seguía muy activo, atendiendo a su numerosa clientela. Cuando terminaba de visitar a sus pacientes, regresaba a su casa y se sentaba en el portal a conversar con sus cuñadas y Camila. Le gustaba pasearse a lo largo del amplio portal con las manos enlazadas en la espalda. A veces yo iba a visitarlos a esa hora, pues la conversación de Papancho –yo ya conocía su talla histórica– me fascinaba. Una tarde me habló de Hostos, a quien había conocido mucho en Santo Domingo. Papancho evocaba a Hostos con tanta emoción y respeto que me quedé impresionado.

Papancho, repito, era consentidor en extremo y a veces llegaba hasta la imprudencia. Su carro era un Studebaker gris oscuro, que le manejaba un chofer llamado Bicet. Con la mayor naturalidad Papancho prestaba el carro a Frank Henríquez Rosell y a mi hermano Francisco, cosa temeraria pues los dos muchachos eran muy jóvenes y no tenían, por supuesto, licencia de conducción. Fernando Abel Henríquez protestó de aquello muy enérgicamente, pero Papancho no le hacía ningún caso y siguió dejando a los dos muchachos manejar el carro. Al final de cada uno de estos préstamos, siempre tuvo lugar una pequeña ceremonia. Al devolverle el carro al doctor, los dos Frank le decían: "Papancho, le repusimos la gasolina que hemos gastado". Enseguida él, con un gesto elegante de la mano, les replicaba: "No era necesario. La gasolina iba con el carro".

A fines de enero de 1935, Papancho le pidió a Camila que le bajara de un estante alto las obras de Cicerón. Así lo hizo ella y el doctor comenzó a releer al gran clásico. El 6 de febrero Camila estaba en mi casa cuando pasó alguien –no recuerdo quién– a decirle que el doctor se había sentido muy mal de repente. Camila se puso de pie inmediatamente y le dijo a mi madre:

—Nena, hace días que papá se queja de un dolorcito en el pecho y le ha dado por decir que eso es del corazón.

—No olvides que él es médico –le replicó mi madre.

Pocos minutos después, el doctor Francisco Henríquez y Carvajal estaba muerto.

Camila siguió viviendo en aquella casa durante algunos meses, y luego se mudó con doña Pimpa y doña Malín a una más pequeña en la calle 6 esquina a 9. Algo más tarde las dos tías se trasladaron a La Habana, y Camila se fue a vivir con su primo Fernando Abel Henríquez y toda la familia. Ocupaban ellos entonces una casa en 13 y Avenida Manduley, en uno de los extremos de la rotonda. Mientras Camila permaneció con sus primos, don Federico Henríquez y Carvajal vino a pasar una temporada con su hijo Fernando Abel, Lolita y los muchachos. Las "canas juveniles" de que habla Martí en la hermosa carta a don Federico fechada en Montecristi el 25 de marzo de 1895, ya se habían convertido en purísima nieve. Don Federico era un noble y apuesto anciano, y su mente parecía conservar plenamente lucidez y vigor.

Poco después de esto, Camila se trasladó a La Habana y de allí a los Estados Unidos. La perdí de vista durante más de 25 años. Pero "cuando se marchaban muchos, regresó ella; cuando muchos iban a mendigarle al enemigo un lugarcito bajo el sol, a cambio de retirarle a la patria sus servicios, Camila Henríquez [...] retornó a Cuba, para correr en Cuba la suerte que cupiera a todo nuestro pueblo".[2]

Volví a verla en una reunión de planes y programas, de las que periódicamente celebraban en La Habana nuestras universidades. Había cambiado muy poco, casi nada. Los años solo le habían acentuado la dignidad y el majestuoso porte. Se alegró mucho de verme y preguntó por toda mi familia.

Después de finalizar la sesión de la mañana, fuimos a almorzar invitados por la doctora Vicentina Antuña. Mirta

---

[2] Mirta Aguirre: "Camila Henríquez Ureña", en *Estudios literarios*, p. 489-490.

Aguirre, que apenas una hora antes había rebatido algunos criterios míos con incendiaria energía, quiso que me sentara junto a ella para que hiciéramos las paces. Quedé en la mesa con las doctoras Antuña, Aguirre, Henríquez y Adolfina Cossío.

A pesar de sus ocasionales "sulfuraciones", Mirta Aguirre tenía un maravilloso sentido del humor, y bajo su apariencia a veces adusta guardaba tesoros de generosidad, bondad y ternura. A poca gente he visto gozar un buen chiste tanto como a ella. Aquella vez le dio por relatar anécdotas sobre los exámenes para aspirantes a ingresar a la universidad. Para sorpresa mía, que nunca había conocido esa faceta de su carácter, Camila comenzó a relatar sus propias experiencias, y entre las dos nos hicieron reír tanto que la comida comenzó a enfriarse. Tanto Camila como Mirta lloraban de la risa.

En 1969 tuve que permanecer en La Habana durante varias semanas para hacer un trabajo de tipo editorial. Una tarde regresaba al hotel por la calle 21 del Vedado, y casi frente al Capri encontré a Camila, sentada en un muro bajo y derecha como un huso. Esperaba un taxi para regresar a su casa. Me saludó con su dulce cordialidad de siempre, y me senté a su lado para hacerle compañía. De pronto se le nubló el rostro:

—¿Sabía usted que Max murió?

La pregunta me causó sorpresa, pues yo le había escrito dándole el pésame. Mi carta, sin embargo, no había llegado a sus manos.

Inevitablemente nuestra conversación tomó un giro nostálgico. El taxi tardaba, y tuvimos tiempo de recorrer largos trechos de un pasado muy distante. Papancho, doña Malín, doña Pimpa, Max, Guarina, mi padre... Todos fueron desfilando por nuestros recuerdos. Hablamos de la visita de García Lorca a Santiago de Cuba, que por aquel entonces se discutía mucho. Recordamos también la visita de don Fernando de los Ríos. Y de repente:

—¿A que no adivina quién me escribió el mes pasado?

No, yo no podía adivinarlo.

—¡Marion!

¡*Miss* Marion Risk! Camila jamás había perdido el contacto con su vieja amiga, de quien hacía muchos años yo no tenía noticias. *Miss* Marion se había casado algo tarde y vivía felizmente su vejez en Canadá. Entonces supe por boca de Camila cómo había sido la trayectoria de aquella inteligente y sensitiva mujer, a quien siempre agradeceré mi precoz y vitalicio amor por el arte de la danza. Como espectador, por supuesto. Nunca fui capaz de bailar bien ni un danzón.

Llegó el taxi, la ayudé a subir. Ya sentada en el carro, Camila me tendió la mano y puso por un instante su mano izquierda sobre mi diestra, que estrechaba la suya. Cuando la perdí de vista, ella sonreía.

Algún tiempo después –¿un año?, ¿dos?– acompañaba yo a mi madre a visitar las tiendas de Santiago, pues ya no la dejábamos salir sola. Mi madre –voraz lectora– quiso entrar a una librería a ver si encontraba algo nuevo. Allí, ante un estante, estaba Camila, muy elegantemente vestida de gris claro. El encuentro fue muy efusivo, pues hacía como treinta años que no se veían. Entablaron una conversación animadísima, pero en la que yo no podía terciar más que con alguna que otra pregunta, ya que ellas hablaban de tiempos anteriores a mi nacimiento. Entonces conocí el terrible secreto: mi madre y Camila habían sido cómplices... ¡en un robo!

De lo que hablaban sofocadas por la risa, pude deducir que en el patio del colegio donde ellas habían terminado su educación primaria –en Santiago de Cuba– había varias parras muy bien dispuestas en un enrejado alto. Cierta vez aquello se llenó de jugosos racimos de uvas que a las alumnas les estaba prohibido tocar. Pero Camila y mi madre estaban decididas a apropiarse cada una de un racimo, y como eran dos vigorosas niñas de once años, en un descuido de los profesores treparon hasta un lugar del techo donde no podían ser vistas. Cada una arrancó un enorme racimo de uvas, pero llegado el momento de bajar, el patio estaba lleno de alumnas y profesores. Se quedaron quietas un rato, pero ya su ausencia había sido notada y las llamaban insistentemente. Al fin bajaron del techo, delatadas por el considerable bulto que en vano querían ocultar. Fueron muy severamente amonestadas y sus respectivas familias notificadas del delito. En ambos hogares la severidad fue todavía mayor. ¡Cómo disfrutaban ambas recordando aquellos tiempos de su niñez!

Invité a Camila a merendar con nosotros y aceptó. En la mesa, mi madre y ella siguieron recordando los viejos tiempos con una fruición que daba gusto oírlas. Al cabo de un rato nos despedimos. Camila había venido a Santiago a pasar una semana con su hermano Eduardo y regresaba a La Habana al día siguiente. No volví a verla.

TIEMPO DE LOS ABRAZOS

Mundo virgen, libertad recién nacida, repúblicas en fermento, ardorosamente consagradas a la inmortal utopía: aquí habían de crearse nuevas artes, poesía nueva. Nuestras tierras, nuestra vida libre, pedían su expresión.

PEDRO HENRÍQUEZ UREÑA

El 28 de mayo de 1904 llegó a Santiago de Cuba por primera vez Maximiliano Adolfo Henríquez Ureña.[1] Era dominicano, tenía 18 años, e iba a reunirse con su padre, el Dr. Francisco Henríquez y Carvajal, quien se había asentado hacía muy poco en la capital de la provincia de Oriente. El hecho, por demás, resultaba habitual. Ese día, el joven era solo uno entre los muchos que corrientemente iban y venían –por las razones más variadas y gracias a una constante ruta de vapores– entre la región suroriental de Cuba y la República Dominicana.

El viajero desembarcaba con la idea de permanecer una temporada no muy larga en la ciudad, el tiempo necesario para elegir un lugar idóneo donde comenzar los estudios académicos que precisaba una carrera intelectual iniciada casi desde la cuna, donde habían confluido dos apellidos dominicanos ilustres. Como ocurre en estos casos, el destino terminaría imponiendo su mandato sinuoso e impredecible al joven que así vio abrirse la ciudad de Santiago de Cuba, en aquel ya distante amanecer de primavera:

Pocas veces me ha producido la naturaleza tropical una sensación estética tan deliciosa, como en el radioso despuntar de la alborada que iluminó la entrada del barco que me conducía a Santiago de Cuba. El formidable Castillo del Morro se destacó, imponente y majestuoso, al pasar la nave. La luz rojiza y naciente iluminó con trémulos fulgores el paisaje, y pude ver, mecida por la fresca brisa de la mañana, la enseña tricolor

---

[1] Max Henríquez Ureña: *Mi padre*; perfil biográfico de Francisco Henríquez y Carvajal, p. 83.

de Cuba libre, victoriosa al fin por encima de sangre y de horrores, proclamando a la faz del mundo la nueva era de prosperidad y amor que se ha iniciado bajo su protectora égida.[2]

Era la segunda ocasión en que Max Henríquez Ureña pisaba territorio cubano. Poco más de un año antes, el 14 de enero de 1903, había llegado a La Habana procedente de Nueva York, donde vivía con sus hermanos Pedro y Frank. El Dr. Henríquez y Carvajal, por entonces radicado en la capital cubana, insistía en que sus hijos se le uniesen, lo que parece haber estimulado el viaje del joven. De cualquier modo, la estancia fue breve, pues a principios de abril regresó a Estados Unidos.[3]

Santiago de Cuba: "La luz rojiza y naciente iluminó con trémulos fulgores el paisaje, y pude ver, mecida por la fresca brisa de la mañana, la enseña tricolor de Cuba libre".

Como muchos dominicanos de la época, el Dr. Henríquez y Carvajal terminó por elegir Santiago de Cuba para establecerse profesionalmente y alejarse así de la convulsa situación política

<hr>

[2] Max Henríquez Ureña: "A través de Santiago de Cuba (notas de mi cartera)", en *Cuba Literaria*, año I, No. 8, julio 30 de 1904, Santiago de Cuba, p. 61. La ortografía del fragmento ha sido modernizada para facilitar su lectura.

[3] Max Henríquez Ureña: *Hermano y maestro*, p. 34. También del mismo autor, *La Sociedad de Conferencias de La Habana*, p. 11.

que vivía su país. Una reciente y dolorosa experiencia le impulsaba en tal sentido. Henríquez y Carvajal había ocupado la cartera de Relaciones Exteriores durante el gobierno de Juan Isidro Jimenes que, libremente electo, tomó posesión en Santo Domingo el 15 de noviembre de 1899. Desde ese puesto, se empeñó en una gestión para aligerar el peso de la deuda externa que había echado sobre el país la dictadura de Ulises Heureaux y que maniataba desde el punto de vista económico aquel gobierno "de concertación nacional", al mantener las aduanas hipotecadas en manos extranjeras.

Llegó el ministro a un entendido con los tenedores de bonos dominicanos en Bélgica y Francia y, luego, concertó un acuerdo con la Improvement Company, en Estados Unidos. Pero las pugnas políticas entre el presidente Jimenes y el vicepresidente Horacio Vásquez abortarían esos esfuerzos pues el Congreso dominicano, dominado por partidarios del segundo, aprobó lo pactado con los europeos y rechazó lo negociado con la Improvement. Esto provocó la renuncia de Francisco Henríquez y Carvajal. El gobierno de Juan Isidro Jimenes fue derrocado por la revuelta que el 26 de abril de 1902 comandara Horacio Vásquez.

Razones tan sólidas como históricas hacían que, en los albores del siglo XX, radicarse en Santiago de Cuba fuera la mejor forma de irse sin salir de la República Dominicana. En carta a su hijo Pedro fechada el 15 de octubre de 1906, el médico dominicano exponía con radical claridad los motivos que lo impulsaban a tomar distancia de su patria: "No nos conviene vivir en Santo Domingo. La política allí es cada vez más abominable: no hay garantía de vida, ni de acción. El campo resulta demasiado estrecho y parece desacertado gastar sin provecho los mejores años de juventud, único tiempo en que se puede y se debe viajar e instruirse en el extranjero [...]. Encontrarse allí es exponerse a sufrir las graves consecuencias de una convulsión social".[4]

La cita contiene el pilar de una estrategia de movilidad intelectual que los Henríquez Ureña acometerían con apreciable

[4] Familia Henríquez Ureña: *Epistolario*, t. I, p. 300. A partir de ahora y a lo largo de este libro se citará únicamente como *Epistolario*.

éxito a lo largo de su vida y de la que será menester ocuparse más tarde. Pero volvamos al año 1904, que marca un momento de reubicación para la familia: Frank y Pedro, los hijos mayores, se dirigen a La Habana y comienzan a trabajar en la casa comercial Silveira y Compañía, gracias a una recomendación del generalísimo Máximo Gómez. Camila, que por entonces era muy pequeña, vivía junto a su padre en Santiago de Cuba. Max Henríquez Ureña decide por el momento hacer un alto en esta última ciudad, donde se ofrece para impartir clases de piano y adelanta, con sorprendente celeridad, sus primeras acciones intelectuales.

Favorecido por su ambiente familiar, el tercero de los Henríquez Ureña había mostrado desde pequeño las excepcionales dotes de promotor cultural que luego desarrollaría. Casi un niño aun, circuló entre sus familiares el semanario manuscrito *La Tarde*, cuyo nombre cambió enseguida por *El Faro Literario*. Con 14 años, se contaba entre los colaboradores de varias publicaciones dominicanas y dirigía la revista *El Ideal*, que él mismo había fundado.[5] Fueron acciones efímeras, anuncios de lo que sería la posterior actividad de su vida. Ahora, apenas desembarcado en Santiago de Cuba, el dominicano funda la revista *Cuba Literaria*, cuyo primer número apareció el 7 de junio de 1904 y que se mantuvo en activo poco más de un año. *Cuba Literaria* se creaba

> para que el esfuerzo solitario no permanezca oscuro y silencioso; para que las fuerzas todas de que disponen estas masas sociales no queden sin la cohesión que puede darles el mutuo reconocimiento y la oportuna aplicación a un fin práctico de vida; para que todo el venero de sentimientos nobles y pensamientos grandes que por estas cordilleras existe, no quede ahí rezagado y sepulto, como rico diamante aprisionado en las entrañas de la tierra; para que, por último, se establezca el contacto intelectual con otras comarcas de la isla, de América Latina y aun de la vieja Europa [...].[6]

---

[5] *Hermano y maestro*, p. 21 y 32.
[6] *Cuba Literaria*, año I, No. 1, junio 7 de 1904, Santiago de Cuba, p. 1-2.

Propósitos ambiciosos, dado el medio, el momento y las fuerzas –tanto financieras como intelectuales– con que se fundaba el proyecto. Eran, sin embargo, las primeras manifestaciones serias y pensadas de una vocación de servicio que signaría toda la vida de Max Henríquez Ureña, quien en los primeros números funge como director de *Cuba Literaria*, mientras Francisco Xavier Amiama Gómez actúa como jefe de redacción y J. Marino Henríquez es el administrador-propietario. A partir del número 5, Fernando Abel Henríquez aparece como administrador, J. Marino Henríquez queda solo como propietario, Max Henríquez Ureña se ocupa también de la redacción y Amiama Gómez sale del proyecto. Si tomamos en cuenta la declaración de su director, Pedro Henríquez Ureña fue desde La Habana un verdadero codirector de la revista.[7] Esto da aún más peso a la valoración que sobre el semanario hiciera un lustro después el entonces futuro autor de *Seis ensayos en busca de nuestra expresión*:

> La revista era semanaria; de pocas páginas, no muy bien impresa, y sí mal ilustrada; la colaboración seria no abundaba tanto como era de desear, pero la insistencia de Max logró que allí escribieran, con más o menos frecuencia, Lola Tio, Pichardo, Enrique Hernández Miyares, Francisco Díaz Silveira, y otros literatos habaneros. La colaboración de Santiago de Cuba, por supuesto, aunque allí no abundan los escritores, era bastante frecuente, y la de Santo Domingo era bastante numerosa.[8]

Detrás de la empresa, por lo menos en sus primeros meses, estuvo de manera determinante la mano de Francisco Henríquez y Carvajal, quien incluso escribió el editorial-programa aparecido en el número inicial. La revista llevaba el rótulo de "Ciencias, artes, letras" y, explícitamente, tomó oportuna distancia de la política cubana, al declarar sus páginas "destinadas a reflejar lo que piensa y lo que vale en Oriente".[9]

---

[7] *Hermano y maestro*, p. 34.
[8] Pedro Henríquez Ureña: *Memorias; diarios*, p. 114.
[9] *Cuba Literaria*, año II, Nos. 47 y 48, mayo 31 de 1905, Santiago de Cuba, p. 156.

Cuba Literaria, la revista fundada a los dieciocho años por Max Henríquez Ureña en Santiago de Cuba (1904).

La aclaración no era gratuita. *Cuba Literaria* buscaba espacio en medio del profuso –mejor digamos caótico– movimiento editorial que inundó Santiago de Cuba durante los primeros años del siglo XX. El fin del dominio colonial español, que debió abrir una época de plena realización a la vida independiente del país, había sido maleado por la intervención norteamericana de 1898 y por las condiciones semicoloniales en que surgió la República de 1902, atada en lo económico y lo político al poder yanqui. La explosión de publicaciones periódicas que se produjo en el Oriente cubano durante esa primera década del siglo,[10] su diversidad, sus maneras a veces enrevesadas y faltas de coherencia, eran el intento de estrenar una libertad de opinión que, en el fondo, trataba agónicamente de entender el presente y vislumbrar el futuro, reafirmar más allá de la frustración y el desencanto una nacionalidad consolidada durante treinta años de lucha sin cuartel y herida ahora por el tutelaje norteamericano, la permanencia del comercio y la industria en manos extranjeras y el protagonismo que antiguos colaboradores del colonialismo español seguían ejerciendo en el ámbito republicano. No olvidemos que la región oriental del país había sido escenario principal de los afanes independentistas desde su arranque en 1868 hasta su fin en 1898, tres traumáticas décadas más tarde.

Todas esas publicaciones compartían una vehemente urgencia de expresión, no pocas similitudes de diseño y un siempre trastabillante equilibrio económico que, con apenas una o dos excepciones, las condenó a muerte prematura. En medio de ese panorama editorial, *Cuba Literaria* no fue un golpe de entusiasmo adelantado por individuos ajenos al contexto cubano. Se insertó con total conciencia del movimiento intelectual en el país, se declaró parte de las nuevas luchas por enanchar los horizontes de la vida en la isla antillana: "Y esta región oriental de Cuba [...] necesita y requiere mantener la obra iniciada por *Cuba Ilustrada* y por *Alba y Ocaso*, precedentes formas del mismo pensamiento que hoy se encarna en *Cuba Literaria*". Si la reconocemos con entera justicia como eslabón útil en aquella cadena de publicaciones culturales orientales de principios de siglo, que tuvo culminación en nombres tan recordables como *Ilustración Cubana* (1906), *El Pensil* (1907) y *Oriente Literario* (1910), es por el desinterés con que *Cuba Literaria* sumó sus esfuerzos, pero sobre todo por su sentido de pertenencia al medio en el cual se desarrolló: "No pretenderíamos nunca situarnos dentro de un regionalismo imbécil y

---

[10] En 1982 inicié una investigación sobre las publicaciones periódicas de Santiago de Cuba entre 1900 y 1930. Esa pesquisa –lamentablemente inconclusa– arrojó la aparición de 82 revistas en Santiago de Cuba entre los años 1900 y 1910. A 1904 pertenecen 14 de ellas. Como es habitual en estos casos, no sabemos cuántas desaparecieron sin dejar rastro o la interrumpida labor investigativa no consiguió llegar hasta ellas.

tartamudo, que no sabe sino cavar tumbas junto a la cuna de todo pensamiento recién nacido. El concepto de región en nuestro caso no conlleva sino el de la concertación de fuerzas propias para buscar la realización de aspiraciones y fines comunes. Y nada más".[11]

Pero, ¿a qué región se refiere el editorial? ¿Cuáles son los límites de lo que llama "la región oriental de Cuba"? Si se mira hacia el oeste de la gran Antilla, la delimitación geográfica no admite dudas, por contraposición al Occidente y, en específico, a la capital habanera. Pero, si se mira hacia el este, si se pasa por sobre la barrera aparente del mar, ¿qué incluía y qué dejaba fuera esa noción espacial? Tengo el temor de que el tiempo transcurrido no nos permita apresar hoy el fino trazado de líneas de pertenencia que entonces conectaba de manera natural y orgánica gran parte de la región caribeña. Me explico.

Si en este momento exacto un dominicano en Cuba o un cubano en la República Dominicana acometieran el proyecto que con toda soltura adelantó Max Henríquez Ureña en el Santiago de 1904, casi seguro la reacción de desconfianza sería inmediata: ¿Con qué derecho un extranjero acabado de desembarcar se atreve a imprimir una revista que, desde su propio nombre, reclama la representación y la defensa de la literatura nacional? Habrá quien piense que la acogida dispensada al semanario en la capital oriental de Cuba se explica por el prestigio de quienes la impulsaban, pero Francisco Henríquez y Carvajal era apenas un recién llegado a las playas santiagueras y el futuro literario de Max Henríquez Ureña a esas alturas no era más que eso: futuro. ¿Qué ha cambiado entonces?

La respuesta es simple y rotunda: para un oriental de principios de siglo, un dominicano no era extranjero. Y viceversa. Una larga historia de intercambios había cimentado un sentido de patria común que se alimentaba de flujos humanos constantes, hacia un lado y el otro, y su consecuente entretejido de intereses y emociones. No se trata solo de considerar aquellos

---

[11] *Cuba Literaria*, año I, No. 1, junio 7 de 1904, Santiago de Cuba, p. 1-2.

momentos en que se produjeron importantes oleadas migratorias desde el Oriente cubano hacia el Cibao dominicano –como en las guerras del 68 y el 95–, o desde tierra dominicana hacia el este de Cuba –como en la pretendida cesión de la parte oriental a Francia–, sino de un tránsito en ambos sentidos que la fuerza de la costumbre había hecho natural. Hasta la segunda década del siglo XX, un santiaguero se trasladaba con mayor facilidad a Puerto Plata que a La Habana. Igual sucedía en la República Dominicana. Con más de noventa años, Asunción Brugal, nieta de quien fundó en Santiago de Cuba y llevó después a Puerto Plata el hoy dominicano ron Brugal, testimoniaba:

> En ese tiempo nos reíamos, porque mamá, por ejemplo, no conocía la capital [de la República Dominicana]. Pero había viajado por Europa, Cuba y Puerto Rico. Las comunicaciones eran tan difíciles con el interior del país que mamá para ir a su cita al dentista viajaba a Cuba. Solo tenías que montarte en un vapor y llegabas. Pero viajar a Santo Domingo era difícil. Cuando inauguraron la carretera que conectaba con Santo Domingo [en 1922, durante la intervención norteamericana] fueron varios días de fiesta.[12]

Ha cambiado, pues, el sentido de patria común que hasta un buen tramo del siglo XX orientó el intercambio entre ambas regiones y tiñó la emocionalidad de sus hombres. En referencia a los inicios de la poesía dominicana, ha escrito Manuel Rueda:

> Esos hacedores de patria establecieron un puente humano, emocional y, por decirlo así, patriótico, entre Santo Domingo y Cuba (no solo La Habana, sino Santiago de Cuba, Camagüey y Villa Clara) en donde, a la vez que cultivaban su arte, mantenían la ilusión de una patria libre. En esas mentes juveniles la patria lejana y la presente formaron una dualidad tan entrañable que a veces se les confundían en un solo rasgo maternal. Es

---

[12] Ana Mitila Lora: "Era más fácil ir a Cuba que viajar a la capital", en *Listín Diario*, año CX, No. 29 310, 14 de febrero de 1999, Santo Domingo, p. 6ª-7A.

el caso de Francisco Muñoz del Monte que tan pronto canta a Santo Domingo como el origen de sus amores, como canta a Cuba, llamándola "patria mía". Y hubiera sido el mismo caso de Javier Angulo Guridi de no haber regresado a su país a la mediana edad de 32 años.[13]

Bajo esas luces, resulta bien comprensible la carga de autores dominicanos que se instaló en las páginas de *Cuba Literaria*. Tan comprensible como los empeños de Max Henríquez Ureña por promocionar a escritores importantes del Oriente cubano y el resto de ese país, así como por dar a conocer firmas de creadores latinoamericanos de diversas generaciones. Fue en *Cuba Literaria* donde se publicó por primera vez íntegramente en la mayor de las Antillas el *Ariel* (1900) de José Enrique Rodó, que por entonces encontraba eco profundo entre los intelectuales al sur del Río Bravo y cuya influencia es decisiva en la obra de Max Henríquez Ureña. A esta iniciativa respondió el pensador uruguayo con una carta llena de cariño hacia el joven intelectual dominicano y el pueblo de Cuba.

> En cuanto a "Ariel", a quien se propone Ud. dar carta de naturaleza en Cuba, ¿qué he de decirle sino que tiene para ello mi beneplácito? Solo me toca en esto hacer votos porque la buena fortuna, superior sin dudas a los méritos del libro, que ha acompañado a este hasta ahora, no le abandone en su nuevo avatar. Y si él no llevase ya su dedicatoria[14] —nacida, por decirlo así, de sus mismas entrañas— propondría a Ud. que a la memoria de Martí dedicásemos la edición cubana de "Ariel".[15]

Cuba Literaria intentó también abrir espacio a la promoción de diversas zonas de la región oriental cubana. Así ocurrió, por ejemplo, con la ciudad de Guantánamo, adonde llegó Max Henríquez Ureña el 6 de mayo de 1905 con la finalidad

---

[13] Manuel Rueda: "Dos siglos de poesía dominicana", en *Antología mayor de la literatura dominicana (siglos XIX y XX)*, Vol. I, p. 12.

[14] Fue dedicada a la juventud de América. Nota de Fernández Pequeño.

[15] *Vid.* "Ariel, la obra de José Enrique Rodó", en *Cuba Literaria*, año II, Nos. 29 y 30, enero 12 de 1905, Santiago de Cuba, p. 15.

de recoger materiales durante tres días y permaneció diez entre intercambios y actividades. El viaje merece ser anotado por otra razón: el conferencista y maestro de reconocida carrera que luego sería Max Henríquez Ureña, impartió en Guantánamo, el 13 de mayo de 1905, su primera disertación pública en Cuba, cuando habló sobre José Martí.[16]

Max Henríquez Ureña en 1904. Foto publicada por *Cuba Literaria* (foto cortesía de Rodolfo Tamayo Castellanos).

---

[16] Max Henríquez Ureña: "Una visita a Guantánamo", en *Cuba Literaria*, año II, Nos. 47 y 48, mayo 31 de 1905, Santiago de Cuba, p. 145-151. En apéndice, hacia el final de este libro, se relacionan las principales conferencias impartidas por Max Henríquez Ureña entre 1905 y 1930.

Como la mayor parte de las publicaciones de su tiempo, tampoco *Cuba Literaria* pudo sustraerse a la crisis del momento cubano. El editorial que conmemora su primer —y único— aniversario anda bien lejos de la alegría y alude, sin particularizar, a poderosas dificultades, en un tono que de hecho anuncia su próxima suspensión: "Tenemos fe, pero ¡ay!, ya no es aquella fe que nos lanzó a la lucha, tan formidable como la que muda las montañas, porque tan cruentos han sido los desengaños, que hemos llegado a vacilar".[17] En efecto, el 28 de julio de 1905, con la salida de su número 55, cesó para siempre la publicación.

Ese final parece haber estado precedido por un agravamiento —o, al menos, un estancamiento— en la situación económica de Max Henríquez Ureña. El 1° de julio de 1905, cuando aún *Cuba Literaria* se mantenía activa, escribió Francisco Henríquez y Carvajal a su hijo Pedro: "Por el contrario, pienso que lo mejor sería que Max también se fuera a La Habana a vivir con Uds. y a procurarse algún trabajo mejor remunerado que el que aquí tiene. ¿Qué piensas tú de eso?"[18] La decisión de seguir tal proyecto parece haber dado el golpe final a la revista.

El día 17 de ese julio tomó parte Max Henríquez Ureña en una velada fúnebre dedicada a la memoria del poeta Desiderio Fajardo Ortiz, *El Cautivo*, celebrada en el Círculo Moderado Maceo, de Santiago de Cuba. Allí leyó el siguiente poema:

*Tú fuiste un ruiseñor, que aprisionado
en un zarzal y con las alas rotas,
vertiste en el torrente de tus notas
el dolor de tu espíritu angustiado.*

*¡No podías volar! Pero inspirado
desgranabas tus trinos como gotas
de llanto, y ascendiste a las ignotas
regiones del ideal inmaculado.*

---

[17] *Cuba Literaria*, año II, No. 49, junio 7 de 1905, Santiago de Cuba, p. 162.
[18] *Epistolario*, t. I, p. 287.

Tal fuiste tú, poeta: la inclemencia
del destino sufriste; tu existencia
fue azotada por negra desventura:

pero inspirado en tu letal quebranto,
más dulce y armonioso fue tu canto
henchido de tristeza y amargura.[19]

Once días después, el 28 de julio, salió por última vez *Cuba Literaria*. En la primera quincena de agosto, Max Henríquez Ureña partía hacia La Habana con el objetivo de instalarse junto a su hermano Pedro.

Fue en La Habana de 1905 donde se vinculó definitivamente el tercero de los Henríquez Ureña al periodismo cubano, lo que equivale a decir que fue allí donde dio inicio verdadero a su extensa carrera profesional en la prensa, tras los intentos adolescentes de 1900 y 1901 en Santo Domingo. Apenas llegado a la capital de Cuba, el dominicano pasó a ser redactor de dos prestigiosas revistas de la época: *El Fígaro*, que venía publicándose semanalmente desde 1885 y había adoptado la causa literaria del modernismo, y *Letras*, que fundó junto a otros en noviembre de ese año y tuvo una periodicidad quincenal. Con la primera se mantendría colaborando hasta 1925 y con la segunda hasta 1914, año en que esa publicación interrumpió temporalmente su salida.[20]

Pero el real fogueo periodístico del escritor se produjo en los predios de *La Discusión*, importante órgano de prensa habanero que acogió en su equipo a Max Henríquez Ureña el 1° de septiembre de 1905 con el encargo de atender la sección *Notas a la Pluma* y dirigir la página literaria dominical, que antes había sido realizada por el narrador Jesús Castellanos.

---

[19] Carlos E. Forment: *Crónicas de Santiago de Cuba*, t. I, p. 150. Una dura enfermedad había convertido en paralítico al intelectual cubano Desiderio Fajardo Ortiz cuando aún tenía muy corta edad, de ahí su seudónimo El Cautivo.

[20] El tiempo que estuvo vinculado Max Henríquez Ureña a la prensa habanera ha sido tomado de certificaciones expedidas años después, al parecer con propósitos de respaldar datos curriculares, y que se encuentran en el archivo personal del dominicano, Instituto de Literatura y Lingüística, La Habana, C.M. 53, No. 197, que en lo sucesivo se anotará como I.L.L.

Este primer vínculo del dominicano con *La Discusión* terminaría el 30 de julio de 1906, cuando renunció "a causa de incidentes provocados por un injustificado ataque [que se publicara en el diario] a nuestro país".[21]

De hecho, ya en ese momento Max Henríquez Ureña planeaba un cambio en el rumbo de su vida y daba los pasos iniciales para reunirse en México con su hermano Pedro, allí radicado desde no hacía mucho. La situación política cubana se hacía poco propicia, tras una campaña reeleccionista de Tomás Estrada Palma matizada por la violencia a todo lo largo del segundo semestre de 1905 y por el fraude que en diciembre de ese año le ratificaría en el poder, así como por la reacción de la oposición liberal, que de inmediato se entregó a la conspiración y el 24 de febrero de 1906 asaltó el cuartel de la guardia rural en Guanabacoa. Para el mes de julio a que nos referimos, en Cuba se respiraban los aires de la guerra civil que finalmente se desató el 19 de agosto.

Cuando el 3 de septiembre de 1906 el dominicano se detuvo unos días en Santiago de Cuba, de tránsito hacia Santo Domingo, el gobierno conservador estaba a tal punto cercado por la sublevación liberal, que cinco días después, el 8 de septiembre, Estrada Palma tomó la decisión de pedir a los Estados Unidos el envío de tropas al país, y otros cinco días más tarde, el 13 de septiembre, hizo oficial la solicitud de intervención, amparado en la Enmienda Platt. El 29 de septiembre de 1906 se declaraba la segunda intervención norteamericana en Cuba, con el agravante de que esta vez había sido propiciada y a petición del primer gobierno republicano que conociera el país, lo que agregaba un muy lacerante ingrediente a la pretendida incapacidad de los cubanos para gobernarse civilizadamente y, por ende, a las siempre despiertas pretensiones anexionistas.

Max Henríquez Ureña iba a la República Dominicana con la finalidad de concluir el bachillerato. Su estancia, sin embargo,

---

[21]*Hermano y maestro*, p. 36. He intentado documentar el suceso, pero las colecciones de *La Discusión* que guardan el Instituto de Literatura y Lingüística y la Biblioteca Nacional, ambos en La Habana, se encontraban en estado tan deplorable, que no me permitieron su consulta.

resultó más extensa de lo esperado por la demora de esos exámenes, por las expectativas que provocaba la situación en Cuba y, sobre todo, por el recibimiento y los agasajos de que fue objeto el joven, quien llegó a valorar incluso la posibilidad de permanecer en su país y realizar la carrera de Derecho en dos años. Desde allí mantenía contacto con la prensa santiaguera: "En estos días hemos tenido noticias, por cartas que ambos dirigen a *Ilustración Cubana*, de Max Henríquez Ureña e Israel Yepes. Ambos se encuentran bien en la capital de República Dominicana [...]. Max Henríquez Ureña nos promete encontrarse pronto en Santiago [...]."[22] En efecto, hacia finales de noviembre, regresó el joven bachiller a Santiago de Cuba y, una semana después, a La Habana.

Fue también en La Habana de aquel entonces donde Max Henríquez Ureña dio las primeras muestras del conferencista que llegaría a ser. El 22 de abril de 1906 había ocupado la tribuna de la Academia de Dibujo y Pintura El Salvador para pronunciar una conferencia que fue impresa en folleto ese mismo año: *Whistler y Rodin*.[23] Según su autor, ese texto no tiene "pretensiones de estudio minucioso y definitivo: encierra solamente las impresiones de un corazón de veinte años ante la obra que Rodin y Whistler han ofrendado en el altar de la belleza".[24]

Y, en efecto, así es. La conferencia constituye un acercamiento impresionista donde ambos artistas son vinculados por razones puramente anecdóticas, al margen de cualquier voluntad comparativa fundamentada. Mientras el conferencista apenas sobrepasa el superficial despliegue informativo al planear sobre la obra de Whistler y jamás penetra en serio su intríngulis artístico, tanto los trabajos como el método creativo de Rodin reciben un examen más concentrado, que al menos busca una interpretación sensible de su obra y su lugar en la escultura moderna. Si algún valor puede concederse a *Whistler y Rodin* hoy, descansa en su cualidad de

---

[22] "Notas", en *Ilustración Cubana*, año I, No. 29, 20 de octubre de 1906, Santiago de Cuba, p. 4.
[23] La Habana, Imprenta de Esteban Fernández, 1906.
[24] *Ibid.*, p. 19.

anuncio: primero, de las condiciones pedagógicas que luego desarrollaría el maestro Max Henríquez Ureña; segundo, de una preferencia por la erudición informativa que iría creciendo con la maduración del investigador literario; y, tercero, de su notable talento como promotor cultural.

Pero todavía el conferencista se muestra demasiado apegado al estilo oratorio tradicional. Muy poco tiempo después comprenderá que la conferencia moderna, como género fundamental al servicio de la promoción cultural, exigía una mayor sencillez, necesitaba crear un vínculo más íntimo con los receptores. La verdadera semilla de esa evolución quedó sembrada en los terrenos del Ateneo de La Habana, importante institución capitalina que el escritor había frecuentado durante su efímera estancia de 1903. A ella ingresó con toda propiedad el 7 de enero de 1907, tras su regreso de la República Dominicana, cuando dejó escuchar en sus salones la disertación "Ibsen y el teatro".

Ya por esa época, Max Henríquez Ureña había comenzado indagaciones con el propósito de escribir un libro sobre el teatro contemporáneo y hacia ese objetivo enfocaba no solo su energía, sino también los aportes de una red familiar bien articulada, a través de la cual le llegaba parte de la más actual bibliografía sobre el tema. De ahí que su información acerca del dramaturgo noruego, fallecido unos meses antes, asombrara tan vivamente al público habanero por su novedad y hondura. Desde Santiago de Cuba escribió Francisco Henríquez y Carvajal a su hijo Pedro tres días más tarde: "Max, después de una conferencia en el Ateneo, que ha sido un gran triunfo, se queda en La Habana [...]".[25]

No fue así, sin embargo. Los Henríquez Ureña se habían radicado en Cuba a escape de la inestable situación política dominicana y en procura de un campo que fuera más propicio para su desarrollo intelectual. La reciente experiencia política en Cuba, su carácter de nación ocupada y la presencia de su hermano Pedro en México, hacen que Max Henríquez Ureña decida partir hacia este último país el 3 de febrero de

---

[25] *Epistolario*, t. I, p. 309.

1907. Cuatro días después, con las costas mexicanas a la vista, el dominicano de 21 años lanzaba su quijotesco reto: "Heme aquí pues. Estoy de nuevo en el terreno de la lucha a la que consagro mi esfuerzo juvenil. Si sucumbo, el porvenir dirá la gloria de mi derrota".[26] No había transcurrido una semana y ya estaba instalado como redactor de *El Diario*.

La estancia de Max Henríquez Ureña en tierras aztecas, si bien relativamente breve, tuvo una influencia muy acentuada en su labor posterior, sobre todo en su quehacer como promotor de la cultura. La carrera periodística y de activista cultural, apenas iniciada durante los últimos tres años en Santiago de Cuba y La Habana, cobró en México acelerada maduración. Allí se sumó a la joven intelectualidad mexicana del momento –Alfonso Reyes, Antonio Caso, José Vasconcelos, entre otros–, con los que participó en un multitudinario acto de protesta por un agravio hecho a la memoria del poeta Manuel Gutiérrez Nájera, y colaboró en la fundación la Sociedad de Conferencias de México. Ningún testigo mejor que Pedro Henríquez Ureña para recordar el suceso y la participación que en él tuvo su hermano:

> [...] el 17 de Abril, en la tarde, se hizo una procesión desde el jardín de la Corregidora Domínguez hasta la Alameda Juárez; como insignia se llevaba un estandarte con el lema *Arte Libre*, y nos acompañaba la Banda de un regimiento tocando marcha. Al llegar a la Alameda Juárez, dijo una poesía Rafael López, un discurso Max, otro Ricardo Gómez Robledo, y leyó un soneto de D. Jesús E. Valenzuela, Alfonso Cravioto, que ya había regresado de Europa. La procesión fue seguida por una gran multitud estudiantil que vitoreó los discursos. En la noche, se dio una velada en el Teatro Arbeo. Iba a hablar Urueta, y la excitación por oírle era grande [...]. Al día siguiente, *El Imparcial* habló entre mal y bien del acto; elogió mucho a Max, y pidió su discurso para publicarlo, pero Max lo

---

[26] Tomado del diario escrito por Max Henríquez Ureña en 1907. El original se encuentra en su archivo personal, I.L.L., documento sin clasificar.

negó, alegando no estar conforme con los ataques hechos a nuestros compañeros [...].[27]

En julio de 1907 abandonó el joven intelectual dominicano la redacción de *El Diario,* en solidaridad con su hermano Pedro, que había sido separado de la empresa. Agravada así la situación económica de ambos, decidió Max Henríquez Ureña irse a Guadalajara, capital del estado de Jalisco, donde se encontraba ya el 1° de agosto como jefe de redacción de *La Gaceta de Guadalajara,* un periódico de extensa circulación. No le fue bien, sin embargo, en esta nueva responsabilidad, que le robaba un tiempo excesivo y no le permitía iniciar los estudios de jurisprudencia, como deseaba. En adición, tampoco parecía contar con un clima espiritual adecuado y su salud comenzaba a emitir señales alarmantes. Pedro, quien atribuía buena parte de esos problemas a neurastenia de su hermano, habla sin más explicaciones de "temor a ciertas dificultades que amenazaban, aunque no llegaron a presentarse".[28]

En enero de 1908 la situación era ya insostenible, al extremo de que Max Henríquez Ureña se dirigió a Alfonso Reyes, radicado en Monterrey, para solicitarle ayuda. También su hermano Pedro escribía con preocupación al que llegaría a ser gran intelectual mexicano: "Sí dije a Max que se apresurara a escribirte, y me dice haberlo hecho. Está, como sabrás, completamente de acuerdo y deseoso [de irse a Monterrey]; y le convendrá el cambio para la salud moral y física".[29] A pesar del interés en resolver la situación mostrado por el general Bernardo Reyes, entonces gobernador del estado de Nuevo León, el traslado se dificultaba pues Max Henríquez Ureña no deseaba seguir dependiendo del periodismo, una ocupación tan absorbente como mal remunerada.

Por fin la necesidad de abandonar Guadalajara y la enfermedad que ganaba terreno en su cuerpo le obligaron a tomar una decisión, que Alfonso Reyes comunicó a Pedro

---

[27] *Memorias; diario,* p. 133.

[28] *Ibid.,* p. 136.

[29] Pedro Henríquez Ureña y Alfonso Reyes: *Epistolario íntimo (1906-1946),* V. I, p. 20-21. Carta del 16 de enero de 1908.

Henríquez Ureña el 13 de febrero de 1908: "No habías recibido noticias de Max porque estaba enfermo. Supongo que ya lo sabrías. Hoy recibí una carta suya en que me asegura que saldrá de Guadalajara el día 15. Se viene a trabajar en el 'Monterrey News' con un sueldo de $ 35 por semana. Y pasa por continuar en el periodismo, en la espera de que mi Papá lo ocupe en algo más digno, lo que no tardará mucho, a lo que yo entiendo, porque el Sr. Gral. tiene empeño en ello".[30]

En efecto, el 15 de febrero de 1908 se trasladó Max Henríquez Ureña a Monterrey para desempeñarse como jefe de redacción de la sección española del diario *The Monterrey News*, un periódico bilingüe. Francisco Henríquez y Carvajal observaba con inquietud estos movimientos desde su residencia en Santiago de Cuba: "Yo me muestro pesimista, porque no creo que se gana nada con cambios como estos: de México, capital de la República, medio millón de habitantes, a Guadalajara, capital de Estado, con 120 mil almas; de Guadalajara, capital de Estado todavía con alguna importancia por su población y posición, a Monterrey, que aunque capital también de Estado, tendrá a lo sumo 75,000 almas y se encuentra más lejos de la capital".[31]

La preocupación no era gratuita, a pesar de los esfuerzos que realizaba el hijo para convencer a todos de que le asistía una buena salud. Cuando regresó a Ciudad de México, en marzo de 1908, invitado por la Sociedad de Conferencias para disertar sobre Chopin en el Teatro del Conservatorio Nacional de Música, ya la aventura mexicana de Max Henríquez Ureña tenía fin marcado. Era presa de una afección pulmonar que se mantuvo en vaivén desde noviembre de 1907 hasta su confirmación definitiva, a mediados de 1908, con la natural alarma de la familia y fundamentalmente de su padre, quien no cesaba de indicarle que regresara a Santiago de Cuba con la mayor rapidez. El escritor, no obstante, se aferró a todas las posibilidades para no echar por tierra los esfuerzos hasta allí desplegados en busca de consolidar una posición en el país azteca.

[30] *Ibid.*, p. 47.
[31] *Epistolario*, t. I, p. 433. Carta del 18 de febrero de 1908.

Tras su conferencia en Ciudad de México, el 24 de marzo, volvió Max Henríquez Ureña a Monterrey, donde estaba aún el 5 de mayo de 1908. En esa fecha, su padre escribía a Pedro para decirle que nada sabía de su tercer hijo desde hacía dos meses.[32] Poco después, acosado por la enfermedad, el joven intelectual dominicano viajó a Santiago de Cuba y allí permaneció hasta principios de julio, tal y como lo consigna Carlos E. Forment en sus *Crónicas de Santiago de Cuba*[33] y lo confirma el diario santiaguero *La Independencia* correspondiente al 7 de julio de 1908: "Se ha embarcado con dirección a La Habana, para allí tomar pasaje para México, donde reside, nuestro estimado amigo y compañero, el brillante literato señor Max Henríquez Ureña [...]."[34] No sería por mucho tiempo. En septiembre, ya confirmada la enfermedad, regresó el dominicano a Santiago de Cuba, para someterse a tratamiento: "Había un principio de lesión en el vértice superior del pulmón derecho. Aire puro y campestre [en las afueras de Santiago de Cuba], reposo absoluto, sobrealimentación, aparte de otros recursos terapéuticos y del cuidado vigilante de mi padre, me permitieron ser dado de alta antes de pasado un año. No me atreví, sin embargo, a alejarme demasiado de mi padre, y me instalé en La Habana [...]."[35]

Los largos y apacibles días en las afueras de Santiago de Cuba permitirán a Max Henríquez Ureña no solo reponerse de su mal, sino también meditar sobre sus objetivos intelectuales. Ante todo, resultaba indispensable para él buscar los títulos académicos que podrían asegurarle una estabilidad profesional en el futuro. Luego, y más difícil en su caso, esforzarse por decantar sus inclinaciones intelectuales. En tal sentido lo instaba constantemente su hermano Pedro. Hasta ese momento se había movido entre la música, la poesía, la crítica, el periodismo y los primeros intentos de investigación literaria.

---

[32] *Ibid.*, p. 472.
[33] T. I, p. 273.
[34] "Crónica", en *La Independencia*, Vol. XI, No. 156, 7 de julio de 1908, Santiago de Cuba, p. 5.
[35] *Hermano y maestro*, p. 42.

Durante el reposo santiaguero continuó trabajando en su proyecto sobre el teatro contemporáneo, cuyo progreso le hizo pensar incluso en darlo a las prensas; en tal sentido le escribía su coterráneo y colega Tulio M. Cestero: "Hoy mismo [he] escrito a Pueyo acerca de tu libro 'El Teatro Contemporáneo', y lo hago con el mayor interés. Espero que Pueyo se dé cuenta de la importancia de la obra y la edite aunque sería más conveniente para ti la casa de Ollendorf".[36] Sin embargo, ese proyecto pronto iría perdiendo fuerzas hasta quedar abandonado definitivamente.[37]

La enfermedad mexicana y la convalecencia santiaguera pusieron un paréntesis en la actividad de Max Henríquez Ureña. Una nueva etapa de su vida estará comenzando cuando llegue a La Habana en abril de 1909.

---

[36] Julio Jaime Julia: *Escritos de Tulio Manuel Cestero*, p. 339. Carta fechada en La Habana, el 1° de diciembre de 1908.

[37] El intelectual dominicano llegó a escribir varios capítulos del libro, algunos de los cuales sometió al criterio de su hermano Pedro (ver *Epistolario*, t. I, p. 485). Varios de ellos se conservan, mecanografiados, en su archivo personal del Instituto de Literatura y Lingüística, en La Habana.

TIEMPO DE FUNDAR

El signo de la época no es sino el de interrogación.
TULIO MANUEL CESTERO

El 4 de octubre de 1909 matriculó Max Henríquez Ureña la carrera de Derecho en la Universidad de La Habana. Tres años después, en 1912, se recibiría como abogado. Quedaba cumplido así su objetivo de alcanzar una profesión que ofreciera base económica estable a sus labores intelectuales.

Pero, además, esa segunda residencia en La Habana abrió un espacio de acción fértil que el dominicano de 23 años no dudó en cultivar con todas sus energías. La necesidad de ayudar al sustento aportaría el primer –y siempre difícil– gesto a la empresa de conquista. Recién llegado a la capital cubana, en abril de 1909, pasó a trabajar en el diario *La Unión Española*, lo que reestablecía su vínculo con el quehacer periodístico cubano, iniciado en esa misma plaza cuatro años atrás. En *La Unión Española* permaneció hasta el mes de julio de ese año, cuando ingresó a la redacción del periódico *La Lucha*.

La Lucha era uno de los principales y más influyentes diarios cubanos de la época. En él estuvo Max Henríquez Ureña hasta el 14 de octubre de 1911, período durante el cual se ocupó de la vida cultural e intelectual y atendió una columna fija de crítica teatral. Tales actividades le iban a propiciar una notable incidencia en los círculos intelectuales cubanos, donde pronto gozaría de no poca ascendencia. Hay pruebas de que así fue; incluso pruebas confiables porque no provienen de amigos o admiradores: poco después de haber iniciado su tarea como crítico teatral en *La Lucha*, comenzaron a menudear en algunos medios de prensa habaneros ataques que respondían al rigor de sus juicios y valoraciones con la agresión personal y el rechazo a su condición de extranjero.

Esas reacciones ante el inmigrante son frecuentes en nuestras sociedades mestizas. Constituyen las armas de los mediocres, siempre temerosos de que les roben un pedazo de la sombra que creen les cobija por derecho de nacimiento, sin necesidad de conquista ni esfuerzo, y se alarman frente al tesón y las fuerzas que el extraño –en razón de sus posibilidades o del estímulo que significa moverse en medio ajeno– pone en juego. Si el intenso y secular intercambio entre el extremo oriental de Cuba y la República Dominicana, con su resultante sentimiento de patria común, propiciaba que Max Henríquez Ureña fuera recibido en Santiago de Cuba como un nativo más, en La Habana su pasión y entrega a la causa de la cultura cubana no fueron suficientes para ampararle de los ataques discriminatorios.

A ellos respondió el joven escritor con un artículo ejemplar, que tituló "A todos y a ninguno":

> En silencio he permanecido frente a la injusta algarada que se ha levantado contra mí. La he tomado como una campaña contra el derecho de opinar y por eso he dejado que la opinión emitida por mí, en estas columnas, sobre tal o cual obra, quede en pie sin explicaciones ni aclaraciones. Nada tengo que rectificar. Nada tengo que modificar. Yo escribo para quien sepa leer bien el castellano. No obstante, tengo que asombrarme a diario de las interpretaciones, capciosas o inocentes, que suelen dar a lo que escribo los que no quieren o no saben entender lo que leen. Pero entiéndanlo o no, yo creo que mi opinión debe respetarse de igual modo que yo respeto la opinión ajena.[1]

El ataque personal y la agresión del dogma nacionalista clausuran cualquier debate de ideas, lo que muy bien comprende el dominicano. Si tomaba la pluma para defenderse era porque "ha vibrado, al unísono, en labios de dos escritores, el apóstrofe de extranjero, que se me lanza a la faz como si fuera un estigma, mientras con generosidad sin límites se me habla de una 'hospitalidad' que debo agradecer y se pretende que mi oscura labor de *croniqueur* es suficiente para

---

[1] *La Lucha*, año XXV, No. 253, viernes 10 de septiembre de 1909, La Habana, p. 6.

que aparezca anulada la intelectualidad cubana".[2] Y, luego de poner por escudo un americanismo en cuya defensa algunos de sus ascendientes habían dejado más de una huella notable, aclaraba:

> Duéleme pues que se pretenda denigrarme por mis condiciones de extranjero. Yo nunca he considerado extranjero en mi patria a ningún cubano. Pero más aún me duele el ataque injusto, porque yo no he venido al seno de esta sociedad, a reclamar nada que no tenga derecho a reclamar como elemento de orden y de trabajo. Al extranjero que viene con las armas con que yo he venido a Cuba –las de la dignidad y el esfuerzo– no se le cierran las puertas en ningún país del mundo. Si su capacidad no es nula, encuentra fácilmente campo donde aplicarla. Y así he venido yo a Cuba, a luchar en terreno que a nadie está vedado y a abrirme paso, muchas veces no tanto por mis condiciones intelectuales –que son humildes– como por la rectitud y el decoro que inspiran todos mis actos. Nadie tiene, por lo tanto, el derecho de echarme en cara una hospitalidad, que soy el primero en reconocer, pero que debo a mi esfuerzo propio y no a la cortesía de nadie.[3]

En el este de Cuba, la reacción no se hizo esperar. El periódico santiaguero *El Cubano Libre* reprodujo el artículo[4] y, desde su natal Guantánamo, Regino E. Boti, una de las altas voces poéticas del momento, escribía al dominicano:

> Hace tiempo que leo con bastante incoherencia la prensa de la capital, tanto la literaria como la política; pero he tenido la desgracia de tomar, desde que está usted en La Lucha, algún que otro periódico y descubrir cierta agresividad estrecha y sin fundamento contra usted.
>
> Hoy he leído en "El Cubano Libre" reproducido un trabajo de usted por el que descubro que la "campañita" continúa. Por las razones que usted apunta en su escrito,

---

[2] *Ibid.*
[3] *Ibid.*
[4] *El Cubano Libre*, año 15, No. 258, 15 de septiembre de 1909, Santiago de Cuba, p. 2.

y por otras muchas que se podrían exponer, es deplorable este sucedido. Porque al hecho de que cualquier latinoamericano es, para todo nativo digno, un paisano nuestro, en usted hay que hacer especial mención de su afecto por Cuba [y] del que por ella sintieron sus mayores. Y no obstante, los verdaderos extranjeros, los que ni son latinoamericanos ni quieren a esta tierra, gozan de las simpatías de unos y de las lisonjas de otros.[5]

Regino E. Boti a Max Henríquez Ureña: "Creo con fijeza que de La Habana la única crítica capaz, adversa o favorable, de mi libro será la que Ud. escriba".

Las líneas finales aluden a los norteamericanos, cuya segunda ocupación del país había concluido el 28 de enero de 1909. Boti toca la esencia misma del nacionalismo acomplejado en nuestras culturas: como se asienta en una autopercepción inferiorizada de quien lo esgrime, tiende al rechazo de sus semejantes porque le recuerdan esa temida "inferioridad", con la misma energía que se doblega ante el poderoso,

[5] José M. Fernández Pequeño y Florentina Boti (comp.): *Regino E. Boti: cartas a los orientales*, p. 63. Carta del 17 de septiembre de 1909.

a la sombra de cuya "superioridad" generalmente busca medrar. El 3 de diciembre de ese año, a la luz de estas experiencias, escribía Francisco Henríquez y Carvajal desde Santiago de Cuba a su hijo Pedro:

> La Habana te causa disgusto por su vanidad, su orgullo pueril, su ignorancia presuntuosa; pero ¿y a ti qué te importan tales defectos, que en el fondo son superficiales? Lo que importa es aprovecharse de los medios que ofrece y dominarle y sacar de su seno los recursos, copiosos por cierto, que acumula y a disponer de los cuales tenemos tanto derecho nosotros como los que se dan golpes en el pecho llamándose *cubanos*, título de nobleza y de estirpe legendaria que a juicio de los tontos basta para justificar todas las ambiciones desatentadas o pueriles, al igual que toda tentativa de cerrarle el paso al trabajador que viene de afuera. En todas partes hay luchas y mezquindades y lo noble y esforzado es sobreponerse a ellas y dominar el medio: crecer en él, echar en él profundas raíces y sacar de él toda la savia vital que necesita una inteligencia sedienta de saber.[6]

La hostilidad en torno a Max Henríquez Ureña era injusta por una razón más: convencido de que el futuro de nuestros jóvenes pueblos descansaba ante todo en la instrucción y el fomento de la educación, en la apropiación y divulgación de las claves culturales más firmes creadas por la tradición y el pensamiento humanos, toda la labor del dominicano estuvo marcada por un limpio sentido de servicio y regida por el principio de que cualquier acción intelectual estaba incompleta si no terminaba entregando un bien social, si su resultante última no se proyectaba tangiblemente sobre el grupo. Así fue en aquellos tiempos iniciales, cuando el siglo XX americano era todavía el estreno esperanzado que cantara el maestro Rodó. Así sería hasta el final de su vida, a pesar de no pocas desilusiones.

El Max Henríquez Ureña que regresaba a La Habana en 1909 creía en la utilidad social del conocimiento, en la necesidad de

---

[6] *Epistolario*, t. I, p. 544-545.

llevar el saber al seno del grupo y en el hecho de que esa utilidad y esa necesidad estaban en el centro mismo de la condición intelectual. No es extraño entonces que, apenas radicado en la capital cubana, se entregara a una vastísima actividad cultural, que comenzó por el reinicio de su colaboración con el Ateneo de La Habana, en el que desplegaría una importante labor como conferencista y promotor. De ese trabajo quedaron numerosas huellas en los textos que por entonces publicó y en la prensa cubana de la época. En 1914 le ofrecieron la presidencia de la prestigiosa institución, pero él declinó por razones que en su momento veremos.[7]

De 1909 a 1911 la actividad de Max Henríquez Ureña en La Habana cosechó numerosos éxitos y reconocimientos.[8] Muy pronto se encontraba entre lo más destacado de la joven intelectualidad capitalina, un grupo de la cual se reunía en su casa del Vedado –calle 21, entre 12 y 14– las tardes de domingo, encabezado por el importante narrador Jesús Castellanos. Fue ahí y a propuesta de Castellanos que en ese mismo año de 1909 surgió la idea de crear la Sociedad de Fomento del Teatro, cuyo objetivo era impulsar el desarrollo de la literatura dramática cubana por medio de la organización de temporadas teatrales con repertorio exclusivamente nacional.

A pesar de que los propulsores de la idea emplearon todos los medios a su alcance para sustentarla –y no se olvide la influencia que Max Henríquez Ureña tenía como crítico teatral en *La Lucha*–, de que contaron con la ayuda de la prestigiosa actriz cubana Luisa Martínez Casado y su compañía, y de que incluso convocaron a un concurso de carteles para anunciar la primera temporada, esta tuvo que ser interrumpida hacia fines de mayo de 1910, ante la indiferencia del público, lo

---

[7] En la papelería de Max Henríquez Ureña hay una certificación expedida por el secretario del Ateneo de La Habana. I.L.L., No. 197.

[8] Francisco Henríquez y Carvajal, empeñado en convencer a su hijo Pedro de que cambiara México por La Habana como punto de residencia, le alentaba así el 24 de noviembre de 1910: "Es el momento oportuno de enrolarte en La Habana en la falange de jóvenes intelectuales que han empezado a dar sus conferencias en el Ateneo. Tu hermano Max figura en el grupo a la cabeza, y sus relaciones y prestigio te abren hoy todas las puertas". *Epistolario*, t. I, p. 556.

que de hecho marcó la muerte prematura de la Sociedad de Fomento del Teatro.[9]

La derrota no arredró al grupo de jóvenes, sino todo lo contrario. El propio Max Henríquez Ureña cuenta:

> Un día Jesús Castellanos me comunicó su deseo de fundar en La Habana una Sociedad de Conferencias, diciéndome que, puesto que yo había contribuido a establecer la de México, no era necesario que él me encareciera la importancia y la utilidad de la iniciativa.
>
> Acogí con entusiasmo la sugestión de Castellanos, quien al domingo siguiente la dio a conocer a los habituales asistentes de nuestras reuniones. Tocaba a su fin el mes de mayo de 1910 y en ese momento la temporada de la Sociedad de Fomento del Teatro culminaba en un fracaso. En vista de ello, ¿no valía la pena esperar un poco?, opinaron algunos, aunque la idea mereció unánime aprobación [...]. Convinimos en que para el otoño sería posible poner en marcha el proyecto.[10]

El 6 de noviembre de 1910, con una disertación de Jesús Castellanos sobre José Enrique Rodó, quedó oficialmente fundada la Sociedad de Conferencias de La Habana, cuya estructura consideraba una presidencia dual ocupada por Castellanos y Henríquez Ureña. Era esta la iniciativa cultural más ambiciosa que hubiera impulsado el escritor dominicano hasta ese momento en Cuba y llegó a colocarse entre las instituciones de intercambio y fomento intelectual fundamentales en la segunda década del siglo para la capital cubana. Aspiraba a promover la cultura y el debate de ideas por medio de la cátedra abierta y logró atraer a algunos de los más insignes conferencistas habaneros del período.

El procedimiento habitual de la Sociedad de Conferencias consistió en la organización de ciclos de disertaciones sobre algún tema, así como sesiones especiales dedicadas a grandes artistas, fechas históricas o sucesos intelectuales importantes. El éxito alcanzado por la Sociedad de Conferencias fue rotundo

---

[9] Max Henríquez Ureña: *La Sociedad de Conferencias de La Habana*, p. 21.
[10] *Ibid.*, p. 22.

y se mantuvo varios años, a pesar de la muerte prematura de Jesús Castellanos, el 29 de mayo de 1912, que dejó a las letras cubanas sin uno de sus escritores más agudos y prometedores. Castellanos, aunque joven aún, había echado los cimientos definitivos de la cuentística nacional con su libro *De tierra adentro* y había mostrado en novelas como *La ciénaga*, *La manigua sentimental* y *Los argonautas* (inconclusa) un vivísimo talento narrativo.

Así recordaría muchos años después Max Henríquez Ureña aquella empresa de 1910:

> La labor realizada por la Sociedad de Conferencias representó en su día un noble y sostenido esfuerzo en pro de la cultura pública. Dos primeras series de disertaciones, dedicadas a temas diversos, despertaron la avidez y la curiosidad intelectual del público; las series subsiguientes, de carácter homogéneo en cuanto a sus temas, alcanzaron aún mayor significación e importancia: una, dedicada a analizar un grupo de *Poetas extranjeros contemporáneos*, fue un eficaz empeño de difusión cultural; otras dos, acerca de destacadas *Figuras intelectuales de Cuba*, representaron excelente aportación al estudio de la vida del pensamiento en Cuba; pero, a no dudarlo, la serie que logró más extensa repercusión fue la de *Historia de Cuba*, pues aparte del interés intrínseco de los temas escogidos, se turnaron en la tribuna algunos de los actores, esto es, de los que *habían hecho la historia* y traían como contribución su testimonio directo y personal.[11]

El desempeño de la Sociedad de Conferencias de La Habana fue pronto reconocido, y no solo en Cuba. En carta desde México fechada el 24 de noviembre de 1910, Pedro Henríquez Ureña hizo saber a su hermano que "en la última sesión del Ateneo de la Juventud se nombró, a Castellanos y a ti, socios correspondientes, por proposición de [Antonio] Caso, como fundadores de la Sociedad de Conferencias de La Habana".[12] El propio

---

[11] Max Henríquez Ureña: *Panorama histórico de la literatura cubana*, t. II, p. 322.
[12] *Epistolario*, t. I, p. 558.

Pedro, de visita en La Habana, dejó su testimonio sobre el desempeño de la Sociedad de Conferencias en carta a Alfonso Reyes fechada el 30 de abril de 1911: "La Sociedad de Conferencias ha hecho un ruido estrepitoso: planas y planas de los diarios se le han dedicado".[13] Y dos años más tarde, el 29 de abril de 1913, puesto a rememorar lo que había sido la Sociedad de Conferencias de México, escribió el gran humanista a su hermano de México:

> El ejemplo de México lo llevó Max a La Habana y fundó la Sociedad de Conferencias con el admirable Jesús Castellanos. Aquello ha tenido vida más regular y brillante que lo nuestro; pero es que no solo hablan los jóvenes, que no son lo mejor de Cuba, sino todos sus grandes viejos y hombres maduros. Hablan Ministros y Vicepresidentes como [Enrique José] Varona y [Alfredo] Zayas, y candidatos a la presidencia como Eusebio Hernández. Va toda la aristocracia y el mundo político.[14]

Hasta 1914 dedicó Max Henríquez Ureña sus mejores esfuerzos a este proyecto, cuya tribuna ocupó en numerosas ocasiones. A partir de ese año, le sustituyó en la presidencia el entonces joven y luego notable ensayista cubano José María Chacón y Calvo.

El 31 de octubre de 1910 —esto es, unos días antes de fundada oficialmente la Sociedad de Conferencias de La Habana— fue creada por decreto presidencial la Academia Nacional de Artes y Letras. El 22 de diciembre de ese año Max Henríquez Ureña sería nombrado individuo de número, lo que no solo reconocía su labor intelectual y apartaba cualquier apreciación aviesa en torno a su condición de extranjero, sino que también le abría un espacio de acción importante, que el dominicano de 25 años logró aprovechar muy bien mediante una larga y sistemática colaboración en proyectos de difusión cultural.[15]

---

[13] *Epistolario íntimo (1906-1946)*, v. I, p. 120.
[14] *Ibid.*, p. 168.
[15] Véase el certificado que expidiera el secretario general de la Academia Nacional de Artes y Letras acerca de su trabajo con dicha institución. I.L.L., No. 197.

Entre 1909 y 1911, la actividad cultural desplegada por Max Henríquez Ureña en La Habana incluyó su participación en múltiples iniciativas. Así, por ejemplo, en ese último año se le encuentra junto a Joaquín Rodríguez Lanza y José Girale en la creación de un Comité de Propaganda Artística que, según circular del 1º de noviembre, propendería a que "por su mediación directa, visiten a Cuba cada año dos instrumentistas eminentes, por lo menos, o una agrupación filarmónica de fama mundial [...]."[16] De la suerte corrida por este comité, nada he llegado a conocer.

Toda esa gestión y el calibre de su trabajo periodístico hicieron que el nombre de Max Henríquez Ureña lograra una amplia resonancia en la sociedad habanera de la época y dieron a esta, su segunda estancia en la capital cubana, un carácter vital y polémico. Así lo testimoniaba Pedro Henríquez Ureña en mayo de 1911, cuando la influencia del hermano se encontraba en su cénit:

> Dicen que este mismo Cañellas [se refiere a un articulista de *El Fígaro*] pretende escribir un artículo intitulado: Hay que acabar con la tiranía de Max. El nombre de Max –como observaba hace poco Rosalía Abréu– parece que no puede designar a otro en La Habana: la causa es, sin duda, la firma diaria de Max en las notas teatrales de La Lucha. La tiranía de Max, según Cañellas, es que aquí en La Habana no puede hacerse ningún movimiento intelectual sin acudir a Max. La Sociedad de Conferencias ha suscitado algunas rencillas: parece que Max es el elemento exclusor, mientras Castellanos (según Ezequiel García) persigue a todo el mundo pidiéndole conferencia.[17]

A pesar de todo esto, hacia finales de 1911 la situación económica del dominicano tendía a estancarse. Aunque en octubre de ese año abandonó *La Lucha*, el 1º de marzo de 1912 se vio obligado a depender otra vez del periodismo. En

---

[16] I.L.L., No. 196.

[17] *Epistolario íntimo (1906-1946)*, v. I, p. 126. Carta a Alfonso Reyes, 2 de mayo de 1911.

esa fecha retornó a la redacción del periódico *La Discusión*, medio en el que permanecería hasta el 31 de agosto de ese año. En 1913 se sumó al grupo que creó la revista *El Teatro*, que luego cambió su nombre por *Universal*. Para esta última realizaba aún en 1914 la sección "La hora que pasa".

Ahora bien, hablando de 1913, de La Habana y de fundaciones, el verdadero hito lo representó la salida de una de las revistas fundamentales del siglo XX en el país caribeño, *Cuba Contemporánea*, nacida el 1º de enero de ese año y que se ha reconocido como vocero de la primera generación de escritores republicanos. En su redacción estuvo Max Henríquez Ureña ese primer día de enero de 1913, junto a Carlos de Velasco, Julio Villoldo, Mario Guiral Moreno, José Sixto de Sola y Ricardo Sarabasa. En ella encontró siempre el dominicano un espacio prioritario –al extremo de que muchos le reconocían como un hombre de *Cuba Contemporánea*– y sus más importantes textos hasta 1927, año en que cesó la publicación, alternarían en las páginas de la revista con las firmas más relevantes de Hispanoamérica. Para Max Henríquez Ureña, "la fundación de la revista *Cuba Contemporánea* representa uno de los más importantes esfuerzos realizados en favor de la cultura por la primera generación republicana [...]. Hacía falta, ciertamente, un mensuario que dispusiera de espacio suficiente para dar cabida a estudios monográficos y ensayos de alguna extensión, y que, merced a la colaboración de los buenos escritores, fuera la expresión intelectual de Cuba republicana".[18]

Pero la situación económica de Max Henríquez Ureña en La Habana seguía adoleciendo de inestabilidad. Graduado de Derecho en 1912, como ya hemos dicho, la capital cubana no se mostraba propicia a su nueva actividad profesional y el joven abogado seguía viviendo en lo esencial de sus colaboraciones en la prensa. Por otra parte, las elecciones presidenciales celebradas a finales de 1912 habían terminado con la derrota de la fórmula liberal –Alfredo Zayas-Eusebio Hernández–, que el dominicano había apoyado, y en mayo de 1913 el conservador Mario García Menocal asumía la presidencia de Cuba. Estas y otras

---

[18] *Panorama histórico de la literatura cubana*, t. II, p. 370.

razones que veremos pronto estarán gravitando cuando Max Henríquez Ureña vuelva los ojos hacia Santiago de Cuba durante la segunda mitad de 1913.

Celebración por el veinte aniversario de la muerte de Julián del Casal, en La Habana. Véase a Max Henríquez Ureña arriba y hacia la izquierda (foto cortesía de Rodolfo Tamayo Castellanos).

El 15 de noviembre de ese año llegó el escritor a la capital de Oriente. "Supongo que habrá venido Ud. 'arrebatado' por [Eduardo] González Manet para revivir la Sociedad de Conferencias de esa",[19] le escribe desde Guantánamo Regino E. Boti, bien enterado del prestigio que el dominicano acumulaba al frente de instituciones semejantes en La Habana. La verdad era que Max Henríquez Ureña viajaba a Santiago de Cuba en busca de espacios más productivos para su trabajo profesional, indagación que había iniciado unos meses

---

[19] *Regino E. Boti: cartas a los orientales (1904-1926)*, p. 180. Carta del 26 de noviembre de 1913.

antes.[20] Ahora bien, aprovechando su estancia en la capital de Oriente, el 28 de ese mes, ofreció en los salones del Club Unión una disertación sobre la poesía de Diego Vicente Tejera que sería determinante para el futuro del joven escritor. Sobre esa actividad, organizada por la Sociedad de Conferencias de Santiago de Cuba, quedan las numerosas notas publicadas por la prensa santiaguera y la descripción alborozada de Francisco Henríquez y Carvajal:

> Este viaje de Max a Santiago de Cuba podría considerarse de resultados negativos, si una circunstancia inesperada no le diera una importancia trascendental y decisiva para el porvenir. Invitado Max a dar una conferencia en una sociedad anexa al Unión Club, correspondió pronunciándola hace dos días, en presencia de un público numeroso que llenaba los vastos salones del club y de lo más numeroso aún del público desconocido que invadió y ocupó los alrededores. La voz del orador es poderosa aunque todavía juvenil, y nadie perdía palabra. El efecto sobre el público de todas las categorías ha sido maravilloso.[21]

Durante su estancia habanera, entre 1909 y 1913, Max Henríquez Ureña nunca había perdido el contacto con Santiago de Cuba, donde radicaba el tronco principal de la familia. De hecho, en esa ciudad había aparecido durante 1910 su folleto *Influencia de Chopin en la música moderna*.[22] En febrero de 1914, volvió Max Henríquez Ureña a la capital de Oriente con el propósito de defender una causa en audiencia. Ya en ese momento había tomado la decisión de asentarse nuevamente en la ciudad y trabajar en el bufete del Dr. Luis Rovira, su amigo, proyecto que materializó en la segunda quincena de marzo.

---

[20] El 21 de agosto de 1913 había escrito Francisco Henríquez y Carvajal a su hijo Pedro: "Max anda por Santiago de Cuba en asuntos de su profesión. Trabaja algo pero todavía con pequeños resultados pecuniarios". *Epistolario*, t. II, p. 39.

[21] *Ibid.*, p. 47. Carta a Pedro Henríquez Ureña, 30 de noviembre de 1913.

[22] Biblioteca de *El Cubano Libre*, Vol. III. Santiago de Cuba, Imprenta de *El Cubano Libre*. Se trata de la conferencia que dictara el 24 de marzo de 1908 en Ciudad de México. En 1915 formaría parte del libro *Tres poetas de la música*; Schumann, Chopin, Grieg, que veremos luego.

Ese retorno inauguraba una nueva etapa en su vida: el 10 de diciembre de 1914 contrajo matrimonio con Guarina Lora, cubana, hija del general Saturnino Lora, quien con su histórico Grito de Baire había marcado casi veinte años atrás el inicio de la guerra independentista de 1895.

Pero Santiago de Cuba podía ofrecer algo más que una necesaria estabilidad económica y Max Henríquez Ureña lo sabía. Aquel no era ya el ralo ambiente intelectual que había encontrado en 1904. Desde 1910, la provincia de Oriente vivía una creciente efervescencia intelectual, con focos muy señalados en las ciudades de Manzanillo, Guantánamo y, sobre todo, Santiago de Cuba. En ese contexto largaba carrera pública hacia la consolidación el movimiento poético postmodernista que, con Regino E. Boti, José Manuel Poveda y el matancero Agustín Acosta a la cabeza, rescataría la poesía cubana del marasmo reiterativo que empobrecía el nacimiento del nuevo siglo literario. Esa renovación iba a trazar su ruta estética desde la provincia hacia la capital del país y cumpliría un devenir ruidoso, polémico.

El Palo Hueco, en la calle Calvario, Santiago de Cuba, vivienda donde se reunía el cenáculo de jóvenes escritores capitaneados por José M. Poveda (foto cortesía de Rodolfo Tamayo Castellanos).

Tanto Poveda como Boti se propusieron y ejecutaron una tarea consciente, osada y altanera: recuperar el hilo de la gran poesía cubana, perdido en los últimos y belicosos años del siglo XIX –Gertrudis Gómez de Avellaneda, José Martí, Julián del Casal–, y reiniciar a partir de ahí la producción lírica nacional, a contrapelo de la década consumida ya por el nuevo siglo. Con lucidez impresionante se apropiaron de esas fuentes –más las altas cumbres del modernismo hispanoamericano, claro–, trazaron una poesía vigorosa, agresiva, cuidada, y se entregaron en cuerpo y alma a una confrontación intelectual que sacudió el país. En ese volver la mirada hacia las huellas del modernismo, se consideraron modernistas ellos mismos, y el propio Max Henríquez Ureña los llamaría neomodernistas mucho después, cuando historió esa etapa de las letras cubanas.

El asalto postmodernista alcanzó en 1913 su punto culminante con la publicación de *Arabescos mentales*, el poemario que Regino E. Boti preparó con esmerada paciencia durante un lustro y que, arrogante, enfrentaría el mundo intelectual cubano entre denuestos e incomprensiones de todo tipo. Max Henríquez Ureña estuvo muy al tanto de este nacimiento. Apenas impreso el libro, Boti envió un ejemplar al dominicano, que residía aún en La Habana: "Como le dije en mi cuarto, durante nuestra cortada charla, creo con fijeza que de La Habana la única crítica capaz, adversa o favorable, de mi libro será la que Ud. escriba".[23]

No eludió el especialista su responsabilidad. La valoración de Max Henríquez Ureña, publicada inicialmente en *El Fígaro*,[24]

---

[23] *Regino E. Boti: cartas a los orientales*, p. 161. Carta escrita en Guantánamo, el 8 de septiembre de 1913. La amistad entre Boti y Henríquez Ureña quedó interrumpida ya entrada la tercera década del siglo. En un ensayo histórico sobre el inicio de la última guerra independentista cubana del siglo XIX, Boti empleó una información que, según declaraba, le había sido suministrada por el dominicano, quien desmintió públicamente tal hecho. La confrontación pudo ser controlada sin que llegara a mayores, cuando ya ambos habían nombrado padrinos y buscaban fecha para un duelo. Era aquella una época en que los criterios y el comportamiento intelectual aún pertenecían al mundo del honor.

[24] "Arabescos mentales", en *El Fígaro*, año 29, No. 38, septiembre 21 de 1913, La Habana, p. 465-466.

de La Habana, y reproducida cinco días después en el diario santiaguero *El Cubano Libre*, no solo nadó contra la corriente de la opinión general al asumir la defensa de *Arabescos mentales*, sino que lo hizo con total independencia de criterio a través de un comentario lúcido, equilibrado, ajeno a las pasiones y las poses de grupo, que no permitían apreciar en su justo sentido literario el poemario del guantanamero.

Cuatro valores básicos encuentra el crítico dominicano en Regino E. Boti: el conocimiento íntimo de su arte y del idioma –"esto solo bastaría para que se le oyese con respeto"–;[25] el dominio de los problemas que encierra la métrica –"y al calor de esas investigaciones han nacido estos arabescos, llenos de riqueza y de música verbal"–; la posesión por el artista de una peculiar estética, de una individual manera de apreciar la vida –"otras condiciones posee que pueden despertar simpatía, entusiasmo, y todavía más: admiración"–; y

> por último, es un alma que vibra, no con las exaltadas y desgarradoras explosiones de los poetas líricos, pero sí, al menos, con un sedimento muy recóndito y muy suyo de romanticismo. Ese romanticismo se retuerce y se esconde a cada paso: el observador se sobrepone al poeta; el sensualista sobrepuja al soñador; el orfebre triunfa, gran maestro de la paciencia y de la miniatura, por encima del minero que fue a buscar un diamante en el escondido acervo del sentimiento. Son demasiados elementos los que se conjuran para ocultar la morbosa delicadeza que alberga el alma de este poeta. No obstante, esa alma vibra a cada paso –alma de paradoja, sensitiva y satánica, con desfallecimientos efímeros y vehemencias impetuosas que no logra refrenar la suma sapiencia del moldeador impasible.

Las tres primeras cualidades gozaban de sumo aprecio en la época, tras la experiencia modernista y su oposición decidida al descuido y la dejadez intuitiva que tanto prodigó nuestro

---

[25] Max Henríquez Ureña: "Arabescos mentales", en *El Cubano Libre*, Quinta época, año 19, No. 263, 26 de septiembre de 1913, Santiago de Cuba, p. 2. Todos los fragmentos que a continuación se citan provienen de esta fuente y esa página. La acentuación del artículo ha sido modernizada.

romanticismo. La cuarta contiene el centro de la apreciación crítica que el libro del poeta cubano merece a Max Henríquez Ureña, quien prefiere la armonía polifónica de los "Ritmos panteístas" a los arabescos esforzados de "Blasones", exalta las piezas donde el verso resulta más espontáneo y puro, frente a aquellas que reiteran motivos ya tematizados por la poesía modernista o están cargadas de una excesiva manipulación instrumental. En su opinión, lo mejor reside allí donde

> "Arabescos mentales" demuestra que su autor es capaz de llevar a cabo las combinaciones más difíciles y complicadas que permite la alquimia del verso, pero al mismo tiempo pone de relieve que para algo más que para "arabescos" está facultado el poeta que ha tenido la inspiración robusta y el ritmo heroico de "Luz in tenebris" y de "Madre tierra", y que, además, ha sabido hallar, en lo más íntimo de su "yo", variados y exquisitos matices de la escala del sentimiento.

De modo general, el tiempo ha dado la razón al crítico. Aquellas secciones de *Arabescos mentales* donde campea un mayor rebuscamiento son las que han ido orillando el gusto y la estética de hoy. La obra inmediatamente posterior de Boti, por otra parte, se inclinaría en el otro sentido: hacia una poesía siempre cuidada e inteligente, sin grandes alardes emocionales, pero más natural y espontánea.

Lo más interesante en este caso resulta la honestidad del crítico, quien no permite que cegueras circunstanciales o extraliterarias empujen su juicio en un sentido u otro. Muy relacionada con esa actitud, se manifiesta su clara sagacidad, esa que lo faculta para percatarse al instante de que se encuentra ante una obra de valor excepcional. No fue hasta la década siguiente que la estimativa literaria cubana reconoció la importancia renovadora de *Arabescos mentales* y colocó a su autor en el lugar que merecía. Max Henríquez Ureña lo hace en septiembre de 1913, apenas aparecido el libro. Una sola vez se permite en su texto descender hasta el mostrenco debate que enconaba en torno al libro botiano y echa su criterio con machacona ironía seudomodernista:

> En verdad, os digo –bien lo prueba cuanto he expuesto–, que ha llegado a nosotros un poeta, "El poeta" de la nueva generación literaria de Cuba. Anuncie el paraninfo, con solemne epinicio, este don preciado que a nosotros llega como suprema gracia que a los dioses plugo concedernos. Enmudezca la Beocia mercantil de falsificadores del arte, y atruene la comba celeste el canto de victoria que expira en este grito de júbilo: "¡Bienvenido sea el poeta!"

Claro que el artículo le hizo acreedor de innumerables ataques y burlas por parte de la prensa habanera. El 12 de octubre de 1913 escribía Regino E. Boti a Max Henríquez Ureña:

> Era de esperar la pedrea [...] "Zigomar" [seudónimo del periodista Salvador Quesada Torres], desde "La Prensa" sin nombrarnos nos tiró algunas ninitas, especialmente a Ud. Se ha indignado contra "El Fígaro". Son egoístas. Yo no me puedo acusar de haberles interrumpido la digestión. Sin embargo, no me quieren dejar en paz. Es el fenómeno de siempre: hacer un buen edificio para que lo roan las ratas. No hay que hacer caso de eso. Pesan poco el ripioso [Félix] Callejas y el catalán renegado (como le llamó Weyler) José Miró [Argenter].[26]

Max Henríquez Ureña fue, no obstante, más que un observador dispuesto a participar en la lidia de las ideas estéticas y uno de los críticos lúcidos en ejercicio durante ese período en Cuba, como habitualmente se le reconoce. El dominicano, que cultivaba el verso desde la niñez, sumó los resultados de su labor poética al ambiente literario, intenso y creador, que avanzaba sobre el país desde la provincia cubana, cuando publicó en 1914 su primer libro de poemas, *Ánforas*,[27] cuya deuda con el modernismo se reconoce desde el mismo título.

---

[26] *Regino E. Boti: cartas a los orientales*, p. 171.
[27] Valladolid, Biblioteca Studium, 1914.

Como se ve, además de modos decorosos para ganarse la vida, Santiago de Cuba pudo dar al Max Henríquez Ureña que regresaba en 1914 un espacio culturalmente activo, que conocería sus mejores momentos en esa década y se iría desdibujando a lo largo de los años veinte, para desaparecer por completo en el decenio posterior.[28] Y a ese ambiente no tardó en sumarse el intelectual dominicano: el 6 de septiembre de 1914 se le encuentra a la vanguardia de los que fundan el Ateneo de Santiago de Cuba, del que fue electo director. A partir de este momento, iniciaba el dominicano una labor de activismo y fomento de la cultura en Santiago de Cuba que se extendería, con algunas interrupciones, durante dieciséis años consecutivos y lo convertiría en el promotor cultural más importante que conocería esa ciudad hasta su regreso a República Dominicana en los años treinta.

El Ateneo de Santiago de Cuba fue un proyecto ambicioso.[29] Buscaba cohesionar a los elementos intelectuales de la sociedad santiaguera para un trabajo de proyección cultural organizado, al tiempo que abría un espacio de estímulo y protección para el elemento creador en la ciudad, sobre el que pesaba la total desatención y la apatía de los medios oficiales de la época. Así, el Ateneo contó con doce secciones: Literatura, Filosofía, Ciencias Históricas, Ciencias Físico-Químicas, Ciencias Físico-Matemáticas, Ciencias Sociales, Ciencias Jurídicas, Música, Artes Plásticas, Pedagogía, Declamación y Ciencias Naturales. En el año social 1917-1918 se agregó la sección de Cultura Feminista.

Su estructura se completaba con una Junta Directiva, que formaban un presidente y tres vicepresidentes; un director, un tesorero, un secretario y sus tres vices correspondientes;

---

[28] Precisiones y valoraciones sobre el período pueden encontrarse en mi libro *Crítica sin retroceso*, p. 83-93.

[29] En 1986 y bajo mi dirección, Oraida Guerra Cotilla, entonces estudiante de Licenciatura en Letras de la Universidad de Oriente, realizó el trabajo de diploma titulado "Historia y significación del Ateneo de Santiago de Cuba", que ayudó a despejar las sombras del olvido que ya amenazaban a esta institución. En todo lo que a continuación se relaciona con el Ateneo —y salvo ciertas reflexiones que son de mi responsabilidad absoluta—, la presencia de la hoy licenciada Guerra Cotilla debe ser sobreentendida.

así como veinte vocales. De ellos, el director era la pieza central, pues organizaba y conducía de modo ejecutivo el trabajo de la institución. Esta funcionaba por medio de años sociales, de septiembre a junio, cuando se rendía cuentas de la gestión realizada, el estado de la tesorería, y se elegía una nueva directiva. En parte de junio y los meses de julio y agosto recesaban las labores del Ateneo y la nueva dirección preparaba el programa del año social por venir, que comenzaba a ejecutarse con la llegada de septiembre.

Aparte de la Sociedad de Conferencias de Santiago de Cuba, cuya existencia en 1913 ya fue aludida, otras instituciones y sociedades santiagueras de la época desarrollaron un trabajo cultural con resultados apreciables, como en los casos de la Sociedad Filarmónica Cubana, la Sociedad Beethoven, el Grop Nacionalista Catalunya o la Sociedad Luz de Oriente, entre otras. Pero, o bien sus actividades estaban circunscritas a una rama del quehacer artístico, o bien respondían primordialmente a intereses de clase, religión, nacionalidad, sexo, raza, etc. El Ateneo, por su parte, quiso abarcar del modo más amplio a todo el sector intelectual santiaguero. Nació impulsado por el activo ambiente cultural de la ciudad o, para decirlo con palabras de Max Henríquez Ureña, debido a "una necesidad hondamente sentida y a un anhelo persistentemente revelado en el seno de la sociedad de Santiago de Cuba".[30] Y así, entre 1914 y 1919, pudo empeñarse en un trabajo diverso, que incluyó conferencias, veladas artísticas, celebraciones patrióticas, homenajes a figuras locales, nacionales e internacionales de prestigio, etc., y en las que se destacaron sobre todo las secciones de Literatura, Música y Declamación.

Precisamente la Sección de Declamación estrenó el 13 de abril de 1915, en el Teatro Oriente y bajo la dirección de Fernando Ibarra, *La combinación diplomática*, pequeño juguete cómico de Max Henríquez Ureña que apareció impreso en el primero de los dos libros dedicados a las memorias del

---

[30] *El Ateneo de Santiago de Cuba; su fundación, su primer año, su porvenir*, p. 1.

Ateneo de Santiago de Cuba y, casi simultáneamente, como título aparte.[31]

Conocedor del arte dramático, el dominicano consigue en *La combinación diplomática* un texto correcto, que caricaturiza con irónica elegancia el tráfico de influencias y los intrincados cruces de intereses –nada patrióticos ni transparentes, por cierto– habituales en la distribución de puestos y la repartición de prebendas a costa del Estado. Crítica de costumbres, *La combinación diplomática* muestra en un tono ligero, como de juego, las maneras de esos hombres de gobierno, más hábiles que inteligentes o preparados, capaces de cualquier transacción por tal de mantenerse a flote.

Tanto la intención costumbrista como el medio recreado y ciertas preocupaciones sociales que aparecen en *La combinación diplomática* habían sido tópicos cardinales en las narraciones que apenas dos o tres años antes escribiera Max Henríquez Ureña en La Habana y que recogería mucho después en *Cuentos insulares* (1947). Pero falta en el juguete cómico el índice que señala con amargura hacia la vaciedad y la chatura de la burguesía cubana, tópico fundamental en aquellas narraciones. Al contrario, su estrategia expositiva emplea como armas predilectas la contención, el sentido del límite, ese ir al objetivo sin excesos ni regodeos: la intención costumbrista no pretende avanzar más allá de ciertos rasgos idiosincrásicos, el sentido crítico se alza sobre un conflicto de baja intensidad y un modo farsesco que asegura todo el tiempo su carácter de broma y borra, por tanto, cualquier nota discordante en la denuncia social.

La desmedida satisfacción que en su momento mostró Pedro Henríquez Ureña ante esta pieza se explica por la limpia sencillez y la ausencia de efectismo que hay en ella, características que el humanista dominicano tuvo siempre en sumo aprecio, pero sobre todo por su opinión de que Max Henríquez Ureña debía inclinarse hacia la creación

---

[31] *La combinación diplomática.* La Habana, Imprenta "El Siglo XX" de Aurelio Miranda, 1916.

literaria y no hacia los trabajos de erudición, investigación y crítica:

> Insisto en la idea de que debes escribir versos con preferencia sobre la prosa. Un segundo libro de versos no estará mal [...]. En prosa tal vez debes ensayar de nuevo la forma dramática, con nuevas comedias de costumbres. No hay que proponerse reproducir las costumbres estrictamente, pero sí hacer lo que has hecho en el sainete: pintar sin afectación un trozo de la vida cubana. Mientras con menos teoría y con más naturalidad se haga, mejor.[32]

Sin embargo, Max Henríquez Ureña no volvería al molde dramático, en el que se aventuró con más ánimo de divertimento que ambición estética. La nota costumbrista, frecuentemente levantada hasta reconstrucción testimonial, sí ganaría rango de característica medular en toda su obra, no importa la forma genérica en que esta se produjera. Era una inclinación que venía con el escritor dominicano desde su primera adolescencia, cuando manuscribía y circulaba entre sus familiares la revista *El Faro Literario*: "Una selección de artículos de costumbres, que yo redactaba en tono humorístico, hacía reír mucho a mi tía Ramona, y Pedro llegó a pensar que yo habría de sobresalir en el género. No ha sido así, sin embargo; prueba de que los vaticinios resultan difíciles cuando, a esa edad, la curiosidad o la versatilidad intelectual nos mueven a espigar en campos muy diversos".[33]

Ese interés costumbrista tiene un lugar importante en los cuentos que fue dando a conocer Max Henríquez Ureña entre la segunda y tercera décadas del siglo, en las cuatro historias noveladas escritas por él a partir de 1938, en su excelente estudio sobre la ocupación norteamericana de 1916 y, sobre todo, en el trabajo que como investigador de la literatura desplegó desde su más remota juventud hasta su muerte. Lo mismo en sus indagaciones literarias mayores –dígase la *Breve historia del modernismo* o los panoramas históricos

---

[32] *Epistolario*, t. II, p. 86-87. Carta fechada en Nueva York, el 18 de mayo de 1916.
[33] Max Henríquez Ureña: *Hermano y maestro*, p. 26-27.

que dedicó a las literaturas cubana y dominicana– que, en sus artículos para la prensa,[34] la reconstrucción de ambiente a través del testimonio histórico o biográfico no es herramienta circunstancial: constituye un elemento infaltable, que el estudioso consideraba capital para la aprehensión de la realidad. No es casual que el autor de *Hermano y maestro* o *Mi padre* haya tomado para sí en varias ocasiones la tarea de documentar la trayectoria de su familia.

También en los predios del Ateneo de Santiago de Cuba iba a cerrar Max Henríquez Ureña el ciclo de disertaciones sobre músicos que había comenzado en 1908. El 28 de septiembre de 1915, durante la velada con que se iniciaron las actividades de la institución santiaguera, el dominicano pronunció una conferencia sobre Robert Schumann que poco después uniría a otras dos –en torno a Federico Chopin, de 1908, y Edvard Grieg, de 1911– para, en ese orden, formar *Tres poetas de la música*,[35] un libro cuya unidad interna sobrepasa lo temático para extenderse también al método de abordaje de los asuntos y a la estructura de los textos.

Entre los estudios, el dedicado a Schumann es el más débil y el que gira en torno a Chopin el más logrado. El primero ofrece un abordaje informativo en el que, si bien al principio aparecen ciertas referencias contextuales, estas no se vinculan luego al sentido estético de la obra creada por el músico. Por otra parte, el estilo, a fuerza de intentar una expresión "poética", resulta ampuloso y merodeante.

La segunda conferencia posee en principio una estructura de abordaje similar, pero pronto desvía su atención hacia la influencia de Chopin sobre la música posterior y esto conduce al terreno de la ejecución pianística y de la composición, así como a un interés por desentrañar el espíritu musical de la obra que rubricara el polaco. Obligado a la exposición técnica y necesitado de argumentar, el estilo del ensayo se aleja ahora de las pretensiones líricas y se hace conciso, fuerte,

---

[34] Los ejemplos en ese sentido constituirían legión. Véase "Mis recuerdos de Darío Herrera", en *La Cuna de América*, año IX, No. 13, diciembre de 1920, Santo Domingo, p. 204-207.

[35] La Habana, Imprenta "El Siglo XX", 1915.

como será siempre que Max Henríquez Ureña escriba con un objetivo bien delimitado y una intención expositiva precisa, seguridades que en este caso se ven enriquecidas por las comparaciones entre la estética de Chopin y las obras de otros artistas –músicos y escritores– de su época.

La conferencia sobre Grieg, por su parte, mantiene ciertas similitudes estructurales con las dos citadas, pero localiza su centro más bien en la revisión y comentario de la crítica sobre la obra del músico.

Tres poetas de la música es un libro interesante. Muestra los conocimientos musicales del dominicano y, sobre todo, el dominio de una información vasta y asombrosamente actualizada para el momento, resultado de una red intelectual que ya funcionaba con notable eficiencia por entonces y que llegaría a constituir un mecanismo de intercambio ejemplar. En realidad, el volumen recoge una etapa en el trabajo de estudio y crítica musical que Max Henríquez Ureña había comenzado desde muy joven y que por esa época iba abandonando.[36]

A lo largo de los años que el Ateneo de Santiago de Cuba mantuvo su actividad, fue Max Henríquez Ureña el alma de la institución. Tras concluir su trabajo en el primer año social (1914-1915), resultó reelecto como director para el año social 1915-1916, aun cuando había pedido su sustitución, lo que recogió de esta forma la prensa santiaguera del momento:

> La noticia exacta. El puesto de director conlleva un alto honor, al cual he tratado de corresponder con mi actividad y mi celo; pero me absorbe mucho tiempo y me crea a cada paso dificultades, porque no siempre puedo complacer a todos los socios en las distintas peticiones que formulan a esta Dirección. He trabajado bastante y pido mi relevo, por más que siempre, en cualquier sitial que se me designe, con tal de que no sea ese, seguiré trabajando con entusiasmo, pero con menos responsabilidades y desgaste de energía y tiempo.[37]

---

[36] Si excluimos un texto con fines docentes que produciría junto a Antonio Serret a finales de los años veinte y que se mencionará en su momento.

[37] "Las elecciones del Ateneo", en *El Cubano Libre*, año XXI, No. 142, jueves 3 de junio de 1915, Santiago de Cuba, p. 1

No sería aprobada su salida del cargo hasta junio de 1916, en que se le nombró presidente de la Sección de Literatura para los años sociales 1916-1917, primero, y 1917-1918, después. Finalmente, fue escogido como vicepresidente del Ateneo –con el patricio Emilio Bacardí como presidente– para el año social 1918-1919.

Sin embargo, ese ambicioso proyecto que fue el Ateneo de Santiago de Cuba nunca logró un desenvolvimiento parejo y estable de todo su cuerpo. Varias de las secciones apenas trabajaron o se fueron debilitando rápidamente hasta desaparecer. En el fondo y como siempre ocurre en estos casos, primó un grupo de verdaderos interesados, que mantuvo la institución viva hasta mediados de 1917. Por otra parte, desde su nacimiento, el Ateneo había solicitado al Gobierno una subvención con la finalidad de obtener local propio, fundar una biblioteca y publicar una revista. No le fue concedida, así que sus miembros se vieron obligados a gestionar una sede por sus medios y lograron alquilar en 1917 una casa durante algunos meses, constituir una banda musical y publicar dos libros que recogen las memorias de la institución.

No fue suficiente. El 5 de agosto de 1918, durante el acto de toma de posesión de la nueva Junta Directiva, celebrado en el Teatro Martí, Max Henríquez Ureña se refería en su discurso a la "vida lánguida y de penuria [de la institución]. Ayer entró en el quinto año de su existencia, sin una casa para su propio alojamiento, sin un mueble, ni un cuadro, y quizás ni un libro que le pertenezca".[38]

En el segundo semestre de 1917, el Ateneo de Santiago de Cuba entró en una crisis irreversible. Esto se evidencia en la escasa cantidad de actividades que realizó y finalmente en el acuerdo tomado el 2 de diciembre de ese año, mediante el cual se reducía "el número de secciones en que debe dividirse el Ateneo a las de Literatura, Música, Artes Plásticas, Pedagogía y dos o tres más suprimiendo las que no han dado

---

[38] "La labor del Ateneo", en *Diario de Cuba*, año I, No. 247, 5 de agosto de 1918, Santiago de Cuba, p. 3.

resultados en la práctica".[39] Para colmo, en esa misma reunión Max Henríquez Ureña renunciaba a su cargo como presidente de la Sección de Literatura, aunque aclaraba que seguiría ayudando al Ateneo, pues "su resolución se limita a retirarse definitivamente de su directiva".[40] Sin dudas, tras esta solicitud estaban no solo las intensas gestiones que el dominicano realizaba junto a su padre para lograr la salida de las tropas norteamericanas que desde 1916 habían ocupado Santo Domingo, sino también las obligaciones que representaba para él la creación del periódico *Diario de Cuba*, empresa que por entonces absorbía gran parte de su atención.

En realidad, la petición de Max Henríquez Ureña consiguió que se le concediera apenas una licencia entre febrero y junio de 1918. En todo ese período, el Ateneo solo realizó una actividad. La inercia se rompería el 9 de junio, cuando el dominicano disertó en el Teatro Martí sobre José Enrique Rodó, y de inmediato se puso al frente de las elecciones para el año social 1918-1919, que se realizaron en su casa particular.[41] No obstante y a pesar de su retorno, la institución ya no se recuperaría nunca y entró en un período acelerado de disolución, que sería matizado por alguna que otra actividad aislada. Incluso, no se realizaron las elecciones correspondientes a junio de 1919, pues fue imposible reunir a los miembros hasta el 9 de noviembre de ese año, cuando acordaron que continuara la misma Junta Directiva. Poco después, cesaba completamente el que fuera uno de los más ambiciosos proyectos de asociación intelectual en Santiago de Cuba antes de 1959.

Ahora bien, el 8 de septiembre de 1915, cuando aún el Ateneo era un proyecto pujante y Max Henríquez Ureña su director por segundo año consecutivo, el intelectual dominicano había matriculado la carrera de Filosofía y Letras en la Universidad de La Habana. En esa ocasión venció un grupo de las materias que exigía el pensum; el resto sería aprobado en junio de

---

[39] "El Dr. Henríquez Ureña renuncia", en *Diario de Cuba*, año I, No. 3, 3 de diciembre de 1917, Santiago de Cuba, p. 8.

[40] *Ibid.*

[41] Para ampliación, pueden consultarse las ediciones del *Diario de Cuba* correspondientes a las siguientes fechas y páginas: 3 de diciembre de 1917, p. 8; 11 de febrero de 1918, p. 3; 10 de junio de 1918, p. 1 y 6; 25 de junio de 1918, p. 8.

1916, cuando solicitó una licencia en el trabajo que, como abogado de oficio temporero, desempeñaba desde octubre de 1915 para la Audiencia de Oriente,[42] y marchó a La Habana. El primero de julio de 1916 se graduaría[43] y, con esto, completaría su titulación profesional, pues a partir de ese momento le sería posible desempeñarse al más alto nivel en el terreno que su vocación había elegido: la literatura.

La decisión de completar los estudios de Filosofía y Letras en apenas un año estuvo calzada por criterios profesionales bien meditados, que apuntaban hacia el futuro inmediato. En efecto, durante ese mismo año de 1915, cuando ya había recorrido parte del camino hacia su segundo título universitario, dio Max Henríquez Ureña el primer paso en la que, con el correr del tiempo, llegaría a ser una brillante y muy reconocida carrera docente. El 7 de noviembre de ese año fundó en Santiago de Cuba la Academia Domingo del Monte, que se dedicó a estudios superiores de Lenguaje y Literatura.[44]

La academia desarrolló su trabajo mediante conferencias que Henríquez Ureña impartía semanalmente. Ese primer curso se extendió entre noviembre de 1915 y junio de 1916 e incluyó una treintena de disertaciones —entre ellas dos fuera de programa: "Rubén Darío y el modernismo", el 20 de febrero, y "Cervantes y su obra", el 30 de abril— en las asignaturas Gramática Castellana y Composición Literaria, Historia de la Literatura Española e Historia de la Literatura Cubana. Por el costo de ocho pesos, más de cincuenta alumnos —en lo esencial profesores de enseñanza primaria— matricularon el curso, que debió servir al dominicano como estímulo y entrenamiento en la preparación de las asignaturas con que completaría su nueva

---

[42] La comunicación de la Secretaría de Justicia se encuentra en I.L.L., No. 197.

[43] Véanse las boletas de matrícula en I.L.L., No. 198. No debe pasarse por alto la fecha: indica que los exámenes de las últimas materias fueron preparados bajo la presión psicológica de la invasión norteamericana a la República Dominicana y que la graduación se produjo 27 días antes de que Max Henríquez Ureña partiera hacia su país para sumarse a las gestiones que buscaban la salida del interventor norteamericano.

[44] Camila Henríquez Ureña consigna que la academia ofrecía estudios de Derecho. Sin duda, la destacada profesora confundía este con otro proyecto que llevaría adelante Max Henríquez Ureña unos años después. *Vid.* "Conversación con Camila", en *Estudios y conferencias*, p. 642.

titulación universitaria.[45] Pero la importancia de este gesto se extiende mucho más lejos: la que sería después una experiencia magisterial dilatada y trascendente estaba comenzando en aquella modesta academia santiaguera de 1915.

Tras el regreso a Santiago de Cuba, a principios de 1914, la vida de Max Henríquez Ureña entraba en un período de rápida estabilización: su trabajo como abogado, el matrimonio –que le dio un hijo, Hernán, en 1915–, la publicación de su primer libro importante –*Ánforas*; al que debe sumarse, en 1915, *Tres poetas de la música*; y, a principios de 1916, *La combinación diplomática*–, la titulación en Filosofía y Letras, el trabajo al frente del Ateneo de Santiago de Cuba y su estreno docente, así lo indicaban.

Por otra parte, basta consultar las obras que se anuncian en la edición de *Tres poetas de la música* para comprender que, hacia 1916, Max Henríquez Ureña transita por una etapa de replanteo y definición en su quehacer literario. Luego de *Ánforas*, la producción poética del dominicano conocería varios años de receso, al tiempo que el ciclo de sus estudios sobre músicos queda cerrado en 1915. Así, la mayor parte de los títulos que entonces promete pertenecen a la crítica y la investigación. Algunos, como el "Teatro contemporáneo", representan caminos ciegos. Otros, como las "Crónicas de arte", debían nutrirse del trabajo que durante años había realizado para la prensa periódica. Aún otros, como los "Estudios cubanos", miran al futuro, denuncian intereses que acompañarán al escritor durante décadas y darán, a largo plazo, resultados valiosos. Ninguno de esos proyectos se cumplió como fue planeado en esa época. No obstante, detenidos en aquel 1916, era lógico esperar que la estabilidad familiar, profesional e intelectual que había logrado el dominicano en Santiago de Cuba favoreciera y apresurara la consolidación de sus rasgos definitivos como escritor.

Sin embargo, acontecimientos inesperados torcerían una vez más el rumbo de las cosas. El 15 de mayo de 1916, tropas norteamericanas ocuparon la República Dominicana, bajo el pretexto de que la situación política en la isla caribeña se tornaba peligrosa tras el desacato del general Desiderio Arias, secretario de

---

[45] En I.L.L., No. 197 puede verse una circular sobre el curso de la Academia Domingo del Monte, así como el Acta Jurada No. 135, que da fe de sus resultados.

Guerra, frente a su presidente constitucional, Juan Isidro Jimenes. Los norteños habían venido argumentando con apremiante insistencia que la Convención Domínico-Americana de 1907 había sido violada pues la deuda dominicana se había incrementado sin autorización de Estados Unidos y, con aún más vehemencia, presionaban para imponer un grupo de exigencias lesivas para la soberanía de la isla. Ante la presencia dominante de tropas extrañas en su país, el presidente Jimenes tuvo la dignidad de renunciar y el Congreso dominicano se vio precisado a elegir un presidente provisional.

El proceso de elección fue dilatado y conflictivo, matizado por las disputas internas de los partidos políticos dominicanos y entorpecido por las manipulaciones de los ocupantes norteamericanos. Francisco Henríquez y Carvajal, quien en la primera quincena de julio había regresado de un viaje a Buenos Aires para representar a su país en la Asamblea Internacional de Legislación Uniforme, seguía los acontecimientos desde Santiago de Cuba. El 23 de julio escribía lleno de expectación a Tulio M. Cestero:

> Ninguna noticia de importancia puedo trasmitirle. Las mismas que aparecen en los periódicos de Santo Domingo son las que contienen las cartas privadas del mismo lugar. El resumen era este: en el momento en que salía el vapor de Santo Domingo existían dos candidaturas, una presentada por el partido horacista: Jacinto de Castro y Federico Henríquez y Carvajal; otra por el jimenista: Enrique Jimenes y el Dr. Henríquez y Carvajal. Dos jóvenes y dos viejos; dos que aspiran y se agitan por alcanzar el puesto (a lo menos, es lo que me han dicho) y dos que permanecen inmóviles, sin dar pruebas de que desean ocupar el puesto. Pasan los días y no se sabe que las Cámaras hayan llegado a un acuerdo respecto de la elección del presidente.[46]

Dos días después, el 25 de julio, recibía Francisco Henríquez y Carvajal un telegrama donde le comunicaban que, con carácter

---

[46] La carta se encuentra en el Archivo de Tulio Manuel Cestero que guarda la Universidad Autónoma de Santo Domingo (UASD) sin clasificar. En lo adelante los documentos procedentes de esta fuente aparecerán como A.T.M.C.

interino, había sido electo nuevo presidente de la República Dominicana y le solicitaban se presentara en su país a la mayor brevedad. Transcurridos muchos años y con la vocación testimonial que nunca le abandonó, Max Henríquez Ureña recordaría el suceso:

> Encontrándose Henríquez y Carvajal la tarde de este día en el corredor exterior de su residencia de Sánchez Hechavarría (antes San Jerónimo) alta 27, junto con sus hijos Camila y Max y otros familiares, en momento en que, por ser día consagrado a los populares "carnavales de verano", desfila por la calle una nutrida y alegre "comparsa", al son de animada música, un mensajero del cable inglés se abre paso entre la muchedumbre y llega hasta él, entregándole un telegrama. Lo abrió y lo leyó con calma, y sin decir una palabra lo pasó a su hijo Max. El mensaje decía "Partidos fusionados elegiránlo hoy Presidente. Venga", y lo firmaban Horacio Vázquez, Federico Velázquez, Jaime Mota, Luis Felipe Vidal y Elías Brache hijo, es decir, los representantes de todos los partidos políticos.[47]

El médico respondería, un día más tarde: "Voy mañana vapor Santiago".[48] El hecho iba a marcar para siempre la vida de Max Henríquez Ureña.

---

[47] *Mi padre*, p. 114.
[48] *Ibid.*, p. 115.

TIEMPO DE PELEAR

No hay pasado obscuro. La obscuridad solo está en noso-
tros. Es del pasado de donde viene siempre la luz con que
vemos hoy con el espíritu de las cosas, sencillamente,
porque no puede venir del porvenir. El porvenir sería tan
obscuro como la muerte, si no fuera porque la luz del pa-
sado es tan potente que siempre permite prever ciertos
acontecimientos de un futuro próximo.

AMÉRICO LUGO

Santiago de Cuba, 27 de julio de 1916, 2:48 p.m. La dispersión de la tarde cede ante el movimiento creciente que en
la última hora ha ido animando la Alameda. Grupos cada vez
más numerosos se van formando en los alrededores del acceso al muelle. Algunos, incluso, se derraman ya por la expla-
nada del parque y en las cercanías del edificio de la Aduana.
El ir y venir de uniformes y trajes sortea los charcos de agua
y apresura el despertar del entorno, sacude la modorra de la
amanecida en que desembocó la noche de santa Ana. Las hi-
leras de puestos a lo largo de la Alameda, pero apiñados sobre todo en las desembocaduras de las calles Enramadas y
Aguilera, intentan restaurar el brillo de sus colores y sus
pencas de coco, opacado por la lluvia intermitente que estuvo cayendo hasta más allá del mediodía. Sobre los adoquines
de la calle, entre el fango revuelto, se dispersan trozos de papel, enmarañados mazos de serpentinas, vasos de cartón
aplastados, algún que otro fragmento informe y renegrido
que quizás formó parte de un disfraz.

Compulsada por el inusual movimiento, la tarde gana
tensión, temprano y aún débil anuncio de la euforia que re-
gresará con la noche. Los dependientes de los puestos em-
piezan a secar mesas, sillas, pisos, y las improvisadas barras
de madera tras las cuales atenderán a los clientes que irán
apareciendo apenas se convenzan de que la lluvia ha dado
una tregua definitiva a la fiesta. Ya se oyen, a ramalazos, lejanos fragmentos de una música impaciente. De hecho, el
grupo de hombres que espera junto al reloj de la Alameda ha

desviado un par de veces su atención hacia alguna máscara a pie que pasa por la acera más alejada, con su enorme penca de yarey en la mano y cuidando no pisar algún charco que arruinaría la belleza del traje o de la capa que su dueño ha perfeccionado durante todo un año, y que ahora le sostienen dos o tres chiquillos inusualmente serios.

Un especial nerviosismo recorre los grupos diseminados en las proximidades de la terminal marítima; una expectación que no se explica por la salida inminente del *Santiago de Cuba*, en su itinerario regular entre la capital del Oriente cubano y la República Dominicana. El vestido de las damas y los caballeros es demasiado formal para esta tarde en que el sol vuelve a brillar con intensidad y levanta en vapor el agua que la lluvia depositara. No importa si los músicos de la banda han roto el orden de las sillas plegables para acercarse a un ejemplar de *El Cubano Libre* donde el fagotista lee la poca ventura del niño que la noche anterior había perdido media oreja izquierda por una mordida, mientras arrollaba tras una conga delirante; no importa si el grupo de damas que se abanica fervorosamente bajo un palio de lona azul comenta con leve, casi indispensable tono de suspicacia, el primer premio que —todo se sabe— será concedido a la carroza La Lámpara de Cristal, de la familia Clarens Pujol; no importa si los señores de traje azul oscuro y banda roja en el brazo derecho, que han preferido no mezclarse con los grupos mayores y permanecen junto a los escalones de la Aduana, levantan las voces un tanto más de lo correcto en su discusión sobre la guerra europea. No importa, hagan lo que hagan, todos se ven expectantes, pendientes de algo que está por ocurrir. Y esa actitud se comunica también a los pasajeros que ya han abordado el vapor *Santiago de Cuba* y se agrupan en lo alto de la proa, la atención fija en la calle. Hasta los obreros del puerto se mueven esa tarde como si aquellas no fueran sus rutinarias actividades de siempre.

Y al fin sucede. Dos autos negros se acercan dificultosamente entre los puestos y los transeúntes, hasta rodear el extremo del parque. La composición de los grupos se rompe. La mayor parte de las personas se dirigen a la entrada del muelle. Otros, los menos, rodean el lugar donde se detiene el primero de los coches, un Ford alto, de guardafaros y cintillos niquelados. Alguien se apresura a abrir la puerta por donde sale el hombre de perfil afilado, bigote encaneciente, pulcro traje y sombrero negros. Ya en la calle, Francisco Henríquez y Carvajal acoge un momento a las decenas de personas que le saludan al pie del vehículo. Algunos le dirigen breves palabras. Otros se concretan a un gesto, un estrechar las manos. Y aun otros se limitan a poner su presencia ante los ojos del recién llegado, que lucen cansados tras los espejuelos de aros metálicos.

Esta primera recepción dura apenas minutos. Luego, la figura de modales firmes echa a andar escoltada por su hijo Max, que había bajado del segundo auto. En ese momento la banda rompe a tocar una marcha y en la proa del barco caen desplegadas las banderas de Cuba y la República Dominicana. Los presentes, en masa ahora sí compacta, abren una senda a los hombres. Sobre la acera hay un grupo mucho más pequeño. Lo forman varios periodistas, entre los que la tensión del momento permite distinguir a Joaquín Navarro Riera, fino y atildado; Juan Salvador Guevara, que no cesa de manosearse la barba; y Armando Leyva, con esos ojos siempre trasnochados que tantas bromas le cuestan; además de unos pocos parientes cercanos, hombres y mujeres, y algunos amigos especiales. Mientras Max se aparta con los periodistas, Henríquez y Carvajal estrecha las manos de Emilio Bacardí, Luis Rovira y Rafael Manduley. Rovira nada dice, pero Bacardí y Manduley, por turnos, hablan un momento sin soltar la diestra del dominicano, que asiente ante aquellas palabras, hoy perdidas en el ruido ambiente y los percances de la memoria.

Por fin Henríquez y Carvajal sube los escalones de la rampa que conduce al muelle, mientras su hijo queda abajo, retenido por la llegada tardía de Eduardo Abril Amores. Arriba espera el gobernador de Oriente, general Manuel Rodríguez Fuentes, acompañado por otros funcionarios. Henríquez y Carvajal se adelanta con la mano extendida hacia el gobernador, en el momento que un reflejo de sol rebota sobre el mar, encandila los cristales de sus espejuelos, y lo obliga a levantar la mirada hacia la otra ribera de la bahía, enmarañada de arbustos. Siente la tentación de quitarse los espejuelos y secar sus ojos con el pañuelo, pero la solemnidad del instante se lo impide, así que durante unos segundos el bigote y las cejas gruesas de Rodríguez Fuentes son para él manchas imprecisas que danzan al compás de las palabras. Por suerte, en ese momento la banda acomete los himnos nacionales; primero el de Cuba, arisco y nervioso; luego el de la República Dominicana, más lento y solemne.

Cuando regresa el silencio, Henríquez y Carvajal y Rodríguez Fuentes se sitúan en posición semiladeada respecto al público que los mira desde abajo, en espera. Las palabras del dominicano son breves y su voz no demasiado exaltada: "Hoy tengo que abandonaros. Empresas más arduas aún reclaman mi cerebro y mi brazo. Es mi hora. Pensad siempre que donde quiera que el destino me lance, me llevo el ideal cubano en el corazón; que cualquier causa que defienda será siempre la causa de Cuba; y que no aspiro a mayor gloria que la de figurar junto a vosotros, como cooperador en la obra de engrandecimiento de nuestros países. Gracias".

El general Rodríguez Fuentes espera que termine la ovación, el ¡viva Santo Domingo! que muchos corean. Y vuelve por fin el silencio. Ya adopta el gobernador postura tribunicia —saca un poco el pecho, deja reposar la mano izquierda en la parte alta del estómago, redondea los labios, comienza a levantar la mano derecha—, cuando un escándalo informe y crecientemente atronador lo detiene. Todos se vuelven, todos buscan con la mirada hacia el parque, por donde avanzaba una tropa insólita. Perfectamente formados en tres líneas, unas decenas de figuras vestidas con trajes ripiosos, tocados con barbas y pelucas de colores, golpean latas y tapas de barriles, soplan cornetas y otros desahuciados instrumentos de viento, tañen objetos inverosímiles, de los que cada cual se esfuerza en obtener el ruido más estridente y desacorde que le sea posible, aunque, eso sí, sin perder la compostura y la seriedad.

El primer momento es de estupor. El segundo se desencadena tras la voz infantil que grita: "¡Papi, papi, mira la Banda de los Perros!" Una risa general invade a los presentes, arrastra los más encontrados comentarios, mientras los extraños músicos pasan por detrás de la muchedumbre congregada, abandonan el parque y se alejan rumbo a la calle Aguilera, seguidos por un revoltoso grupo de chiquillos y vagos, que tratan en vano de alterar la marcial formación.

Todavía confuso, el gobernador vuelve a estrechar la mano de Henríquez y Carvajal ante las miradas, bastante menos graves, de todos. Había preparado un discurso formal, de encendido patriotismo, acorde con la seriedad del momento y la presencia de la prensa, pero a esas alturas algo le indica que ya no sería apropiado. En su lugar, coloca la mano derecha sobre el hombro izquierdo de la figura que tiene enfrente y le dice, en un tono que todos escuchan: "Para mí, es un cubano el que va a hacerse cargo de la presidencia de Santo Domingo". Y luego lo abraza.

Treinta y nueve horas más tarde, a punto de desembarcar en la capital dominicana y cuando las voces confusas de la multitud que lo espera en la mañana naciente son ya audibles, el Dr. Francisco Henríquez y Carvajal recordaría esa despedida, pero sobre todo la dignidad con que aquellos músicos desarrapados e inconcebibles acometían su paródica marcha, la compostura y entrega que daba unidad a tanta desarmonía.

No era leve la tarea que habían echado sobre los hombros de Francisco Henríquez y Carvajal al elegirlo presidente *de jure* de la República Dominicana. Él, que se había mantenido a prudencial distancia de la política durante tres lustros, conocía muy bien la atomización de intereses que había traído el caos, la inseguridad y, finalmente, servido de mal pretexto a la ocupación norteamericana de su país. Lograr la salida del extranjero sin comprometer la soberanía de la isla caribeña sería una tarea ardua, en la que Henríquez y Carvajal tendría que pelear atrapado entre dos frentes: la prepotencia y la ambición de los extraños y las apetencias desmedidas de los propios. La primera era aplastante; la segunda, temible.

El 25 de junio de 1916, de paso por Estados Unidos, el médico dominicano había publicado en *Las Novedades*, de

Nueva York, un extenso artículo sobre el problema de la intervención estadounidense en su país. Dicho artículo fue reproducido por la prensa de la República Dominicana. Dado el carácter programático que este texto poseía y la aparición en él de propuestas concretas para superar la crisis, es de suponer que quienes promovieron y llevaron adelante su elección conocían los puntos de vista que calzaba el Dr. Francisco Henríquez y Carvajal y, por tanto, cuáles serían las vías de su preferencia para buscar un entendido con las tropas de ocupación. Esa elección se había producido sobre la base de un elemento clave: su falta de compromiso con los partidos políticos tradicionales dominicanos, lo que –se pensaba– le permitiría encabezar un verdadero gobierno de concertación nacional; pero tenía, además, un agregado de primera importancia en la cercanía que el Dr. Henríquez y Carvajal había tenido en diversos momentos al problema de la deuda dominicana, invocado como causa principal de la intervención.[1]

Su perspectiva ante el problema dominicano se asentaba en tres principios. Primero, la falta de razón para el desembarco norteamericano –ni el desacato de Desiderio Arias frente a Juan Isidro Jimenes ni el desacuerdo en torno a la Convención de 1907 aportaban suficiente justificación– y el riesgo que Estados Unidos corría ante la comunidad internacional dada su pretendida defensa de la Doctrina Monroe. Segundo, la responsabilidad de los caudillos dominicanos que, con sus mezquindades y ambiciones, habían abierto las puertas al poderío militar ajeno. Tercero, la absoluta necesidad de dar un vuelco a las estructuras políticas, sociales y jurídicas del país caribeño, con el objetivo de crear una base social donde no tuviese cabida el caudillismo y de esa forma avanzar hacia una organización política más moderna y democrática. Este

---

[1] No solo porque fuera el Dr. Henríquez y Carvajal quien se ocupó de renegociar esa deuda durante el Gobierno de Juan I. Jimenes (1899-1902), sino porque luego fue arrancado varias veces de su retiro en Santiago de Cuba para participar en reuniones sobre el tema, como cuando integró la delegación dominicana a la II Conferencia Internacional de la Paz, dedicada a debatir sobre el uso de la fuerza para el cobro de deudas, o cuando formó parte de la comisión que discutió la nota norteamericana de febrero de 1915.

último propósito venía acompañado por una apreciación sobre la realidad de la intervención:

> En resumen, la intervención americana en Santo Domingo no resolverá ningún problema político; más bien lo agravará, en tanto que se siga el método actual de asociar la acción del Gobierno americano a la de los caudillos, ayudando a uno de ellos, en contra de los demás, a constituir un Gobierno al cual se le exigirán luego tratados que amenguan la soberanía del pequeño Estado y que lastiman y suscitan la mala voluntad del pueblo que se siente deprimido.[2]

La intervención norteamericana de 1916 marcó de manera determinante la historia de la República Dominicana en el siglo XX.

Pero antes, una pregunta exigía cumplida y espinosa respuesta: "¿Cuáles son las intenciones finales del Gobierno

---

[2] "El problema de la República Dominicana", *apud* Max Henríquez Ureña: *Los yanquis en Santo Domingo*; la verdad de los hechos comprobada por datos y documentos oficiales, p. 134-135.

americano respecto a la República Dominicana?"[3] Es más: "¿Serían los disturbios del pueblo dominicano un motivo o pretexto para que el Gobierno de los Estados Unidos de América considerara justificada su ingerencia en los asuntos de aquel país con el solo fin de subordinarlo imperativamente a su política internacional de propia defensa?"[4] Había en ambos cuestionamientos una preocupación de gran calibre, que encontraba razones en la actuación intervencionista norteamericana en otros países de la región, escalones del afianzamiento imperial norteño sobre el resto de América, entonces en su fase más violenta.

Descartando sin vacilaciones la oposición por la fuerza al poder militar norteamericano, Henríquez y Carvajal apostaba a una política honesta e inteligente de reformas internas, que garantizara la paz y la estabilidad social futura del país, unida a la firme exigencia de respeto al derecho internacional, que debía proteger la soberanía de las naciones pequeñas. Con eso, pensaba, alcanzaría para cerrar espacio a cualesquiera otras intenciones y se dejaría sin argumentos al invasor. ¿Acaso no pregonaba el Gobierno norteamericano que su presencia en la isla del Caribe era transitoria y que su único objetivo estaba puesto en ayudar a los dominicanos? Pues la tarea sería reorganizar la nación caribeña y, de este modo, el vergonzoso episodio de la intervención dejaría al menos un saldo aprovechable. En este sentido, su programa incluía:

> Formación de partidos organizados, con programa escrito y con cargos electivos para constituir sus directivas, desde los barrios de ciudad hasta la Asamblea Nacional; organización municipal libre de toda ingerencia gubernativa; gobiernos de las ciudades por medio de alcaldes, elegidos juntamente con el Consejo Municipal; gobernadores puramente civiles, y Consejos Provinciales electos por sus respectivas provincias; Cámaras en que estén a la vez representadas la mayoría y la minoría, y renovables por partes; Presidente y Vicepresidente, elegidos por compromisarios, por solo cuatro años; como ejército de

---

[3] *Ibid.*, p. 130.
[4] *Ibid.*

seguridad, una guardia republicana que prestara servicio de policía rural, serviría para garantizar el exacto cumplimiento de las leyes y estaría bajo el mando de un jefe inmediatamente a las órdenes del Presidente de la República; ejército nacional de reserva que no se movilizaría sino en caso de defensa nacional, también a las órdenes directas del jefe de Estado [...]; desarrollo de un vasto plan de cultura nacional, desde la enseñanza elemental, gratuita y obligatoria, con un mínimum de conocimientos, hasta las escuelas especiales y profesionales e instrucción universitaria; leyes protectoras de la inmigración y del trabajo, con un mínimo horario obligatorio y un máximo horario facultativo.[5]

En fin, "una situación igual a la de Cuba, sin enmienda Platt, pero con obligaciones internacionales definidas, [es] lo que necesita y reclama de República Dominicana".[6] Hoy semejantes aspiraciones parecen ingenuas; Estados Unidos había desembarcado sus tropas en la República Dominicana para establecer una base que asegurara su predominio sobre la isla, como lo había hecho ya con Cuba, Puerto Rico y Haití. Henríquez y Carvajal consideraba que, frente al ultraje de la fuerza, al pequeño país usurpado solo quedaba la virtud doméstica, que permitiría esgrimir limpiamente el reclamo de justicia ante el coro de la comunidad internacional. Y, para predicar con el ejemplo, su gabinete incorporó a representantes de todas las tendencias políticas importantes en el país, así como a otros hombres de probada trayectoria y sin vínculo político específico. Con ese equipo intentó dar inicio a las reformas estructurales que consideraba imprescindibles.

Pero las circunstancias eran muy difíciles y las intenciones norteñas apuntaban en otro sentido. Con el país enteramente ocupado y el invasor dispuesto a emplear cualquier recurso para lograr sus propósitos, el 18 de agosto —es decir, cuando el Gobierno de Henríquez y Carvajal apenas si tenía 15 días de constituido— la embajada norteamericana anunció

---

[5] *Ibid.*, p. 133-134.
[6] *Ibid.*, p. 135.

que se suspendían todos los pagos del presupuesto de la nación hasta que el nuevo Gobierno dominicano fuera reconocido por los Estados Unidos, y ese reconocimiento dependería de que se aceptaran las exigencias contenidas en la nota número 14, del 19 de noviembre de 1915. Así, el Ejecutivo dominicano quedaba atado de pies y manos, sin recursos para operar.

El punto central de desacuerdo giraba en torno a la apreciación norteamericana de que la Convención de 1907 había sido violada pues la deuda dominicana se había incrementado sin autorización de los Estados Unidos, lo que no era aceptado por la parte caribeña y menos entendido como justificación para intervenir un país que hasta ese momento había pagado con puntualidad los intereses de su deuda. A partir de aquí, se exigía el nombramiento en la República Dominicana de un consejero financiero norteamericano, que sería designado por el presidente de los Estados Unidos y ejercería un dominio total sobre las rentas del Gobierno dominicano, así como autorizaría o no los pagos. Del mismo modo, se reducirían las fuerzas armadas dominicanas a un cuerpo único, comandado por un oficial yanqui, igualmente designado por el presidente de Estados Unidos y que podría nombrar a otros oficiales de su país para que le ayudaran. En caso de que se produjera algún desacuerdo entre este oficial y el presidente dominicano, sería el presidente de los Estados Unidos quien zanjaría la cuestión.

Juan Isidro Jimenes había rechazado estas propuestas en noviembre de 1915, cuando aún era presidente. Henríquez y Carvajal lo haría igualmente en 1916: "Es ridículo y pueril afirmar que, no obstante la cesión de su hacienda y de su ejército, encomendándolos a manos extrañas, un Estado pueda conservar su soberanía".[7] Francisco Henríquez y Carvajal no era un político deseoso de aplicar su proyecto personal de gobierno. Era un dominicano que había sido llamado para organizar un gobierno de unidad nacional y enfrentar una situación extrema. Se consideraba, pues, un representante, alguien que con el respaldo de todas las fuerzas políticas dominicanas quizás podría llegar a un acuerdo con el ocupante sin hipotecar irreparablemente la independencia del país y, al mismo tiempo, iniciar un vasto plan de reformas que sería completado por los gobiernos posteriores, una vez cerrada esa etapa de excepción y mientras él regresaba a su casa y a su trabajo en Santiago de Cuba.

Hay en esta manera de percibir las cosas una consciente y radical toma de distancia frente al caudillismo, que tantos males había traído −y aún traería− al país; una postura que buscaba con toda pulcritud alejarse del líder y acercarse al representante, cuya tarea sería siempre transitoria y vuelta hacia el interés de la nación. Creo que sin tomar en cuenta esa perspectiva, resulta imposible entender la actividad de Francisco Henríquez y Carvajal frente a la ocupación norteamericana entre 1916 y 1922.

Como secretario del presidente, Max Henríquez Ureña se sumó a las negociaciones con la embajada norteamericana y con el jefe de la fuerza interventora en territorio dominicano, que se desarrollaron entre agosto y noviembre de 1916, con la excepción de un viaje que el escritor realizó a Santiago de Cuba del 1° al 21 de septiembre, para trasladar al resto de la familia. Su presencia en ese puesto tenía, sin embargo, otra finalidad, bien cercana a su condición intelectual. Debía recoger cuanto

---

[7] "La cuestión dominicana" *apud* Max Henríquez Ureña: *Los yanquis en Santo Domingo*, p. 225.

documento, información, dato o testimonio pudiera servir luego para estudiar el intríngulis de la situación dominicana y hacerla pública en la comunidad internacional en caso de que esa situación –como era previsible– se complicara.

El 20 de septiembre el Gobierno dominicano presentó una propuesta a la embajada y las fuerzas de ocupación norteamericanas. En ella se comprometía a realizar un grupo de reformas económicas, políticas y jurídicas dirigidas a la erradicación del clima de inestabilidad y revueltas caudillistas que había caracterizado a la sociedad dominicana en lo que iba de siglo XX. Aceptaba el consejero financiero, nombrado por el presidente dominicano y a propuesta del norteamericano, pero con un papel de asesoría y control en lo relacionado con la deuda y las rentas dominicanas, mientras que los pagos serían hechos de conformidad con la ley. Este consejero actuaría por un período de tiempo determinado y bajo la dirección del Ejecutivo dominicano.

Los estadounidenses no aceptaron. Exigían la constitución de una guardia única, con un oficial norteamericano al frente. En tanto, "el Gobierno dominicano convenía en utilizar los servicios de cierto número de oficiales americanos, a quienes se contrataría para encargarlos de la instrucción, organización y aun del mando de la Guardia, pero sometidos a la autoridad del Presidente de la República y a la jurisdicción de las leyes nacionales. Esto no llenaba las aspiraciones del Gobierno americano".[8]

El Gobierno dominicano continuó trabajando, a pesar de la ausencia de fondos y de que sus funcionarios no percibían salario. Ante la situación de hecho consumado que representaba la ocupación y considerando que no existía una base social firme para intentar otro tipo de oposición, Francisco Henríquez y Carvajal entendía que la única opción era negociar, buscar un acuerdo que tratara de salvar la situación sin comprometer la soberanía del país y, de paso, evitar lo que de cualquier modo ocurrió: al no conseguirse un espacio de acuerdo que llenara las apetencias norteamericanas, el 29 de

---

[8] *Ibid.*, p. 225-226.

noviembre de 1916 fue decretado el Gobierno Militar de Estados Unidos en la República Dominicana y el Gobierno constitucional de esta última nación quedó violentamente suplantado.

Sin posibilidad de negociación en la isla, partió Max Henríquez Ureña junto a su padre en el vapor *Marina*, el 8 de diciembre, rumbo a Puerto Rico y luego, el 15 de ese mes, a Nueva York, con el objetivo de continuar hacia Washington. La idea era hacerse oír directamente por el Gobierno norteamericano. No obstante, la inminente entrada de Estados Unidos en la Primera Guerra Mundial impidió cualquier intento de llegar hasta las autoridades de ese país, así que la delegación caribeña decidió replegarse.

Es fácil imaginar el estado de ánimo con que regresaban a Cuba los representantes dominicanos, cuya fe en el equilibrio internacional y la razón jurídica comenzaba a tambalearse. Mientras Estados Unidos entraba a la conflagración mundial en nombre de la justicia y el derecho de las pequeñas nacionalidades, usurpaba con la sola patente de su poderío la soberanía de una isla situada en el Mediterráneo caribeño. ¿Qué pasaría con la República Dominicana? Los peligros eran muchos. Venían de todas partes: "Es de temerse que los jefes de partidos [dominicanos], con el ansia de llegar al poder, aunque ya este no sea más que mentira, acepten y firmen el pacto que yo rechacé",[9] escribía Francisco Henríquez y Carvajal el 22 de diciembre.

Decepción, impotencia y dolor había en Max Henríquez Ureña:

¡Una ocupación militar! ¿Sabéis lo que eso significa? Yo sé que la guerra es la guerra y no quiero hacer ahora juicio alguno sobre los procedimientos que se emplean para hacer la guerra en esta época y que la ciencia, para escarnio de la civilización, es el auxilio más poderoso que tienen los hombres para destruirse unos a otros; pero puedo afirmaros, por propia y dolorosa experiencia,

---

[9] *Epistolario*, t. II, p. 98. Carta a Pedro Henríquez Ureña.

que una ocupación militar es la situación más triste e inhumana a que pueda ser sometido ningún pueblo.[10]

Y más decía el joven escritor, ya en suelo cubano, cuando las consideraciones diplomáticas no sujetaban la palabra: "¡Desgraciados los pueblos pequeños, los pueblos débiles, que pueden ser sometidos a tan duras y penosísimas pruebas! ¡Y más desgraciados aún si están colocados en posición privilegiada y ventajosa, codiciada por los poderosos!"[11]

Tras la abortada gestión en Estados Unidos, el 10 de enero de 1917, había embarcado Max Henríquez Ureña hacia La Habana. Lo estimulaba la posibilidad de obtener una cátedra en la Escuela Normal de Oriente, que había sido inaugurada en Santiago de Cuba muy poco tiempo antes y pasaba a ser, de hecho, el centro docente de mayor nivel en el este cubano. En La Habana permaneció muy poco tiempo el dominicano, tal y como relata en carta del 19 de mayo a José María Chacón y Calvo: "Pasé por La Habana como relámpago en el mes de enero [...] y los pocos días que estuve en La Habana los consagré a resolver la cuestión de mi nombramiento para la cátedra de literatura de la Normal de Oriente. Este se hizo con carácter interino, porque las oposiciones no se podían convocar enseguida. Ardo en deseos de que se llame a oposiciones, porque no me gusta ninguna situación provisional".[12]

Camila Henríquez Ureña afirmó más de una vez que su hermano se había contado entre los fundadores de la Escuela Normal para Maestros de Oriente,[13] error que se ha repetido luego sin mucha atención. Este centro docente, que cumpliría una extendida labor hasta el triunfo de la revolución cubana de 1959, fue inaugurado el 10 de octubre de 1916,[14]

---

[10] Max Henríquez Ureña: "Bélgica y las pequeñas nacionalidades", en "Discursos y conferencias; primera serie: prédicas de idealismo y esperanzas", p. 52-53. Discurso pronunciado en Santiago de Cuba, el 2 de febrero de 1917.

[11] *Ibid*., p. 54.

[12] Zenaida Gutiérrez-Vega: "Max Henríquez Ureña, cartas de un maestro", en *Cuadernos Hispanoamericanos*, No. 380, febrero de 1982, Madrid, p. 306.

[13] *Vid*. Camila Henríquez Ureña: *Estudios y conferencias*, p. 242.

[14] Véase "La inauguración de la Escuela Normal", en *La Independencia*, Vol. XIX, No. 234, 11 de octubre de 1916, Santiago de Cuba, p. 1.

fecha en la cual el dominicano se encontraba aún fuera de Cuba, de donde no regresaría sino tres meses más tarde. Por otra parte, el claustro de profesores de la Escuela Normal de Oriente estaba constituido desde el 2 de octubre de 1916. Así lo reseñó en su momento el diario santiaguero *La Independencia*: "En la mañana de ayer tomaron posesión de sus cargos respectivos en esta institución docente los señores Enrique J. Molina, Dr. César Cruz Bustillo, doctora Lidia Escanaverino, Daniel Serra Navas y la señora María L. de Mancebo, número con el cual quedó integrado el claustro de la Escuela de referencia. El Dr. Enrique Molina fue propuesto para el cargo de Director de la Escuela".[15]

A ellos se sumó Max Henríquez Ureña cuando el 15 de enero de 1917 fue nombrado con carácter interino profesor del grupo 1° (Gramática y Composición, Elocución, Literatura Española y Cubana).[16] Unos meses después, se llamó finalmente a oposiciones, que el dominicano ganó con el tema "Origen y desenvolvimiento de la lengua castellana", y así pasó a ser profesor en propiedad de la Escuela Normal de Oriente.[17]

De haberse encontrado en Santiago de Cuba durante el segundo semestre del año 1916, no hay dudas de que Max Henríquez Ureña habría formado filas entre los que fundaron la Escuela Normal de Oriente. No fue así, y esto no empaña la notable y constante labor que hasta 1930 desarrollaría en dicho centro, de la que ha quedado una honda huella —y no pocas leyendas— en la capital oriental cubana. El centro educacional santiaguero dio al escritor espacio para echar a andar en firme su carrera como docente y poner en práctica sus muy arraigados criterios en torno a la educación como pivote indispensable para el mejoramiento social, ahora dentro de una red institucional con gran ascendiente sobre la sociedad cubana de la época. Esto, tratándose

---

[15] "La Escuela Normal para Maestros", en *La Independencia*, Vol. XIX, No. 228, 3 de octubre de 1916, Santiago de Cuba, p. 2.

[16] Véase el decreto de la Secretaría de Instrucción Pública y Bellas Artes de Cuba, I.L.L., No. 197.

[17] *Ibid.* Decreto presidencial del 15 de octubre de 1917.

de Max Henríquez Ureña, no es poco decir, como se verá en su momento.

Otro de sus quehaceres primordiales encontró también punto de aplicación en 1917. El 1° de diciembre de ese año apareció Max Henríquez Ureña entre los que fundaban el periódico *Diario de Cuba*, nacido con la aspiración de revitalizar el trabajo informativo en la región y que con el tiempo llegaría a ser el más importante diario oriental hasta su desaparición, barrido por los vientos revolucionarios de los años sesenta. La salida de *Diario de Cuba,* que fue preparada con sumo cuidado, tuvo en el dominicano a su primer jefe de redacción y responsable de los *Domingos Literarios*, mientras que su esposa, Guarina Lora, hacía lo propio con la sección *Diario del Hogar*, dedicada al público femenino.

Ejemplar de *Diario de Cuba*, en cuya fundación tuvo Max Henríquez Ureña una relevante participación (foto cortesía de Rodolfo Tamayo Castellanos).

Pero las exigencias del diarismo pronto entraron en contradicción con las múltiples tareas que debía atender el intelectual, lo que no solo perjudicaba su atención al bufete y a la restante actividad literaria, sino que incluso quebrantó su salud.[18] Decidió, pues, abandonar sus responsabilidades en *Diario de Cuba* –"con gran sentimiento mío",[19] dirá–, lo que ocurrió el 29 de marzo de 1918. Al día siguiente, el periódico hizo pública su renuncia, agradeció la ayuda del escritor dominicano y destacó la índole predominantemente "técnica" de su trabajo en esos cuatro meses: "Su misión a nuestro lado fue, por tanto, la de un organizador y supervisor de la información y de la preparación general del periódico, ajeno por completo a las opiniones políticas que en el mismo aparecían".[20]

Muchos años después, Eduardo Abril Amores, director-fundador de *Diario de Cuba*, aseguró que Max Henríquez Ureña había regresado a la redacción del periódico el 1° de mayo de 1918, para ocuparse de las secciones sobre la vida intelectual, teatral y literaria, hasta el 31 de marzo de 1920. Siempre según Abril Amores, reingresaría el escritor una vez más al equipo del periódico entre el 1° de octubre de 1922 y el 30 de octubre de 1930.[21]

Sin embargo, la firma de Henríquez Ureña no está después de marzo de 1918 en las secciones del diario que indica Abril Amores, salvo para calzar colaboraciones muy esporádicas. Además, las referencias a su persona aparecidas en las páginas del periódico muestran afecto, pero no compañerismo. Por último, la nota donde se informaba que la señora Guarina Lora de Henríquez había renunciado a su sección en *Diario de Cuba*, publicada el 13 de julio de 1918, resulta concluyente pues hace saber que "al consignar públicamente su separación de esta casa, queremos hacer constar que tanto ella como su esposo, nuestro queridísimo amigo, el talentoso literato

---

[18] "Desde ayer se halla recluido en su domicilio, afectado de molesta dolencia […] nuestro talentoso y querido compañero doctor Max Henríquez Ureña, Jefe de Redacción de este diario", publica *Diario de Cuba*, año I, No. 34, jueves 3 de diciembre de 1917, Santiago de Cuba, p. 1.

[19] Zenaida Gutiérrez-Vega: *op. cit.*, p. 311. Carta a José María Chacón y Calvo, 7 de abril de 1918.

[20] "El Dr. Henríquez Ureña y el *Diario de Cuba*", en *Diario de Cuba*, año I, No. 120, 30 de marzo de 1918, Santiago de Cuba, p. 1.

[21] I.L.L., No. 197.

Dr. Max Henríquez Ureña, serán siempre considerados *como si siguieran perteneciendo* a la Redacción de *Diario de Cuba*".[22]

Tampoco durante el mes de octubre de 1922 ha sido posible detectar en *Diario de Cuba* alguna nota que indique el reingreso de Max Henríquez Ureña a su redacción, como era habitual entonces, ni mucho menos se encuentra su firma en las secciones que le adjudica Eduardo Abril Amores. Sí puede decirse que, a partir de 1918, *Diario de Cuba* fue el medio de prensa más importante para el dominicano en Santiago de Cuba, cuyo vínculo con el periodismo en el país se había producido hasta ese momento esencialmente en La Habana.[23] De hecho, fue este órgano de prensa uno de los más decididos centros de apoyo a la causa nacionalista dominicana en la mayor de las Antillas.

Precisamente en ese medio se daba a conocer el 7 de octubre de 1918 la siguiente información: "El sábado último tuvo lugar en la Escuela Normal de Oriente el acto de la toma de posesión del nuevo Director, que [...] es nuestro muy estimado amigo el notable escritor y conferencista, Dr. Max Henríquez Ureña".[24] En efecto, el 16 de septiembre de ese año el dominicano había sido propuesto como director por el claustro de profesores de la Escuela Normal de Oriente, responsabilidad en la que sería nombrado por decreto presidencial del 23 de ese mismo mes y que ocupó de manera oficial a partir del 4 de octubre de 1918 y hasta igual fecha de 1920.[25]

A lo largo de esos dos años, Max Henríquez Ureña puso su esfuerzo al servicio de convertir la Escuela Normal de Oriente en un centro moderno de enseñanza, con un amplio criterio en cuanto al trabajo docente-educativo; en un foco de cultura, que le llevó no solo a organizar numerosas

---

[22] "Sra. Guarina Lora de Henríquez", en *Diario de Cuba*, año I, No. 224, 13 de julio de 1918, Santiago de Cuba, p. 1. Las cursivas son de Fernández Pequeño.

[23] A partir de su trabajo en *Diario de Cuba*, Max Henríquez Ureña pasó a ser miembro de la Asociación de Prensa de Oriente. Véase José A. Rodríguez Cotilla: "Memoria de la Asociación de Prensa", en *Diario de Cuba*, año I, No. 8, jueves 8 de diciembre de 1917, Santiago de Cuba, p. 6-7.

[24] "El Dr. Max Henríquez Ureña", en *Diario de Cuba*, año I, No. 310, 7 de octubre de 1918, Santiago de Cuba, p. 1.

[25] Toda la documentación al respecto se encuentra en I.L.L., No. 197.

actividades extraescolares, sino también a fomentar una biblioteca que, en lo tocante a literatura —y en particular a la francesa—, no tuvo comparación en el territorio;[26] y en una institución que buscó establecer lazos sólidos con su ámbito social. Así, por ejemplo, solo cinco días después de su toma de posesión como director, el 9 de octubre de 1918, propuso —y el claustro aprobó— la creación del Premio de la Libertad, que se entregaría cada año a la mejor alumna de la escuela.[27]

En el discurso que dejó abierto su primer curso escolar, 1918-1919, al frente de la Escuela Normal de Oriente, Max Henríquez Ureña daba pruebas de la franca intención renovadora con que asumía sus funciones. Allí enderezó contra la retórica tradicional y dogmática que se empleaba para la enseñanza de la literatura:

> No obstante, esos tratados de retórica siguen usándose en no pocos países de habla castellana. Raro es, en Cuba, por ejemplo, el profesor que se decide, franca y resueltamente, a sustituirlos por un sistema mejor. A muchos alcanza lo deficiente y absurdo de esta forma de enseñanza, mediante la cual solo se logra atiborrar la mente del discípulo con definiciones más o menos convencionales y con una nomenclatura de tecnicismos tan ridícula como inútil, que nunca ha sido usada por los maestros de la crítica contemporánea; pero la dificultad de reemplazar el sistema les ha parecido un obstáculo insuperable.[28]

Miremos a nuestro alrededor hoy, tanto tiempo después, para comprobar cuánto perdura de esquematismo conceptual y facilismo dogmático en la enseñanza de la literatura. Entonces, en 1918, frente a la rigidez normativa, Henríquez

---

[26] El 1° de octubre de 1951, Max rememoraría esa etapa de la manera siguiente: "También se encontraba [Rafael] Esténger, a la sazón auxiliar de la biblioteca que me tocó organizar en la Escuela Normal, y que pude enriquecer extraordinariamente en punto de literatura". *Vid.* "Discurso de bienvenida a Rafael Esténger", en I.L.L., No. 101.

[27] "El Premio de la Libertad", en *Diario de Cuba*, año I, No. 314, 11 de octubre de 1918, Santiago de Cuba, p. 1.

[28] Max Henríquez Ureña: *El ocaso del dogmatismo literario*, p. 7.

Ureña proponía un método de enseñanza que estimulara el interés del alumno y, sobre todo, diera prioridad al manejo de ejemplos provenientes de la literatura viva:

> El profesor de literatura tendrá una misión más modesta, pero más eficaz, más útil. Depurará el gusto del alumno, mediante lecturas y comentarios que serán su más seguro guía; se empeñará en desarrollar sus aptitudes individuales, haciéndole realizar estudios razonados de sintaxis literaria y ejercicios graduados de composición, y se cuidará de que estos ejercicios, sin retoricismos pueriles, contribuyan a la más sencilla y clara construcción gramatical; no recargará su memoria con nomenclaturas fatigosas, y se limitará a darle a conocer cuanto es esencial en el lenguaje literario, al través de los buenos modelos; no desdeñará, en ese plan ordenado de lecturas, ningún género literario, ni mantendrá divisiones estrechas en un campo tan vasto [...].[29]

Asimismo, en el discurso "En torno a los estudios gramaticales", con que dejó inaugurado el curso escolar 1919-1920, llamó la atención sobre la diversidad de métodos y términos técnicos que se empleaban en el país para la enseñanza de la gramática y la necesidad de buscar un punto de coincidencia que atendiera a la máxima actualización en la materia y aliviara hasta donde fuera posible su fuerte carácter normativo. Pero lo más importante es que tales apreciaciones no quedaron en el cómodo terreno del desacuerdo. Sirvieron de estímulo para la creación de un valioso material de apoyo bibliográfico en textos como el *Programa de gramática castellana* (1926), las *Tablas cronológicas de la literatura cubana* (1929) y la *Antología cubana de las escuelas* (1930).

Inserto en tal empuje renovador, durante este período de Max Henríquez Ureña al frente de la Escuela Normal de Oriente, fueron celebrados el primer y segundo Congresos de Profesores de las Escuelas Normales, reuniones que intentaban sistematizar el intercambio entre el personal dedicado a este tipo

---

[29] *Ibid.*, p. 23.

de enseñanza y, a su vez, unificar los criterios en la formación de los maestros cubanos. El dominicano clausuró el primero de estos eventos –en La Habana– el 30 de diciembre de 1918 con el discurso "La Escuela Normal y su porvenir", y fue presidente de la comisión organizadora del segundo –en Santiago de Cuba–, que dejó abierto el 26 de diciembre de 1919 con una "Salutación al profesorado normal".

En la entrada de la Escuela Normal de Oriente, Santiago de Cuba. Arriba y de pie, aparece Max Henríquez Ureña. Sentado y en la extrema derecha, Francisco Henríquez y Carvajal.

Así resumió Max Henríquez Ureña aquel período al frente de la Escuela Normal de Oriente:

> Durante ese breve lapso, asesorado eficazmente por el claustro de profesores que me había elegido, traté de que mi breve gestión no fuera inútil. A ese período pertenece la organización definitiva de la biblioteca, que recibí con algo más de dos mil volúmenes y entregué con cerca de diez mil, en los cuales vale más la selección que la cantidad; la construcción de nuevas aulas para la Escuela Primaria Anexa; el aumento de material destinado a los laboratorios científicos; la instalación adecuada de las aulas y laboratorios de Economía

Doméstica; la celebración de conferencias públicas y, posteriormente, del Segundo Congreso de Escuelas Normales, en el local de la escuela [...].[30]

En medio del activismo cultural, las tareas docentes, las obligaciones profesionales y la atención a la causa nacionalista dominicana, Max Henríquez Ureña dio a conocer sendos estudios sobre José Enrique Rodó y Rubén Darío, primero en la revista *Cuba Contemporánea,* y luego reunidos bajo el título *Rodó y Rubén Darío.*[31] El libro representa no solo un ajuste de cuentas crítico del dominicano con sus raíces intelectuales inmediatas, a través de los dos autores latinoamericanos que más le habían influido en el inicio de su carrera literaria, sino también su primera valoración de conjunto sobre un tema de estudio dentro del que se mantendría trabajando durante las siguientes tres décadas: el modernismo hispanoamericano. Desde esa perspectiva, si el estudio dedicado a José Enrique Rodó es un punto de llegada, el que consagra a Rubén Darío representa un punto de partida.

En efecto, la semblanza sobre el pensador uruguayo –que fue en principio una conferencia dictada a la sombra del Ateneo de Santiago de Cuba, el 9 de junio de 1918– resulta el homenaje entusiasta a una obra intelectual convertida ya en magisterio y que, como indica la reverencia discipular, debía ser pregonada en sus claves ideológicas y literarias. Al reproducirla en el *Boletín de la Academia Argentina de Letras,* en 1946, y luego hacerla parte de *El retorno de los galeones y otros ensayos* (1963), Max Henríquez Ureña introdujo retoques en el texto original, sobre todo para aligerar el estilo y matizar ciertas afirmaciones, un tanto absolutas. Por ejemplo, en la edición de 1918 se sostiene que la prosa de Rodó "es la más brillante manifestación de la forma literaria de nuestra lengua en la edad contemporánea. Nadie, excepto

---

[30] Max Henríquez Ureña: "Optimismo, idealismo, patriotismo", en "Discursos y conferencias", p. 22.

[31] La Habana, Sociedad Editorial Cuba Contemporánea, 1918. En la introducción a *El retorno de los galeones y otros ensayos,* afirma el autor que este título se publicó en 1919. A falta de otros elementos comprobatorios, me atengo a la fecha que aparece en la página titular de la primera edición: 1918.

acaso Montalvo, ha logrado sumar tanta fuerza expresiva junto a tanta fuerza original".[32] La apreciación queda reducida en la edición definitiva a: "difícil es sumar tanta fuerza expresiva junto a tanto vigor original".[33]

El texto sobre Rodó, más que un estudio, es una evocación donde lo expositivo predomina sobre lo analítico. Con gran información y claro gesto docente, el escritor presenta una obra cuya grandeza intelectual da por indisputable y que, por tanto, no requiere demostración; para esto, emplea una estrategia de corte positivista que el propio Rodó puso en práctica muchas veces: se acerca al intelectual y su pensamiento desde el contexto físico, histórico y familiar que supuestamente los nutrió, al tiempo que dedica un espacio apreciable a citar la obra del uruguayo. El método, que debía explicar de raíz el sentido filosófico, político y literario de una obra, está desarrollado con poca convicción y rinde dividendos medianos. Max Henríquez Ureña no lo volvería a emplear de manera tan ortodoxa en el futuro.

Resulta curioso cómo el espíritu de la situación que entonces vivía el pueblo dominicano se infiltra en el texto desde el ánimo del estudioso, quien, al comentar el turbulento siglo XIX uruguayo, encuentra oportunidad para exponer su criterio acerca de cómo las inestabilidades políticas, las revoluciones y las tiranías frecuentes en América Latina no eran "causa, sino efecto de las condiciones especiales en que cada país se desenvuelve"; esto es, "el *virus revolucionario* [que, recuérdese, era uno de los pretextos invocados por los ocupantes yanquis para el caso dominicano], en vez de ser la fuente de ese mal, es tan solo una de sus resultantes". De aquí que "no basta con la simple supresión del fenómeno de las revoluciones para que se destruyan las condiciones negativas en que se desenvuelven esos pueblos y que dependen de su estructura, tanto social como económica". Por lo tanto, resultaría infructuoso querer "extirparlas buscando el apoyo de las bayonetas extranjeras [...]."[34] Para el público

---

[32] "José Enrique Rodó", en *Rodó y Rubén Darío*, p. 31.
[33] "José Enrique Rodó", en *El retorno de los galeones y otros ensayos*, p. 212.
[34] "José Enrique Rodó", en *Rodó y Rubén Darío*, p. 21-22.

santiaguero que escuchó la conferencia en junio de 1918, y para la intelectualidad latinoamericana que la leyó luego, en las páginas de *Cuba Contemporánea* o en el libro, la alusión a la República Dominicana ocupada debió resultar muy obvia.

Mientras tanto, el estudio sobre Rubén Darío –que parte de una conferencia dictada en la Academia Domingo Delmonte, el 22 de febrero de 1916– es un capítulo abierto. Primero, porque la obra del poeta nicaragüense crecía a medida que se daba a conocer en su totalidad y el tiempo la consolidaba como un referente insoslayable para la literatura posterior en América Latina. Y, segundo, porque el texto de Max Henríquez Ureña responde, ante todo, a una incipiente necesidad de historiar la entonces reciente revolución modernista y a un explícito reconocimiento de pertenencia por parte del investigador. Ambos –el derecho al juicio y la filiación artística– quedan así establecidos:

> Con respecto a esa revolución, los hombres de hoy, los que pertenecemos a la generación subsiguiente a aquella que levantó el lábaro de la rebeldía, tenemos ya el derecho de considerarnos heraldos de la posteridad. No hicimos la revolución: la encontramos hecha. Hemos convivido dentro de ella, porque nos sentimos hijos de nuestro siglo. Si nos hubiéramos alejado de su influencia y de su acción, nos habríamos alejado igualmente de las palpitaciones de nuestro tiempo, y habríamos cultivado acaso una poesía pretérita, semejante a un cadáver galvanizado que simulara sobrevivirse a sí mismo.[35]

"Rubén Darío" es el texto de investigación literaria más importante publicado por Max Henríquez Ureña hasta ese momento. Entre algunos excesos de estilo y ciertos juicios apresurados, hay en él una evidente maduración de pensamiento, la expresión de una cultura poco común y el estreno –tímido, aunque evidente– de ciertas tendencias personales a la hora de abordar el estudio de la literatura que luego distinguirán su trabajo de escritor y maestro. Aquí aparecen ya –a veces en bruto, a veces más perfilados– algunos de los

---

[35] "Rubén Darío", en *Rodó y Rubén Darío*, p. 79.

conceptos básicos que Max Henríquez Ureña sostendrá cuatro décadas y media después en la *Breve historia del modernismo*. Está expresada con toda firmeza la comprensión del modernismo hispanoamericano a partir de su conexión con movimientos literarios europeos equivalentes de la época —en particular el parnasianismo, el simbolismo y el decadentismo— y, consecuentemente, su apreciación de ese movimiento literario no como una escuela homogénea, sino como un grupo de tendencias, unas de carácter espiritual y otras formales, lo que complejizaba su exacta definición. Todo esto se apuntalaba en torno a un rasgo que el historiador literario consideraba esencial: la reacción frente al desaliño formal del romanticismo y el pseudo-clasicismo. Así: "La primera y exterior tendencia del modernismo en América fue, por tanto, la de defender la aristocracia de la forma".[36]

Pero, según el escritor dominicano, esta revolución formal cumplida por el modernismo hispanoamericano no estuvo animada de una intención iconoclasta. Todo lo contrario. Representó incluso la reaparición de Grecia en nuestro ideario poético y el respeto al clasicismo, mientras volvía el rostro hacia la Edad de Oro de la literatura española, con insistencia visible en el culteranismo gongorino. De tal modo, el acercamiento de Max Henríquez Ureña al modernismo —ya en 1918— se situaba en una perspectiva predominantemente formal, con mucha fuerza en la detección y muestra de la extensa movilidad que los modernistas habían introducido en la métrica castellana, uno de los puntos fuertes en el instrumental valorativo del estudioso.

El método de abordaje en "Rubén Darío" es diferente al empleado en "José Enrique Rodó", en tanto distintos eran también los autores bajo estudio y los propósitos del escritor. Como es lógico, parecería que se intenta llegar a la obra del nicaragüense colocándolo dentro del movimiento modernista, y de ahí las veinte páginas que en principio se dedican a rememorar esa renovación literaria. Pero es tanta la fruición con que el estudioso se entrega a reconstruir ese devenir, tan seguro y frecuente el ejercicio del juicio crítico en esa mirada

[36] *Ibid.*, p. 82.

diacrónica, que pronto nos preguntamos si la fórmula no se ha invertido y en realidad la obra de Rubén Darío está siendo examinada en razón del movimiento poético que encabezó.

La sospecha se confirma cuando la caracterización de la literatura dariana, que ocupa la segunda y mayor parte del texto, regresa al tono informativo, a la entusiasta presentación de un valor que se da por indisputable. En fin, el texto termina por desplazar el centro de su interés investigativo desde la figura y la obra de Rubén Darío hacia la urgencia por historiar el modernismo hispanoamericano, un capítulo sobre el que se ha reflexionado mucho a la altura de nuestros días, pero que entonces comenzaba a ser examinado con distancia crítica, tras los encendidos apasionamientos que acompañaron su llegada y persistían aún en aquel, el momento de su disolución. Y este tartamudeo metodológico se traduce en una cierta desorganización del sistema discursivo y en un desbalance entre la primera parte –más profunda, interesante y sólida– y la segunda.

Rodó y Rubén Darío contiene en ciernes algunos de los rasgos que harán la madurez del investigador literario Max Henríquez Ureña: entre sus líneas asoma una irrefrenable preferencia por la historia literaria, a cuya disposición se pone ese paciente laborar que va filtrando los datos, compilando una información abrumadora a fuerza de exhaustiva; la auténtica vocación del maestro, que encuentra en la organización y entrega de conocimientos un sentido intelectual profundo y un valor social irrecusable; en fin, la preeminencia del ilustrador frente al crítico. No hay todavía en este libro el puntilloso detallismo, el detenimiento informativo que veremos después en los principales estudios de historia literaria firmados por Max Henríquez Ureña. Hay, sí, un estilo en consolidación, que se mueve entre la seguridad expositiva y reminiscencias modernistas en retroceso, que todavía señorean cuando el escritor dominicano suelta la mano y trata de "hacer literatura": "¿No era dable sospechar que sobre su mente [la de Rodó] ejercieran sugestión renovadora y magnética las ruinas majestuosas, los monumentos sagrados y los veneros artísticos que guarda en su seno florecido, como en una urna inmaculada y gloriosa, la tierra fragante, poblada de melodías e inundada de colores, por la cual se deshacía en suspiros la nostalgia recóndita de Mignon?"[37]

Apenas publicado el libro, Pedro Henríquez Ureña escribió a su hermano, el 30 de diciembre de 1918: "No niego que Darío sea un buen trabajo; precisamente por eso creo lamentable que tenga algunos descuidos, y siento que haya llegado tarde mi carta".[38] Cuando reedita el estudio, casi treinta años después, en el *Boletín de la Academia Argentina de Letras*, y por segunda vez en *El retorno de los galeones y otros ensayos*, el tercero de los Henríquez Ureña introduce enmiendas capitales,[39] aunque en ambas reimpresiones la estructura general del texto primigenio se mantiene inalterable.

Ahora bien, con el cese de la Primera Guerra Mundial, en 1918, se acrecentaban las posibilidades de reiniciar gestiones para la desocupación de la República Dominicana. La coyuntura era diferente y los meses de obligada espera habían permitido a los dominicanos perfilar estrategias. El primer paso era dotar al movimiento de una base que le diera sostén y que además fomentara la divulgación internacional del caso dominicano, hasta ese momento confinado a un segundo plano por la recién concluida conflagración mundial.

Dadas la censura y el recio control impuestos por el Gobierno Militar norteamericano en la República Dominicana, ese instrumento organizativo difícilmente podría constituirse allí. Así lo testimonió Federico Henríquez y Carvajal:

---

[37] "José Enrique Rodó", en *Rodó y Rubén Darío*, p. 10. En el texto sobre Rubén Darío, como un contagio estilístico que emanara del objeto bajo estudio, pueden encontrarse estas líneas: "Sus párrafos musicales [los de José Martí] y brillantes nos hacen soñar con la sinfonía de una selva fantástica donde gnomos invisibles encantasen nuestros oídos con un tropel de armonías y nuestras retinas con una tempestad de colores..." (*Rodó y Rubén Darío*, p. 93.)

[38] *Epistolario*, t. II, p. 102.

[39] Por ejemplo, en la edición de 1918 se consignan cuatro iniciadores del modernismo hispanoamericano: Manuel Gutiérrez Nájera, Rubén Darío, José Martí y Julián del Casal. En la edición de 1946 se agrega un quinto, José Asunción Silva, cuyo nombre ya aparece en 1926, cuando Henríquez Ureña aborda nuevamente el tema en "El intercambio de influencias literarias entre España y América durante los últimos cincuenta años (1875-1925)".

Dos veces, en el transcurso del año 1918, hízose un tanteo [en la República Dominicana] para ver de conseguir el necesario concurso moral y efectivo de algunos compatriotas de viso. La mayoría –unos por temor y otros por pesimismo– evadió todo compromiso. En la segunda [...], Fabio Fiallo, Emilio A. Billini, Luis C. del Castillo i otros colombinos le dieron curso, calzada con sus firmas, a una carta circular con el mismo objetivo cívico. En sentido nacionalista solo respondieron a aquel reclamo, oralmente el mayor número, estos compatriotas [y cita quince nombres, todos de prominentes nacionalistas].[40]

Según Max Henríquez Ureña, "la organización de la campaña en favor de la restauración dominicana había de iniciarse [...] fuera de Santo Domingo. El campo más propicio e inmediato para esa campaña era Cuba; así lo indicaban los nexos históricos que unen a ambos pueblos y la simpatía unánime que el caso dominicano provocó en el pueblo cubano".[41] Así, el 11 de noviembre de 1918 fue creada en Santiago de Cuba la Sociedad de los Once, cuyo objetivo era reunir apoyo para la causa dominicana. Estuvo integrada por tres dominicanos y ocho cubanos;[42] significó, además, el primer paso hacia la constitución de los Comités Pro Santo Domingo, una iniciativa que a principios de 1917 Fernando Abel Henríquez había sugerido a Max Henríquez Ureña y que entre ambos perfilaron un año después.

En la casa de *Diario de Cuba* –donde tan generosas batallas en pro de la restauración dominicana había librado Eduardo Abril Amores, cuya pluma, al igual que la de Manuel Márquez Sterling y la de Emilio Roig de Leuchsenring, jamás descansó en la defensa de ese ideal– se celebró una reunión previa, con la asistencia

---

[40] *Nacionalismo*, p. 19.

[41] Max Henríquez Ureña: *Los yanquis en Santo Domingo*, p. 243-244.

[42] Fueron sus nombres: Max Henríquez Ureña, Fernando Abel Henríquez, Alcibiades Franco, Alfredo del Prado, Tomás F. Puyans, Teobaldo Rosell Silveira, Dr. Francisco Marcer, Eduardo Abril Amores, Daniel Serra Navas, Carlos de la Torre y Antonio Fadhel. Véase, Federico Henríquez y Carvajal: "Post-Scriptum", en Fabio Fiallo: *Obras completas*, Vol. III, p. 346.

del Presidente Henríquez, que formuló al día siguiente, en el mismo periódico, unas declaraciones públicas para señalar la conveniencia de que la voz del pueblo dominicano fuera oída, oficial o extraoficialmente, por los plenipotenciarios que habrían de reunirse en Versalles para estipular las bases de la futura paz del mundo. Esas declaraciones conmovieron la opinión pública, y el gran patricio cubano Emilio Bacardí Moreau exclamó: "Es necesario hacer cualquier cosa para que el Presidente Henríquez pueda iniciar su gestión".[43]

La noche del 30 de diciembre de 1918, mientras Max Henríquez Ureña pronunciaba en La Habana el discurso de clausura en el Primer Congreso de Profesores de las Escuelas Normales, se estaba creando en el extremo este de la mayor de las Antillas, con carácter de comité central, el Comité Pro Santo Domingo de Santiago de Cuba, bajo la presidencia del intelectual y patriota cubano Emilio Bacardí Moreau y la vicepresidencia de Rafael Manduley del Río, ambos reconocidos hombres públicos, indisolublemente ligados a las luchas por la independencia cubana. Seis días después, el 5 de enero de 1919, aprovechando su estancia en la capital de la isla, el tercero de los Henríquez Ureña fundó el Comité Pro Santo Domingo de La Habana, en un acto donde disertó sobre la entonces denominada "cuestión dominicana".

Durante los primeros meses de 1919, el propio Max Henríquez Ureña se daría a la tarea de crear similares comités en varias poblaciones orientales, como Bayamo, Manzanillo, Guantánamo, Holguín, Gibara, San Luis, Palma Soriano, Jiguaní, Songo, Antilla, Banes, entre otras. Esas células solidarias no solo aportaron fondos imprescindibles para el desarrollo de las gestiones en favor de la desocupación dominicana, sino que además se empeñaron en una intensa campaña de propaganda dentro y fuera de Cuba. El reinicio de la campaña estaba en marcha: "Aquí, en Oriente solamente, se han reunido seis mil pesos, y redondearemos, por lo menos, ocho mil. Con eso no hay más que para una comisión, la que

---

[43] *Los yanquis en Santo Domingo*, p. 245.

va a Europa, integrada por el doctor. Otras dos comisiones deben salir: una a Sur América (debería ir Federico, o Lugo, o ambos), y otra a Washington, que debe ser encomendada a Pancho Peynado".[44]

Estuvieron aquellos meses llenos de una actividad constante para Max Henríquez Ureña. En medio de las ocupaciones relacionadas con la dirección de la Escuela Normal de Oriente y el trabajo del bufete, el 3 de marzo de 1919, nació su segundo hijo, Leonardo. Al mismo tiempo, y como parte de la campaña en pro de la restauración dominicana, el intelectual trabajaba en la preparación de un libro que reuniría la documentación y las argumentaciones necesarias para demostrar la ilegalidad de la ocupación norteña, así como los derechos del pueblo dominicano a reclamar la salida del interventor.

No era un proyecto nuevo. Ya se hablaba de él durante el viaje a Estados Unidos, tras la instauración del Gobierno Militar norteamericano en la República Dominicana. En julio de 1917, Pedro Henríquez Ureña escribió a su hermano menor desde Madrid: "También dice Rufino [Blanco Fombona] que quiere publicar un libro, que se le mande, sobre la cuestión de Santo Domingo. Ya sea que lo escribas tú o que lo escriba papá".[45] Al parecer, la iniciativa no prosperó. De cualquier modo, el libro fue terminado a principios de 1919 e impreso bajo el título de *Los Estados Unidos y la República Dominicana*.[46] Una simple lectura de ese texto indica que el proyecto de realizarlo existió desde el principio en la perspectiva de Francisco Henríquez y Carvajal y que, con tal objetivo, su hijo Max dedicó su estancia en la República Dominicana de agosto a noviembre de 1916, en tanto secretario de la Presidencia, a la recopilación de los documentos que permitirían la elaboración de esa obra.

---

[44] Sócrates Nolasco: *La ocupación militar de Santo Domingo por Estados Unidos de América (1916-1924)*, p. 192-193. Carta de Max Henríquez Ureña a Sócrates Nolasco, fechada en Santiago de Cuba, el 27 de febrero de 1919.
[45] *Epistolario*, t. II, p. 101.
[46] *Los Estados Unidos y la República Dominicana*; la verdad de los hechos comprobada con datos y documentos oficiales. La Habana, Imprenta El Siglo XX, 1919. El libro conocería una edición definitiva en 1929, que se comenta luego.

Dado su carácter instrumental dentro de la campaña política, se imprimieron muy pocos ejemplares del libro, solo los necesarios para ser destinados a las cancillerías y a personalidades de varios países. A finales de 1919, Max Henríquez Ureña informaba a Tulio M. Cestero: "Ya he terminado la distribución, por correo, de mi libro. Cuatrocientos cincuenta ejemplares han sido enviados a Europa y Suramérica, escogiendo las personas. Empiezo a recibir cartas y recortes, que demuestran el estado de opinión que se va consolidando a favor de la República. En Santo Domingo no pusieron reparos a que entraran los que envié".[47]

Así valoró este texto Américo Lugo, el más radical de los nacionalistas dominicanos, al tiempo que excelente escritor:

> El primer dominicano que publicó un libro señalando la vía dolorosa recorrida, bajo la amenaza de las armas y del hambre, por el Consejo de Secretarios del expresidente Jimenes, primero, y luego por el presidente Henríquez, fue el brillante escritor Dr. Max Henríquez Ureña, hijo y secretario del presidente Henríquez. Su obra, *Los Estados Unidos y la República Dominicana*, documentada y serena, constituyó un servicio eminente, de carácter diplomático, a la causa nacional.[48]

También en ese mismo año de 1919 apareció impreso como folleto *El ocaso del dogmatismo literario*,[49] que contenía el ya referido discurso con que Max Henríquez Ureña inauguró el curso escolar 1918-1919 en la Escuela Normal de Oriente. Como casi todos los textos importantes del dominicano por la época, este había aparecido primero en las páginas de *Cuba Contemporánea* y fue publicado luego en tirada aparte. Acorde con su finalidad académica, *El ocaso del dogmatismo literario* impugnaba la retórica preceptiva por su intención de convertir la creación literaria y su enseñanza en un conjunto de reglas cerradas, actitud que la había desfasado del verdadero desarrollo literario y había provocado

---

[47] A.T.M.C. Carta fechada en Santiago de Cuba, el 12 de diciembre de 1919.
[48] "Emiliano Tejera", en Julio Jaime Julia: *Antología de Américo Lugo*, t. III, p. 80.
[49] La Habana, Imprenta "El Siglo XX" de la Sociedad Editorial Cuba Contemporánea, 1919.

que se mantuviera ajena a los logros de la crítica más valiosa de la época.

No es de hoy que la retórica está en bancarrota. Esa bancarrota se hizo patente desde el momento en que, por obra de algunos tratadistas, la retórica buscó un nombre vergonzante y se hizo llamar "preceptiva literaria" para que no le pusieran reparos en el mercado. Empero, lo mismo en estos tratados de literatura preceptiva que en los antiguos de retórica, se estudiaban cuestiones que parecían relacionadas más bien con la arqueología literaria que con el arte de escribir.[50]

Con un pie en las teorías del uruguayo José Enrique Rodó y de los eruditos españoles, singularmente Marcelino Menéndez y Pelayo, y otro en sus estudios sobre la renovación modernista y los criterios de su hermano Pedro, Max Henríquez Ureña se aventura en una demostración contundente de la fosilización que padecía la retórica preceptiva y, a partir de ahí, postula una salida posible: sustituir las normas por la estimulación de la creatividad.

La aptitud para forjar imágenes no se enseña, pero se desarrolla por medio de la asociación de ideas, y no hay nada que favorezca tanto estas asociaciones de ideas, como la lectura de otras imágenes, construidas sabiamente por los grandes escritores. La imaginación creadora, estudiada admirablemente por Ribot, necesita poseer los materiales necesarios para su creación, puesto que ella no fabrica materiales nuevos sino que compone nuevas figuras con los elementos simples que se le facilitan. La imaginación no podrá concebir un monstruo que no tenga forma corpórea conocida, pero sí podrá, aunque ese monstruo resulte semejante al que describe Horacio al comenzar su famosa epístola, dotarlo de cuerpo de ictosaurio, patas de elefante y cabeza de león, y hasta podrá ponerle por ojos dos estrellas y por cola la cauda de un cometa.[51]

---

[50] *Ibid.*, p. 5.
[51] *Ibid.*, p. 14.

Nadando en aguas propicias, a pleno gusto en el terreno intelectual de su preferencia, el maestro que era Max Henríquez Ureña reclamaba una actualización de la enseñanza literaria que partiera de la literatura viva, de las obras fundamentales que la creación y los estudios literarios contemporáneos ofrecían, punto de vista importante pues reconocía la precedencia y papel rector que la producción literaria tiene frente a la investigación, la crítica y la pedagogía, principio obvio y sin embargo tan olvidado por "especialistas" y maestros, ayer y hoy.

El texto construye una argumentación sólida, que tiene sus soportes más recios en la métrica y en la teoría de los géneros. Es verdad que muchos de los criterios sustentados por el tercero de los Henríquez Ureña han sido superados hoy, pero no lo es menos que su cultura y la mente abierta con que observaba el desarrollo de la literatura contemporánea, le permitían hacer suyos los enormes cambios que había conocido la producción literaria y la defensa de géneros nuevos o híbridos, que por entonces muchos investigadores consideraban sin nobleza suficiente para ser colocados junto a las formas clásicas de la literatura y que, sin embargo, encontraban un efusivo aliado en la función social que el escritor dominicano exigía de la literatura. Así ocurre, por ejemplo, con la conferencia, algunas formas de periodismo o ciertas maneras que ya cobraban cuerpo en la novela y el cuento.[52]

> La crítica literaria es otro género que no puede, que no debe agruparse dentro de las obras didácticas. La crítica asume hoy múltiples formas, como el impresionismo, y a ello ha contribuido el periodismo, de manera innegable, puesto que ha abierto campo a la crítica, dándole secciones especiales. La crítica escrita para el periódico, dentro de los límites que este admite y con

---

[52] Resulta interesante, por ejemplo, la distinción que establece Henríquez Ureña entre la novela corta, el cuento y la novela propiamente dicha, como géneros "especiales" —esto es, diferentes—, algo que tal vez hoy no suene muy revolucionario, pero que entonces sí lo era para muchos de los intelectuales hispanoamericanos, entre los cuales —no se olvide— una voz tan autorizada como Horacio Quiroga consideraba al cuento como "una novela sin ripios".

una premura de tiempo que rara vez complace al escritor, pasa del periódico al volumen, y esto nos da una prueba de la atención preferente que merece el género, en sus variadas formas, así como del estudio detenido que es preciso hacer de las diversas secciones de que se compone un periódico.[53]

Puestos en un punto de vista que deposita la prioridad sobre la función valorativa de la crítica y la separa de la estética —a la que reconoce fundamental carácter filosófico—, estamos a un paso de la necesidad metodológica de concebir los estudios literarios como un conjunto de disciplinas específicas —la investigación, la comparatística, la historia literaria, la crítica, etc.— que no pueden ser englobadas por completo bajo el rubro específico de "crítica literaria", como aún ocurre con notable frecuencia.

Toda esta producción intelectual —que tuvo un apreciable impacto en diversos rincones de España y América Latina gracias al alcance de *Cuba Contemporánea*— debería ceder ante el reinicio de las gestiones en favor de la independencia dominicana. En julio de 1919 partió Max Henríquez Ureña hacia Nueva York junto a su esposa, para allí unirse a su padre, su tío Federico y el escritor Tulio M. Cestero, con el objetivo de adelantar un segundo movimiento en la articulación de los esfuerzos por la desocupación: la creación —el 5 de agosto— de la Comisión Nacionalista Dominicana, que dirigiría la campaña en el extranjero. La iniciativa fue observada sin mucho entusiasmo —y sí nutrida suspicacia— por las principales fuerzas políticas en el interior de la República Dominicana: a la reunión habían sido invitados representantes de los principales partidos políticos en el país, los que no asistieron.[54] Participó Francisco J. Peynado, pero se excusó de pertenecer a la comisión.

---

[53] *El ocaso del dogmatismo literario*, p. 16.
[54] En el archivo de Tulio Manuel Cestero hay pruebas muy sólidas de los esfuerzos realizados para lograr la mayor representatividad posible en esa reunión. Incluso se le giró el costo del pasaje a Monseñor Nouel, quien tampoco hizo acto de presencia.

El 6 de agosto discutieron y aprobaron los miembros de la comisión el *modus operandi* para las gestiones que debían iniciarse en pro de la restauración dominicana. Es obvio que estos lineamientos habían sido muy bien meditados y que, a tenor con las circunstancias, buscaban un tono conciliador:

> Las gestiones deben encaminarse, ante todo, a que cese el estado de sitio a que está sometido el pueblo dominicano desde el 29 de Noviembre de 1916; y de acuerdo con el compromiso contraído por el Gobierno de Washington en la proclama del Capitán Knapp de la propia fecha, pedir el implantamiento inmediato de un régimen que garantice el imperio de la libertad civil y facilite, *con la necesaria cooperación del Gobierno de los Estados Unidos*, el gradual y progresivo restablecimiento del gobierno propio en la República Dominicana, con poderes de origen electivo, de índole democrática, que asegure el bienestar de los habitantes de la República Dominicana y *pueda servir de garantía a los intereses de los Estados Unidos en el Mar Caribe.*[55]

Con estos objetivos, el 18 de agosto llegaron Max Henríquez Ureña y su padre a Washington. Buscaban iniciar gestiones ante el Gobierno de los Estados Unidos. Pronto se les reunieron Federico Henríquez y Carvajal, Pedro Henríquez Ureña y Tulio M. Cestero. Juntos iniciaron un programa de visitas e intercambios con funcionarios norteamericanos, la elaboración y entrega de propuestas para la solución del problema dominicano, así como entrevistas con diplomáticos de Hispanoamérica.

Urgido por obligaciones profesionales, el 16 de septiembre regresó Max Henríquez Ureña a Santiago de Cuba, donde el 1° de octubre dejaba inaugurado el curso de la Escuela Normal de Oriente con su disertación "En torno a los estudios gramaticales", un texto que siete años después incluiría en su *Programa de gramática castellana*. Francisco Henríquez y Carvajal permaneció junto a su hermano Federico, su

---

[55] A.T.M.C. "Resumen de la reunión del 6 de agosto de 1919". El subrayado es de Fernández Pequeño.

hijo Pedro y Cestero en Washington. El contenido esencial de las exigencias planteadas en esa campaña se encuentra resumido en el memorando que la comisión hizo llegar el 9 de octubre de 1919 a Leo S. Rowe.

Dicho documento insistía en que cualquier intento de resolver la situación creada en la República Dominicana debía ser precedido por una supresión inmediata de la rigurosa censura de prensa y opinión que se había echado sobre el país y, en razón de la cual, habían sido procesadas y encarceladas numerosas personas, entre ellas algunos intelectuales y hombres públicos relevantes. De igual modo, se planteaba como indispensable el cese de la arbitraria justicia prebostal, de la función policial que se atribuían las fuerzas de ocupación y el restablecimiento de la vida civil con todas las garantías individuales.

Esos eran objetivos tácticos vitales para la Comisión Nacionalista Dominicana. Solo con el fin de la censura y el regreso de las garantías individuales sería posible que el movimiento de oposición legalista y pacífica se organizara y ganara fuerza dentro de la isla ocupada. Sin un apoyo y una presión intensa desde el país, sin una protesta interna apremiante y decidida por la devolución de la independencia nacional, las negociaciones y debates con el Gobierno norteamericano tenían límite marcado, estaban maleados siempre por dilaciones, exigencias y sobre todo el pretexto de que la Comisión Nacionalista representaba más una posición familiar que los intereses del pueblo dominicano.

A partir de aquí, el memorando proponía la realización de un censo nacional y la creación de una Comisión Consultiva de Dominicanos que, asesorada y presidida por un técnico norteamericano, trabajaría en las principales leyes sobre las que se reorganizaría la vida política del país:

> Si se quiere que la actual intervención produzca resultados benéficos para el pueblo dominicano, es necesario *preparar las bases* sobre las cuales ha de desenvolverse en lo futuro aquel país, de modo que se evite que al volver la República Dominicana a ser regida por sus propios hijos pueda caer nuevamente en

los errores políticos y financieros que ha sufrido en otras épocas. La resolución de estos problemas es la que se encomendará a la *Comisión Consultiva*, por medio de leyes fundamentales y orgánicas que ella ha de formular y que empezarán a aplicarse gradualmente.[56]

En fin, lo que se proponía era un sistema gradual para la devolución de la independencia nacional. Los elementos más radicales del ideal nacionalista dentro de la República Dominicana, todavía dispersos y sin el empuje que tendrían después, reaccionaron con desagrado ante el plan cooperacionista de Henríquez y Carvajal:

> Inmejorables eran para los propósitos imperialistas del Gobierno Americano las declaraciones del Presidente Henríquez. Este le pedía "que dotase a la República Dominicana de una organización política y administrativa idéntica a la que regía en Cuba". El Gobierno Americano aceptó complacido el cargo de tutor que se le ofrecía [...] y el 30 de octubre de 1919 creó una Junta Consultiva [...]. Los miembros de esta Junta fueron continuadores de la política de cooperación preconizada por el Presidente Henríquez.[57]

Años después, Max Henríquez Ureña explicaba esas propuestas como una jugada diplomática:

> Al proponer que se creara esta Comisión no hizo [el Dr. Henríquez y Carvajal] sino emplear un recurso de táctica diplomática, que iba a poner a los Estados Unidos frente a un problema de carácter objetivo: o los dominicanos designados se negaban a constituirla, o aunque aceptaran se verían imposibilitados de realizar ninguna labor efectiva, dentro de un régimen de tipo militar, y su existencia sería tan precaria como efímera. En uno y otro caso, este sería un fracaso del gobierno de ocupación, y el gobierno de los Estados Unidos tendría con

---

[56] Max Henríquez Ureña: *Los yanquis en Santo Domingo*, p. 254.
[57] Américo Lugo: "Emiliano Tejera", en *Antología de Américo Lugo*, t. III, p. 82-83.

ello una nueva prueba de que la devolución pura y simple del gobierno propio era la única solución práctica del problema dominicano.[58]

En efecto, la Comisión Consultiva creada el 3 de noviembre de 1919 dimitió, tras una ejecutoria llena de tribulaciones, el 7 de enero de 1920. Y, también es obvio, Francisco Henríquez y Carvajal nunca creyó realmente en la efectividad de un órgano al que declinó pertenecer porque "fácil es comprender que existen poderosísimas razones que me impedirían aceptar ese compromiso [...]",[59] según declaraba durante el viaje de regreso a Cuba. Solo había transcurrido una semana luego de creada la Comisión y, desde La Habana, el expresidente dominicano remachaba, evasivo: "Yo suspendo todo juicio y todo comentario, respecto de este asunto, en espera de mejor y más amplia información".[60] Finalmente, a la hora del resumen y sin asombro: "Lo importante en la Comisión Consultiva no es su organización, sino sus facultades. Nosotros hemos pedido que se cree la Comisión facultándola para acometer la reorganización política del país. Lo que se ha hecho es otra cosa y por eso no me extrañaría que se confirmase la noticia de su renuncia en pleno".[61]

Ahora, nada de esto oculta que las propuestas del presidente Henríquez en 1919 eran coherentes con una línea de pensamiento negociador que arrancaba desde 1916 y con opiniones similares sostenidas públicamente en esa época por él y por su hermano Federico Henríquez y Carvajal, cuyo patriotismo y entrega a la causa dominicana están fuera de cualquier duda.[62] Parece atinado pensar que el representante del pueblo dominicano que aspiraba a ser Francisco Henríquez y Carvajal no sentía a esas alturas respaldo suficiente dentro de su país ni bastante representatividad en la nueva organización nacionalista constituida

---

[58] Max Henríquez Ureña: *Mi padre*, p. 153-154.

[59] A.T.M.C. Carta de Francisco Henríquez y Carvajal a Tulio M. Cestero, La Habana, 7 de noviembre de 1919.

[60] *Ibid.*

[61] *Ibid.* Carta de Francisco Henríquez y Carvajal a Tulio M. Cestero, Santiago de Cuba, enero 21 de 1920.

[62] Véase "El problema dominicano", en Federico Henríquez y Carvajal: *Nacionalismo*, p. 79-80.

para dirigir las negociaciones hacia posturas más radicales, sin riesgo de que el Gobierno estadounidense cerrara el diálogo y buscara entenderse con los jefes de los partidos políticos.

Tampoco esa necesidad de respaldo dentro de la República Dominicana miraba hacia los alzamientos campesinos que en el este de la isla comenzaron durante 1917, se mantenían para esa fecha y aun se extendieron hasta 1922. Los intelectuales que formaron la vanguardia nacionalista tomaron distancia frente a esta guerra irregular en cuya raíz se fundían motivos de índole diversa. Jamás la consideraron siquiera como un posible elemento de presión dentro de las conversaciones con el ocupante porque, en su perspectiva, constituía una raigal manifestación del caudillismo histórico dominicano, de la pésima organización social que había imperado entre los dominicanos, aspectos que era necesario borrar para siempre. En su memorando de 1919, Henríquez y Carvajal se apartaba explícitamente de esos hechos armados y pedía que no se castigara a toda la isla con medidas de excepción que solo tenían razón de ser para la zona en conflicto.

Bruce J. Calder, quien tan detallada atención presta al gavillerismo, se asombra de que los dominicanos cultos de la época, no importa cuán decididamente opuestos a la ocupación estuvieran, aceptaran la tesis norteamericana de que los alzados en el este eran "bandidos". Así, se pregunta:

> ¿Por qué los propios dominicanos adoptaron esta posición paradójica y antinacionalista? Primero, porque carecían de información. Las noticias que aparecían en una prensa sujeta a estricta censura respecto a la lucha guerrillera, eran escasas y regularmente reflejaban la opinión de los publicistas de la marina y del gobierno militar. En segundo lugar, la sociedad dominicana, profundamente dividida entre los sectores más altos y los más bajos, le puso anteojeras a su elite. Su orientación de clase los alejaba del campesinado, al que consideraban socialmente insignificante y políticamente atrasado.[63]

---

[63] *El impacto de la intervención; la República Dominicana durante la ocupación norteamericana de 1916-1924*, p. XXVII.

Si la segunda razón que aporta el investigador norteamericano es exacta, la primera peca de ingenuidad. La elite nacionalista dominicana, incluso en el extranjero, se mantuvo bien informada de lo que ocurría en el país. A finales de 1918, escribía Max Henríquez Ureña en relación con este asunto:

> [...] frecuentes han sido los alzamientos de partidas, más o menos numerosas, que, sin plan ni cálculo, sin organización, sin dirección, han recorrido hasta poco los campos dominicanos, con un grito de rabia y de exterminio en la garganta. Se les ha tachado de bandidos, porque a esas partidas sin cohesión y sin cultura no se les pueden exigir procedimientos civilizados en lucha tan desproporcionada: hacen la guerra a muerte; saben que ya no tienen derecho a la vida y que el invasor es implacable con cualquiera de ellos que caiga en sus manos. Esos "bandidos" no existieron cuando el doctor Henríquez y Carvajal era Presidente de la República: son los férreos procedimientos del invasor los que han impulsado al crimen y a la locura a muchos hombres que mientras se sintieron libres no causaron ningún mal a su vecino.[64]

En este texto, de clara vocación diplomática, Max Henríquez Ureña representaba los criterios del grupo encabezado por su padre, que no constituía precisamente la zona más radical del nacionalismo dominicano. No parece, sin embargo, muy desinformado ni acepta la simple tesis del bandidismo que enarbolaban los ocupantes norteamericanos, a pesar de residir fuera de la República Dominicana desde noviembre de 1916. Eso sí: tampoco creía que los alzamientos campesinos –"sin cohesión y sin cultura"– tuvieran la más mínima posibilidad frente al ejército yanqui e incluso consideraba que tales acciones eran negativas para el desarrollo de la opción pacífica y legalista que habían escogido los intelectuales nacionalistas –cultos e ilustrados– como vía para oponerse a la usurpación de su país.

---

[64] *Los yanquis en Santo Domingo*, p. 17-18.

Igual que la mayoría del movimiento nacionalista, Francisco Henríquez y Carvajal rechazó desde el principio mismo la opción de la lucha armada frente al poderío yanqui por costosa e inviable. Su perspectiva de clase y su credo éticopolítico le llevaron a confiar en la fuerza de la oposición mediante el reclamo pacífico y legal, apoyado en las armas de la diplomacia. Así fue hasta el final:

> Una protesta airada y vociferada solo se podría hacer cuando ya no hubiera otra cosa que hacer y debiéramos retirarnos e ir al sacrificio. Ninguno de los que hablan de la guerra y del sacrificio irían a él o a ella si llegara el momento. ¿Guerra?, ¿y no estamos en ella desde 1916? ¿No se me quisieron imponer las proposiciones de la nota 14? ¿No se usó de la coacción moral y material para vencerme? Pero yo acepté la guerra como me era posible hacerla.[65]

Al momento de abandonar Washington con rumbo a Cuba, el 28 de octubre de 1919, Federico Henríquez y Carvajal envió un memorando a Santo Domingo: "Nosotros nos iremos. Estamos ya exhaustos de recursos. Pero, lo que hace falta, lo que urje, es constituir allá centros de patriotas para hacer la religión del civismo i para hacer fondos, para atender al servicio de la sagrada causa".[66]

La lucha nacionalista entraba en un período de empuje definitivo. En marzo de 1920 se creó en la República Dominicana ese anhelado instrumento de lucha: la Unión Nacional que, bajo la presidencia de Emiliano Tejera y la vicepresidencia de Enrique Henríquez, dio a conocer su Credo Nacional, un verdadero compromiso de repudio a la ocupación norteamericana y por la exigencia de que la soberanía del país antillano fuera restaurada completa e inmediatamente, sin transacciones que la mediatizaran ni otros compromisos que los vigentes en los acuerdos anteriores a la intervención armada de 1916.

---

[65] E. Henríquez García: *Cartas del presidente Francisco Henríquez y Carvajal*, p. 33-34. Carta del 15 de julio de 1921 dirigida a Enriquillo Henríquez. Todas las cartas citadas de esta fuente están dirigidas a ese destinatario.
[66] *Nacionalismo*, p. 156-157.

De inmediato, Francisco Henríquez y Carvajal se adhirió al Credo Nacional y la Comisión Nacionalista Dominicana en el exterior se alineó con la solicitud de reintegro de la soberanía pura y simple. En noviembre de 1920, el depuesto presidente dominicano entregó una nota al señor William G. Mc Adoo, yerno de Wilson, el presidente norteamericano, donde predomina ese tono:

> En ese sentido, la impaciencia del pueblo [dominicano] ha llegado a estas horas a ser tan grande, que hoy no mantiene otra aspiración sino la de la restauración de su soberanía absoluta, sin restricciones, sin más restricciones que las que convencional y recíprocamente se imponen los Estados en el cultivo de sus relaciones de amistad, de comercio y políticas, por medio de tratados libremente consentidos. Parece, pues, incompatible la restauración del Gobierno Nacional con la subsistencia de la ocupación militar, y difícil es que esa combinación pueda producir buena impresión en el ánimo de aquel pueblo.[67]

El cambio de actitud sorprendió a muchos. También dio lugar a diversas interpretaciones:

> Mas esta variación de criterio en nuestro Presidente de Jure, es la prueba irrefragable de que no es él quien ha salvado la República con su actuación en Washington, sino la Unión Nacional Dominicana y las Juntas Nacionalistas similares que son las que, predicando constantemente al Pueblo el respeto a los principios constitucionales y la resistencia contra la dictadura tutelar norteamericana, han obligado al Dr. Henríquez y Carvajal a rectificar su Memorandum de 1919 para adherirse al Credo Nacional [...].[68]

Era injusto en este caso Américo Lugo. Mientras el nacionalismo fue en la República Dominicana una tendencia poco articulada, carente de organización bajo la censura y la opresión

---

[67] *Los yanquis en Santo Domingo*, p. 267-268.
[68] *Antología de Américo Lugo*, t. I, p. 131.

norteamericana, Francisco Henríquez y Carvajal había sostenido junto a sus colaboradores una actividad continua e incansable de exigencia y divulgación sobre el caso dominicano. ¿Habría podido antes, sin la presión de un movimiento potente detrás, aferrarse a posiciones radicales de desocupación pura y simple? ¿Su condición de último presidente dominicano le habría permitido escapar a la imputación de que defendía solo opiniones personales o los intereses de un grupo –incluso familiar– que no representaba una tendencia sustancial dentro de la sociedad dominicana? Bien lo recordó su hermano, el patricio Federico Henríquez y Carvajal en abril de 1920, cuando emergía la Unión Nacional Dominicana:

> Empero, aunque ha contado con sus propios personales recursos i con algunos recursos, valiosísimos, de cubanos i dominicanos simpatizadores i adeptos de la causa nacionalista, [la Comisión Nacionalista Dominicana] no ha podido contar hasta ahora –o sea en la primera ruda jornada de sus jestiones– ni con los recursos efectivos del país, en cantidad suficiente, ni con el necesario concurso de opinión i voto unánime, articulado, como expresión nacional de la voluntad de pueblo intervenido mal de su grado.[69]

A los escasos recursos financieros[70] y el desdén de los partidos políticos dominicanos y los hombres públicos convocados para Nueva York en agosto, debe unirse el estado de duda con que en Santo Domingo se observaban las acciones que en la segunda mitad de 1919 encaminó la Comisión Nacionalista Dominicana en Estados Unidos. Por carta fechada en esa capital, el 28 de noviembre de 1919, Francisco J. Peynado ilustraba a Francisco Henríquez y Carvajal sobre

---

[69] *Nacionalismo*, p. 91-92.

[70] "La suma de 500 pesos entregados por el General José Miguel Gómez fue puesta en mis manos por mi hermano Federico y han sido aplicados a los gastos comunes. Mi hermano ha hecho frente a sus gastos con reservas traídas de Santo Domingo, recogidas por él personalmente en Cuba y por nueva suma que le remitieron de Santo Domingo. Mi hijo Max sufragó sus gastos con recursos personales". A.T.M.C. Carta de Francisco Henríquez y Carvajal a Tulio M. Cestero, Washington, 9 de octubre de 1919.

tal estado de duda y le incluía este epigrama, que un Sr. Peguero le había enviado desde San Pedro de Macorís:

Tú, Joaquín, que desde afuera descompones cualquier rancho,
¿Qué piensas de esta carrera. Tío Samuel, Concho y Don Pancho?
De Tío Samuel en primera nadie duda en este caso,
Mas si, fracasado el rancho, entrara en primera Pancho,
¿No anularían la carrera los de la cuadra de Concho?[71]

Los miembros de la Comisión Nacionalista Dominicana que actuó en el segundo semestre de 1919 ante el Gobierno norteamericano tenían conciencia de lo que significaba esa carencia de respaldo en términos de representatividad. Aún en pleno desarrollo de la campaña, el propio Cestero urgía: "A mi juicio, nuestra gestión sufre de falta de coordinación orgánica y del visible apoyo del pueblo dominicano. Concretar la una y evidenciar el otro debe ser, pues, iniciativa de realización inminente".[72]

Con el decisivo respaldo de la Unión Nacional Dominicana, Francisco Henríquez y Carvajal continuaría insistiendo frente al Gobierno de Estados Unidos en su renuncia a cualquier aspiración presidencial, una vez solucionado el caso dominicano, y en su exclusiva condición de representante del pueblo donde había nacido, mientras solicitaba constantemente que el primer impulso llegara de la República Dominicana para él actuar después. En esa doble articulación, fuera y dentro del país, la campaña nacionalista iba a conocer su momento de más efectiva fuerza entre mediados de 1920 y finales de 1921. Una evaluación de esta "resistencia político-intelectual" podría ser:

Este movimiento se originó entre un pequeño grupo de funcionarios y partidarios del presidente dominicano Francisco Henríquez y Carvajal [...]. Compuesto de nacionalistas íntegros que eran, sin embargo, moderados en

---

[71] *Ibid.* Concho, por supuesto, alude a Concho Primo y, por extensión, a los caudillos tradicionales de la política dominicana; Samuel, por supuesto, son los norteamericanos; y Pancho, pues Francisco Henríquez y Carvajal.
[72] *Ibid.* Carta a Francisco Henríquez y Carvajal, Washington, octubre 3 de 1919.

sus enfoques, el movimiento que giraba en torno de Henríquez más tarde fue apoyado por una organización más radical, la Unión Nacional Dominicana, que favorecía una confrontación con el gobierno militar y una línea dura en los tratos con Washington. Estas fuerzas unidas crearon para 1920 un movimiento riguroso de protesta con una base amplia en el seno de la República.[73]

En efecto, en junio de 1920 la celebración de la Semana Patriótica estremeció la República Dominicana y se constituyó en un rotundo éxito político y financiero. Más de cien mil dólares recaudados en sus actividades fueron girados de inmediato a Emilio Bacardí, en Santiago de Cuba, para el financiamiento de la campaña desocupacionista. Por encima de los datos, resulta crucial tomar nota de la atmósfera emocional que comenzaban a crear los esfuerzos nacionalistas: "La Semana Patriótica fue un éxito económico y moral. Esa Semana, que puede tomarse como un plebiscito, dejó demostrado que la universalidad de los dominicanos no transigirán, no convendrán, en la más leve lesión a la integridad de la República. Yo apacentaba mis temores, Ud. lo sabe; pero esa Semana gloriosa ha desvanecido todo mi pesimismo y, así, con esas mismas palabras, lo he dicho al Doctor".[74]

Al mismo tiempo, la Comisión Nacionalista Dominicana se reorganizaba y ampliaba en agosto de ese año, para dar cobertura a un extenso proyecto internacional de divulgación y cultivo de solidaridad. Junto a todo esto, aparecía la esperanza de una postura más flexible por parte de los Estados Unidos, pues el tema dominicano estaba siendo incluido en la campaña electoral norteamericana por el Partido Republicano, entonces en la oposición.

En Santiago de Cuba, entre continuas actividades políticas, patrióticas, profesionales, culturales y docentes, Max Henríquez Ureña resultó escogido por varios accionistas santiagueros para dirigir el proyecto de un nuevo diario, que vio la luz el 1° de junio de 1920 bajo el nombre de *El Sol*. El

---

[73] Bruce Calder: *op. cit.*, p. XXV.
[74] Nolasco: *op. cit.*, p. 198. Carta de Víctor de Castro a Sócrates Nolasco, Santiago de Cuba, junio 30 de 1920.

nombre del periódico, su perfil noticioso y la captación del personal que integró su redacción fueron responsabilidades del intelectual dominicano,[75] quien además lo dotó de un tabloide semanal, *Sol del Domingo*, dedicado a temas culturales y, en específico, literarios.

Quienes llegaron a conocer el periódico no escatiman elogios para su calidad. De él me ha sido posible consultar solamente su primer número, que se encuentra en el archivo del poeta Regino E. Boti, en Guantánamo, donde sí hay una colección de *Sol del Domingo* suficiente para apreciar el cuidado de su confección y la solidez de sus colaboraciones. Un gusto tan selectivo como el de Boti no dejó de sentirse atraído por la publicación. En su correspondencia hay pruebas de los esfuerzos que realizó para coleccionarla[76] y está además su criterio, que hizo llegar a Max Henríquez Ureña: "Esto viene principalmente por el primer número de 'Sol del Domingo', que recibí ayer y encuentro muy bien".[77]

Sin embargo, no estaría Max Henríquez Ureña más que cuatro meses al frente de *El Sol*. Los nacionalistas dominicanos entendían que, a esas alturas, era llegado el momento de lanzar una ofensiva compacta para forzar a un acuerdo sobre la desocupación de la República Dominicana. Junto a su padre, partió el dominicano rumbo a La Habana el 11 de octubre de 1920. Allí se les sumaron Federico Henríquez y Carvajal y Rafael César Tolentino. Todos salieron para Key West el 26 de ese mes. Sabedor de que su viaje no sería breve, el dominicano había entregado la dirección de *El Sol* a Joaquín Aristigueta. Entre diciembre de 1920 y finales de febrero de 1921 enviaba el dominicano artículos diarios al periódico desde diferentes puntos de América del Sur, bajo el título genérico de Postales de

---

[75] Una rememoración muy interesante sobre la fundación de este periódico se encuentra en el discurso con que Max Henríquez Ureña dio la bienvenida a Rafael Esténger como académico, en 1951. I.L.L., No. 101.

[76] En carta del 21 de agosto de 1920 a J. M. Bory, administrador de *El Sol*, le reclama Regino E. Boti: "Al corriente en la suscripción del diario de su administración, desde el día 12 inclusive hasta la fecha, he dejado de recibirlo. Tengo interés por todos esos números, especialmente por los de los domingos, que colecciono".

[77] José M. Fernández Pequeño y Florentina R. Boti (comp.): *Regino E. Boti: cartas a los orientales*, p. 255. Carta del 9 de junio de 1920.

Viaje.[78] Precisamente en el transcurso de ese viaje por Sudamérica conocería Max Henríquez Ureña el final del periódico en que había invertido tantos esfuerzos.

Tras instalarse en Nueva York, el grupo de nacionalistas dominicanos insistió en hacerse oír por el Gobierno norteño, se entrevistó con personas influyentes, dio a conocer sus criterios a la prensa, etc. Cuatro puntos centraron los debates: que no se echasen los bonos por valor de diez millones de dólares que pretendía el Gobierno Militar norteamericano en la República Dominicana; que se suspendiera completamente la ley prebostal en la isla caribeña; que se abriera espacio a los empleados dominicanos para administrar, con la sola supervisión de oficiales estadounidenses; que se restablecieran la libertad de prensa y los derechos individuales en la nación sojuzgada.

Convencidos de que los términos de la cuestión dominicana debían ser bien divulgados y de que resultaba indispensable ganar el apoyo de otros gobiernos latinoamericanos, la Comisión Nacionalista Dominicana decidió enviar una misión que recorriera parte de Sudamérica. No era una idea nueva. En fecha tan temprana como el 16 de enero de 1917, escribía Francisco Henríquez y Carvajal a Sócrates Nolasco desde Nueva York: "Creo que nuestra causa estará ganada con dos cosas: con que se mantenga firme la negativa del pueblo dominicano a aceptar las exigencias americanas, y con dinero suficiente para mantener aquí una campaña *incesante* y bien dirigida, y enviar a un comisionado por toda la América española".[79] El 1° de junio de 1919, cuando se reiniciaba la campaña nacionalista, escribía el depuesto presidente a su hijo y secretario desde París: "Creo sin embargo que una misión debe ir a recorrer toda la América Latina y que es forzoso mantener una representación activa en los Estados Unidos".[80] Todavía en diciembre de ese año la misión no era viable, según apuntaba Tulio M. Cestero en carta al tercero de los Henríquez Ureña, por "falta de dinero y de hombres [...]. Quien

---

[78] Véase el testimonio de Juan E. Bory, en I.L.L., No. 197.
[79] Nolasco: *op. cit.*, p. 149-150.
[80] *Epistolario*, t. II, p. 109.

o quienes vayan, necesitan una condición indiscutible: ser conocidos previamente pues de no, habrían de perder tiempo precioso en abrir relaciones".[81]

Cuando a finales de diciembre de 1920 el gobernador militar norteamericano en Santo Domingo, como respuesta a las presiones nacionalistas, recibía de su Gobierno órdenes de disminuir la censura y crear una comisión que preparara el terreno legal para negociar la desocupación, ya Max Henríquez Ureña y su tío Federico Henríquez y Carvajal se habían echado al Atlántico en el vapor *Aeolus*, el 1° de diciembre, con rumbo a la región suramericana. Por el Pacífico viajaría Tulio M. Cestero. La misión procuraría dos aspectos: "Uno público, con el fin de interesar a los pueblos que se visitan a favor de la libertad e independencia del pueblo dominicano, otro confidencial, secreto, con el fin de interesar la atención de los Jefes de Gobierno de cada país a favor de la causa de la República".[82]

El 20 de diciembre llegaron a Montevideo; el 11 de enero de 1921 estaban en Buenos Aires; el 10 de febrero, tras accidentado viaje ferroviario, se encontraban en Asunción; regresaron a Buenos Aires el 21 de febrero; el 7 de marzo pisaban tierra de Santiago de Chile; y el 25 de marzo hacían lo propio en Lima. En todas partes la actividad era febril: se reunían con altas personalidades políticas y gubernamentales; recababan el apoyo de los intelectuales; disertaban sobre pormenores económicos, políticos y jurídicos vinculados a la ocupación norteamericana; se entrevistaban con la prensa; etcétera.

Dos diarios bien distintos llevó Max Henríquez Ureña durante este viaje: uno en prosa, hecho de anotaciones objetivas y cotidianas;[83] otro en versos, a través de numerosos

---

[81] Julio Jaime Julia: *Escritos de Tulio Manuel Cestero*, p. 175. Carta del 21 de diciembre de 1919.

[82] A.T.M.C. "Instrucciones dictadas al Señor Doctor Don Tulio M. Cestero, con motivo de la misión que se le confía en las Repúblicas de América Latina".

[83] Este diario, que recoge también su viaje por Europa, se conserva en el archivo personal de Max Henríquez Ureña, I.L.L., No. 159. En el archivo de Tulio M. Cestero que posee la Universidad Autónoma de Santo Domingo hay, además de una profusa correspondencia con Federico Henríquez y Carvajal, una extensa memoria sobre el viaje de Cestero. Todos estos documentos no solo muestran

poemas donde fue volcando la ruta emocional de aquel periplo. De esa producción poética, que luego recogería en su libro *Fosforescencias* (1930), es esta pieza, escrita en la zona del canal de Panamá y donde –al menos en lo conceptual– resulta muy visible la sombra de Rubén Darío:

> *Los Estados Unidos clavan la inquieta vista*
> *en el mundo prolífico de Cristóbal Colón.*
> *¡Tú les abres el paso de la fácil conquista!*
> *¿Quién un límite cierto marcará a su ambición?*
>
> *Forjan con los jirones de todo un continente*
> *el collar estratégico de su inmenso poder,*
> *se afianzan con el oro de su imperio armipotente...*
> *a sus plantas ¡oh América! ¿postrada te has de ver?*
>
> *¡No! Alaridos de muerte lanzarán tus jaguares,*
> *hará temblar tus costas la voz del huracán,*
> *y sobre los altivos arrecifes, tus mares*
> *sus naves invasoras con furia estrellarán.*
>
> *Resurgirán tus muertos del fondo del abismo,*
> *acudirán tus indios al son del caracol,*
> *tus montes y tus valles hundirá el cataclismo,*
> *tus volcanes ignívomos ocultarán el sol.*
>
> *¡No temas! Toda humana grandeza se derrumba*
> *como el árbol frondoso bajo la tempestad.*
> *¡Todo poder injusto cava su propia tumba*
> *con el hierro que esgrime contra la libertad!*

Al tiempo que la misión hacia Sudamérica comenzaba en Uruguay, el 24 de diciembre de 1920, el Gobierno de los Estados Unidos daba a conocer una propuesta para la evacuación de sus tropas de la República Dominicana. Esta, conocida como Plan Wilson, establecía el nombramiento de una comisión de dominicanos representativos que, con la asesoría técnica de un norteamericano, redactaría las leyes y las enmiendas que habrían de hacerse a la Constitución de la República. Una vez aprobados esos documentos por el

---

aquella acción diplomática, sino que permiten conocer la actitud real de los pueblos visitados ante el problema de la República Dominicana.

Gobierno Militar, serían sometidos a una convención constituyente y al Congreso dominicano.

De inmediato los nacionalistas lanzaron una airada protesta. Primero, porque de ese modo todo el proceso de desocupación se haría bajo la dirección de las tropas interventoras y, por tanto, según su conveniencia; y, segundo, porque el plan resultaba en extremo ambiguo en lo tocante a cómo se restablecería el gobierno propio de los dominicanos y cuáles serían las obligaciones con que nacería. Ante la observación de que el Plan Wilson recogía las ideas propuestas por Francisco Henríquez y Carvajal en su memorando de 1919, el poeta Fabio Fiallo hacía ver

> la injusticia de esta imputación, puesto que en aquel memorándum él no había hecho sino indicar la utilidad de preparar ciertas reformas en la Constitución y las leyes dominicanas [...] y la conveniencia de nombrar una Comisión Consultiva que preparase el proyecto de estas reformas; pero, sin darle al Gobierno Militar intervención en el proceso legal de las elecciones y de la constitución del Gobierno nacional, como se disponía en el Plan. También señaló [Francisco Henríquez y Carvajal] otro grave defecto de este, bajo el cual se encubría una amenaza mortal para el país: la vaguedad que rodeaba las *circunstancias* de la constitución del Gobierno nacional y la fecha de evacuación.[84]

Mientras tanto, Francisco Henríquez y Carvajal afirmaba su papel de representación diplomática ajena a cualquier postura personalista:

> Mi plan va dando magníficos resultados. Me echo a un lado y espero que una batalla campal se libre contra el G[obierno] A[mericano] no solo por la opinión pública de allá, sino por la de aquí. Ya el *Washington Post* abrió sus fuegos y de Santo Domingo empiezan a llegar los cablegramas protestando contra el plan. Las dos opiniones van a coincidir como una fuerza violenta

---

[84] Fabio Fiallo: *Obras completas*, Vol. III, p. 325.

contra *el que dicta el plan*, mientras que yo aparezco haciendo esfuerzos para evitar el peligro que yo mismo le anuncié.[85]

Y, ante algunas inquietudes e impaciencias por su actitud: "Nuestro pueblo está lleno de superficiales exaltados y no pueden explicarse que yo haya guardado silencio por algunos días y aún haya aconsejado *estudio reflexivo* del plan de restauración gradual. Yo necesitaba darle esa prenda al Departamento [de Estado norteamericano], para que no nos cierren las puertas. Aun con esto, dudo que me las vuelvan a abrir después de las declaraciones que he hecho en *La Prensa*".[86]

Mientras tanto, la misión que recorría Sudamérica continuaba sus labores. El 21 de febrero, de retorno en Buenos Aires, Max Henríquez Ureña encontró noticias inquietantes. Su esposa le escribía desde Cuba bajo un profundo estado de depresión anímica, causado por el agravamiento de una enfermedad que poco a poco iba apagando su audición. El 5 de marzo respondía el dominicano:

> Mañana por la mañana nos vamos a Chile, según te anuncié en el cablegrama que te puse el día del aniversario de Leonardo. También te decía en ese cable, que me esperaras en La Habana el 14 de abril. Ya sobre esto te había escrito antes: que aunque Pancho te invitara a ir a Nueva York, me esperaras para ir juntos.
>
> Ya tengo combinadas las cosas para llegar a La Habana en la fecha que te indico; o a más tardar el 17. Estaré muy pocos días en La Habana, nos iremos a Oriente a preparar el viaje largo, y en mayo nos embarcaremos. Creo que ahora podremos hacerlo en el mismo puerto de Santiago, y eso será una comodidad. Y entonces... ¡adiós vieja ciudad![87]

Se trataba de una beca de estudios en Francia que desde hacía bastante gestionaba Max Henríquez Ureña. La decisión

---

[85] *Cartas del presidente Francisco Henríquez y Carvajal*, p. 13-14. Carta del 27 de diciembre de 1920.

[86] *Ibid.*, p. 15. Carta del 1° de enero de 1921.

[87] I.L.L., documento sin clasificar.

de aceptarla en aquellas circunstancias se veía fortalecida por motivos familiares y porque el escritor dominicano no era optimista en relación a un arreglo inmediato con el ocupante norteamericano, como sí creían muchos nacionalistas; así lo explicaba entonces, con palabras que resultarían proféticas: "Después de la toma de posesión de Harding, cualquiera que sea su resolución, vendrá un período de gran actividad, en el cual lo que se necesita es estudiar el modo de actuar. Como quiera que sea, el 'modus operandi' podrá variar, pero preveo que la solución no será tan inmediata como pudiéramos desearla".[88]

Los planes del dominicano se cumplieron con bastante precisión. Exactamente el 14 de abril de 1921 desembarcaba en el puerto de La Habana y, aunque no pudo ir a Santiago de Cuba hasta el 16 de mayo a causa de una huelga en los ferrocarriles, el 21 de mayo el claustro de la Escuela Normal de Oriente le otorgó la anhelada beca.

En ese transcurso, las gestiones para la desocupación del territorio dominicano cumplían una trayectoria decisiva. El rechazo al Plan Wilson había sido solo un escalón. La mirada estaba puesta más allá: en la toma de posesión como presidente de los Estados Unidos de Warren G. Harding, el representante republicano que había declarado en su campaña: "Yo no autorizaré nunca a un Subsecretario de Marina a redactar una constitución para imponerla a un pueblo sometido a las bayonetas americanas".[89] Casi dos meses antes de que saliera a la luz el Plan Wilson, el 6 de noviembre de 1920, Fabio Fiallo respondía a la pregunta de qué significaría para la causa dominicana la elección de Harding: "Una importantísima, y es que con el advenimiento del candidato republicano al poder no hay el pavor de las transacciones".[90]

De ahí la campaña nacionalista de divulgación en Estados Unidos, Sudamérica y Europa que ocupa toda la primera

---

[88] A.T.M.C. Carta a Tulio M. Cestero fechada en Buenos Aires, febrero 26 de 1921.
[89] *Apud* Max Henríquez Ureña: *Mi padre*, p. 169.
[90] "El momento actual en la República Dominicana", en Fabio Fiallo: *Obras completas*, Vol. III, p. 141.

parte de 1921, con el fin de aumentar la presión internacional sobre Washington, en particular la proveniente de América Latina. De ahí las continuas entrevistas con funcionarios del nuevo Gobierno norteamericano, incluido el propio presidente. Fabio Fiallo, quien llegó a la capital norteña el 30 de marzo para sumarse a esas gestiones, escribía una semana después: "Nuestra actitud es constante, sin interrupción, sin descanso y tal vez sin sueño, pues en la tensión en que vivimos –dígolo por mí– el sueño es un sobresalto. Solo una salud de hierro como la de don Pancho habría podido resistir a esta lucha de todos los días y de todas las horas, en una ansiedad sin tregua, y tras una noticia llena de esperanzas otra de abrumadora desesperación".[91]

A la altura de abril, Francisco Henríquez y Carvajal propuso la creación en la República Dominicana de una junta gubernativa, electa por asambleas de delegados de las Juntas Nacionalistas, que rigiera entre seis meses y un año; todo esto sobre el entendido de su renuncia a cualquier aspiración presidencial. Contrapropuestas iban y venían: "El Gobierno Americano [asegura el expresidente *de jure* a finales de abril] no saldrá de Santo Domingo sin dejar establecido allí un Gobierno nacional responsable [...]. Los americanos no saldrán de Santo Domingo sino como salieron de Cuba: entregando la Administración a una autoridad dominicana".[92] Es decir, no habría desocupación sin negociaciones. Y, para calmar el ánimo de los inquietos, telegrafía a las Juntas Nacionalistas: "Cualesquiera que fuesen fases intermedias campaña, mi objetivo invariable desde un principio fue, es y será desocupación inmediata y restablecimiento soberanía absoluta".[93]

Por fin, el 23 de mayo el secretario de estado norteamericano Charles Evans Hughes dio a conocer las líneas generales del nuevo plan de desocupación que se pensaba aplicar en la República Dominicana. La reacción del depuesto

---

[91] Fabio Fiallo: *Obras completas*, Vol. III, p. 172. Carta a Arturo Pellerano Sardá, 6 de abril de 1921.
[92] *Cartas del presidente Francisco Henríquez y Carvajal*, p. 24-25. Carta del 29 de abril de 1921.
[93] *Mi padre*, p. 174.

presidente dominicano fue de total rechazo y la entrevista entre ambos se tornó difícil. A las contundentes objeciones y la seguridad expresadas por Henríquez y Carvajal acerca de que el pueblo dominicano no aceptaría el plan, Hughes replicó que "él no entendía que tal protesta fuera la expresión del pueblo dominicano, porque el Dr. Henríquez no era en Washington *evidentemente* un representante de la mayoría del pueblo dominicano como se podía comprobar con las adhesiones dadas por ese pueblo a otras tendencias muy distintas a las mantenidas por el Dr. Henríquez",[94] en abierta alusión a que el Gobierno estadounidense trataba de reencaminar las conversaciones hacia los jefes de los partidos tradicionales dominicanos.

Todavía la delegación dominicana intentó influir sobre la postura estadounidense, demostrar la incapacidad del nuevo plan para resolver con dignidad la situación creada en la isla del Caribe. Aún más: de manera verbal y escrita fueron hechas diversas propuestas a altos funcionarios yanquis. Francisco Henríquez y Carvajal llegó incluso a sugerir la posibilidad de que, una vez en ejercicio de su soberanía, el nuevo Gobierno dominicano contratara por dos años una misión militar limitada de los Estados Unidos. En reunión con Sumner Welles celebrada el 27 de mayo, la parte dominicana planteó la creación de un cuerpo militar comandado por un jefe superior dominicano y un inspector norteamericano; este último se encargaría de la instrucción y disciplina de tal institución armada.[95] Ante la imposibilidad de cambiar la decisión norteamericana, el ex-presidente *de jure* decidió viajar a Cuba, donde ya se encontraba el 18 de junio. Cuatro días antes, el Gobierno estadounidense había dado a conocer el Plan Harding para la desocupación de la República Dominicana.

---

[94] Fabio Fiallo: "El lecho de rosas de Washington", en *Obras Completas*, Vol. III, p. 182.

[95] A.T.M.C. "Memorando presentado por el señor Tulio M. Cestero a Mr. Sumner Welles, Jefe de la División Latino Americana del Departamento de Estado", Washington, D. C., 31 de mayo de 1921. Tiene una nota manuscrita que reza: "No fue presentado".

El nuevo plan establecía que el Gobierno Militar en Santo Domingo convocaría a elecciones para constituir el Congreso Nacional; además, designaría a ciertos dominicanos representativos para negociar un tratado de evacuación que incluiría: la ratificación de todos los actos ejecutados por el Gobierno Militar, dar validez a un empréstito de dos millones y medio de dólares, ampliar los poderes de la Receptoría de Aduanas y solicitar una misión militar que organizaría la Guardia Nacional. Luego, el Gobierno Militar convocaría al Congreso para ratificar ese tratado de evacuación y, solo entonces, se elegiría un presidente de la República Dominicana, quien firmaría el convenio.

Fue este un duro golpe para las esperanzas del nacionalismo. Harding no había sido el presidente de los Estados Unidos en el momento de la invasión a la República Dominicana, no tenía compromiso personal con ese acto. Y sin embargo su plan era, si cabía, peor que el de Wilson. Ahora, además de las condiciones exigidas por los norteamericanos desde la Nota 14 de 1915, aparecía una nueva figura, extremadamente indignante: la ratificación de los actos del Gobierno Militar. Cuando Francisco Henríquez y Carvajal llegaba a Santiago de Cuba, en la noche del 21 de junio, le esperaban informes sobre la enorme manifestación de protesta con que el nacionalismo había recibido en toda la República Dominicana el Plan Harding. En memorando al Gobierno norteamericano, aclaraba el expresidente dominicano sobre la cláusula de ratificación de los actos del Gobierno Militar:

El Pueblo Dominicano no puede aceptar ninguna cláusula, convención o entendido que lo despoje del derecho de mantener su protesta contra la intervención llevada a cabo en su territorio por el Gobierno de los Estados Unidos [...]. El Pueblo no puede sancionar los hechos de represión sangrienta, los actos de violencia y los que por propia autoridad dictó y ejecutó el Gobierno Militar Americano, sin el consentimiento del Pueblo de la República Dominicana, único legalmente apto para regirse y gobernarse a sí propio, mientras exista como entidad internacional.[96]

En medio de esa atmósfera, el 23 de junio, salió Max Henríquez Ureña con su esposa e hijos por el puerto de Santiago de Cuba rumbo a Francia en el vapor francés *Macorís*. Cumplía así un viaje que por entonces era de rigor para los intelectuales hispanoamericanos. Completar estudios en Europa, examinar las bibliotecas y los archivos, visitar prestigiosos y antiguos centros docentes, intercambiar con personalidades del mundo literario, explorar posibilidades de promoción intelectual en publicaciones y casas editoriales mundialmente reconocidas... era un sueño acariciado desde hacía mucho por Max Henríquez Ureña y alentado con infinito fervor por su padre y su hermano Pedro. De ahí que decidiera aprovechar la ocasión, a pesar de que la cuestión dominicana transitaba por su momento más tenso.

El 15 de julio ya estaba el dominicano en París, donde comenzó de inmediato sus trabajos. Allí le esperaba la sorpresa de ver publicadas las *Páginas escogidas* de José Martí que él había seleccionado y prologado para la Casa Garnier, por encargo de Ventura García Calderón.

Mientras, su padre regresaba el 1° de julio a Estados Unidos, con el objetivo de continuar la campaña nacionalista ante el Departamento de Estado. Se atenía a la estrategia que había desplegado para no manchar la índole diplomática de sus gestiones: "Mi táctica ha sido y seguirá siendo no anticipar opinión alguna cuando yo espero la reacción de protesta en el pueblo. De ese modo doy una plena demostración al Departamento [de Estado de] que no soy el que arrastro al pueblo a esa actitud de violenta protesta".[97]

No pocas reservas provocaba esta perspectiva entre los nacionalistas más radicales. A quienes no entendían el papel del suplantado presidente dominicano, respondió Fabio Fiallo:

---

[96] *Escritos de Tulio Manuel Cestero*, p. 257.
[97] E. Henríquez García: *Cartas del presidente Francisco Henríquez y Carvajal*, p. 33. Carta del 15 de julio de 1921.

El Dr. Henríquez no se encuentra en Santo Domingo, sino en Washington, frente al Departamento de Estado. Allí no caben actitudes espectaculares, si muy aplaudidas aquí, muy ridículas allá. En aquel Departamento de Estado no es la opinión o la protesta del Dr. Henríquez lo que importa –esa la conocen ellos de sobra–, sino la del pueblo dominicano, franca, libre, espontánea, sin insinuaciones de nadie desde Washington; tal como debía producirse, tal como se produjo inmediatamente [tras la promulgación del Plan Harding] por propio impulso.[98]

Y la situación era entonces difícil. Luego de saber que, gracias a la reacción en la República Dominicana y las gestiones en Estados Unidos, no se llamaría a las elecciones que estipulaba el Plan Harding, Henríquez y Carvajal se informaba de que una comisión senatorial estadounidense viajaría a Santo Domingo para hacer estudios de la situación en la isla ocupada. Pero tampoco escapaba a su mirada que la coyuntura no era buena. De un lado, el Gobierno norteamericano no cedía; del otro, los funcionarios yanquis comenzaban a buscar entenderse con los jefes de los partidos políticos dominicanos. Era necesario encontrar opciones, nuevas propuestas.

¿Por qué desocuparán? ¿Qué fuerza los hará desocupar? La acción de América Latina está agotada: no dará un paso más. Todos sus representantes aquí han creído que debía aceptarse como buena solución cada plan de desocupación dictado. Europa no se mete con ellos. El Senado, con su flamante Comisión, se decide en favor del Ejecutivo. La opinión pública en general estima que los Estados Unidos están haciendo una obra muy buena al concedernos el plan del 14 de junio.[99]

El inmovilismo en las negociaciones solo resultaba negativo para el frente dominicano. Hasta ese momento, el empuje nacionalista había mantenido la unidad, pero el mosaico de

---

[98] *Obras Completas*, Vol. III, p. 192.
[99]*Cartas del presidente Francisco Henríquez y Carvajal*, p. 37. Carta del 12 de agosto de 1921.

intereses políticos en la pequeña isla era demasiado complejo: la actitud de los jefes de partidos podía romper la oposición moral que se había escogido como terreno de lucha ante el invasor. Este no era un peligro nuevo. En febrero de 1921, todavía en plena misión por Sudamérica, Max Henríquez Ureña alertaba a Tulio M. Cestero: "Hay que aprovechar los últimos instantes de la indecisión, porque puede llegar un momento en que nuestra gestión esté casi desautorizada. Ha entrado el pánico en Santo Domingo, en los elementos políticos: temen que, si se prolonga la negativa, no se obtendrá ni eso ni nada. Es un grupo nada más el que piensa así, según informes cablegráficos; pero perjudica la rápida solución que Harding pudiera prestarse a adoptar".[100]

Ahora que Harding había defraudado las esperanzas del nacionalismo dominicano y la intolerancia yanqui no daba muestras de mengua sino todo lo contrario, esa posibilidad cobraba visos de riesgo omnipresente. Por eso –en opinión de Henríquez y Carvajal– había que mirar el momento con objetividad, convencer a los nacionalistas radicales de que los norteamericanos no se irían sin dejar constituida una situación de gobierno en la isla:

> Eso no sucederá nunca, pero nunca. Es preciso decírselo a los que lo están esperando. Hay dos cosas que no sucederán nunca: aquello y la restauración del Gobierno de 1916. Ni se irán tampoco sin la ratificación de los actos del Gobierno militar, aunque le impongamos a esa ratificación todos los recortes y distingos posibles para hacer saber al mundo que nunca hemos aceptado la intervención, ni renunciamos al derecho de reclamar algún día contra ellos por ante quienes fuera posible.[101]

Desafortunadamente, tenía razón el representante dominicano. Por eso pedía la opinión del ala nacionalista más radical. Ese mismo 30 de agosto indicaba: "De modo que debes consultar, de modo confidencial, con Enrique [Henríquez] y

---

[100] A.T.M.C. Carta fechada en Buenos Aires, febrero 26 de 1921.
[101] *Cartas del presidente Francisco Henríquez y Carvajal*, p. 48. Carta del 30 de agosto de 1921.

los más extremistas y trasmitirme la opinión o consejo que esta cuestión les merezca".[102] Y el 16 de septiembre volvía a solicitar criterios: "Es bueno que lo esencial de esta carta sea comunicado a Enrique, Don Emiliano, Lugo, Billini, Enriquito, etc., para que se enteren de las cosas *reales* que están sucediendo y las que van a suceder".[103]

O el nacionalismo encontraba nuevas propuestas que ofrecer o las negociaciones quedarían paralizadas. Y, no estando la República Dominicana en pie de guerra, no contando con una fuerza objetiva –nacional o internacional– que oponer al militar interventor, el estancamiento de las negociaciones quebraría siempre en contra de las aspiraciones de desocupación sin menoscabo de la soberanía nacional. El peligro seguía estando en el mismo lugar: "Pues bien, los partidos políticos y los hombres políticos que los guían, son el lado débil de nuestra situación; y si no fuera porque el pueblo se ha erguido, se ha encrespado ante ellos y los ha increpado y los ha acosado de la posición que han querido asumir ante el Gobernador, esa debilidad era capaz de engendrar lo que las debilidades morales engendran siempre: un error".[104]

Lo primero era, pues, asegurar la unidad en las filas del nacionalismo, no permitir que el frente se desintegrara. En busca de tal objetivo, se programó la celebración de una Conferencia Nacionalista en suelo dominicano, razón por la cual viajó Francisco Henríquez y Carvajal a La Habana el 1° de noviembre de 1921.

En París, mientras tanto, Max Henríquez Ureña se encontró un día de septiembre con el novelista cubano Carlos Loveira, que iba "como delegado técnico a la Comisión Obrera de Ginebra".[105] El 17 de ese mes almorzaron juntos. Durante la conversación, Loveira demostró al intelectual dominicano que, bien estudiadas las combinaciones, era posible desplazarse con facilidad y a un costo módico por Europa, argumento que le convenció de unirse a él, el historiador Emilio

---

[102] *Ibid.*, p. 50.
[103] *Ibid.*, p. 53.
[104] *Ibid.*, p. 43. Carta del 17 de agosto de 1921.
[105] Diario de 1921, anotación del 17 de septiembre.

Roig de Leuchsenring y Laura G. de Zayas Bazán, todos cubanos, y partir rumbo a Alemania.

Durante su estancia berlinesa, el grupo realizó gestiones para entrar como periodistas en la entonces joven Rusia bolchevique. Así lo anotó el dominicano:

> Hoy volvimos a la Legación [de Cuba] y encontramos a Hernández Portela. Expusimos a este que teníamos deseos, si había facilidades, de ir a Rusia, para hacer una observación imparcial del régimen y los acontecimientos, a título de periodistas. Él dijo que, salvo la inestabilidad política del momento y la epidemia de cólera, no había riesgos ni dificultades para llegar a San Petersburgo y a Moscow pues creía relativamente fácil obtener un permiso soviet. Que él se informaría en una oficina de índole económica que el soviet tenía en Berlín y con la cual ya había estado en relaciones.[106]

En definitiva, la visita no fue posible. Luego de algunas gestiones, las autoridades rusas adujeron que los trámites demorarían un par de meses.[107] El interés que el grupo puso en ese viaje resulta comprensible si pensamos en la fecha y la curiosidad que el entonces reciente poder bolchevique despertaba, pero encuentra razón de más en un dato bastante poco conocido: Max Henríquez Ureña y Laura G. de Zayas Bazán pertenecían a la filial cubana del grupo Clarté, que había fundado en París el escritor Henri Barbusse para denunciar las consecuencias de la Primera Guerra Mundial y promover la solidaridad con la Revolución de Octubre. Al respecto, abunda la investigadora Ana Cairo: "La filial cubana de la agrupación Clarté se constituyó en 1919. [Luis A.] Baralt fue secretario de correspondencia y [Luis] Gómez Wangüemert el secretario de actas. Entre sus miembros figuraron también Max Henríquez Ureña y Bernardo Merino, este último periodista español. El grupo, que era secreto [...]

---

[106] *Ibid.*, anotación del viernes 7 de octubre.
[107] *Ibid.*, anotación del 10 de octubre.

142

se disolvió en 1921. Su existencia fue desconocida, hasta muchos años después, para los medios culturales".[108]

Cerrada la posibilidad de entrar en territorio ruso, el grupo se dirigió a Viena, donde Max Henríquez Ureña recibió, dos días después de su llegada, la noticia de que el general Saturnino Lora, padre de su esposa, había muerto en Cuba, razón por la cual regresó precipitadamente a París.

En Montecristi, República Dominicana, una calurosa acogida esperaba a Francisco Henríquez y Carvajal y su hermano Federico el 20 de noviembre de 1921. Actos semejantes tuvieron lugar durante todo el recorrido hasta Santiago de los Caballeros, primero, y Puerto Plata luego, ciudad donde se encontraban ya el 29 de noviembre, quinto aniversario del establecimiento del Gobierno Militar de los Estados Unidos. El propósito era la celebración de una Conferencia Nacionalista que reuniría al expresidente *de jure* con los jefes de los principales partidos políticos dominicanos, ante la presencia de testigos provenientes de las organizaciones nacionalistas. Este encuentro era decisivo para la causa porque

> las actividades políticas de las facciones han dividido la opinión y han dado asidero al Gobierno Americano para creer que esa división le permitirá obtener en Santo Domingo una situación análoga o idéntica a la de Nicaragua. Y desde que concibió esa esperanza, en el Departamento [de Estado norteamericano] se nos trata con evasivas, excusas, posposiciones, etc. Es decir, que nuestra presencia en Washington es decorativa [y sin] expectativa.[109]

Es decir, el debate en torno al nacionalismo trasladaba su centro de Washington a la República Dominicana. En la isla se libraría el último combate por mantener la cohesión del movimiento. Francisco Henríquez y Carvajal tomaba nuevamente distancia de la política tradicional dominicana; no era su criterio personal el que iba a defender: "Este paso es

[108] *El Grupo Minorista y su tiempo*, p. 37.
[109] *Epistolario*, t. II, p. 140. Carta de Francisco Henríquez y Carvajal a Max Henríquez Ureña, 3 de noviembre de 1921.

también decisivo para mí. Si el país no me apoya y cree que debe seguir a sus caudillos, yo termino mi papel. Si el pueblo me apoya, a despecho de los caudillos o mejor aún con el concurso de los caudillos, entonces yo pondré condiciones y se organizará de un modo definitivo la defensa del país".[110]

La Conferencia Nacionalista de Puerto Plata se reunió finalmente entre el 3 y el 9 de diciembre. Fueron sus acuerdos fundamentales: mantener la protesta ante la intervención militar y todos los actos que de ella se derivaran; rechazar el Plan Harding, tanto en lo referido a la misión militar norteamericana propuesta, como en lo tocante a la ampliación de las facultades del receptor general de aduanas y la concesión de funciones de poder ejecutivo al Gobierno Militar; se prometía realizar reformas constitucionales y legales importantes, que garantizaran una mejor organización en el país; mantener íntegra la Comisión Nacionalista en el exterior; crear un Comité Restaurador, bajo la presidencia de Francisco Henríquez y Carvajal, que se ocuparía de organizar una junta electoral para convocar a elecciones; y, por último, se abstenían de tomar una decisión final sobre la ratificación de los actos del Gobierno Militar, hasta tanto se hicieran ciertas consultas de carácter jurídico.

Era un esfuerzo por mantener la unidad que se resquebrajaba, por encontrar propuestas que no detuvieran las negociaciones con el poder ocupante. Entre esa fecha y el 5 de febrero de 1922, se empeñó Francisco Henríquez y Carvajal en una cruzada por diversas zonas del país para mantener vivas las aspiraciones entre los nacionalistas y, con eso, evitar que los acuerdos de Puerto Plata quedaran en letra muerta. No obstante, cuando embarcaba rumbo a Santiago de Cuba, el 7 de febrero de 1922, ya habían comenzado a producirse conversaciones entre las fuerzas interventoras y los caudillos políticos dominicanos.

Un mes más tarde, el 6 de marzo, el gobernador militar, almirante Robinson, lanzó una proclama donde quedaban anulados tanto el Plan Wilson como el Plan Harding, y además

---

[110] *Ibid.*, p. 142.

anunciaba que el Gobierno Militar seguiría en funciones hasta que se terminara el programa de obras públicas en desarrollo y se adiestrara una fuerza militar dominicana adecuada, para lo cual sería concertado un empréstito. La retirada de las fuerzas militares norteñas ocurriría luego de elegido un gobierno dominicano y de la ratificación de un convenio que ampliaría los deberes del receptor general de aduanas. Era un golpe muy fuerte para el nacionalismo dominicano.

Ese estado de cosas parece haber sido captado con bastante fidelidad por Max Henríquez Ureña desde Europa. Bien es cierto que durante su breve estadía madrileña −adonde llegó el 7 de febrero de 1922 y estuvo hasta finales de ese mes−, el escritor impartió dos conferencias relacionadas con la ocupación norteamericana de la República Dominicana: "Santo Domingo: su evolución histórica", en el Ateneo de Madrid, el 15 de febrero; y "La política de Estados Unidos en el Caribe", en la Residencia de Estudiantes de Madrid, el 20 de febrero. También es cierto que esas conferencias tuvieron una importante repercusión; sobre ellas le escribió Francisco Henríquez y Carvajal desde Santiago de Cuba, el 30 de marzo de 1922: "Leí tu conferencia y he seguido con satisfacción las manifestaciones de simpatía que Madrid te ha concedido y que España, movida por ti esta vez, consagra a nuestra República".[111] Y algunos años después Pedro Henríquez Ureña, mientras intentaba alentarle para que se dedicara a la política, escribió a su hermano menor: "Alfonso [Reyes] me ha hablado, por ejemplo, de tu éxito en Madrid".[112]

Pero también es cierto que con este periplo europeo −que aún incluiría una estancia en Italia a mediados de marzo− Max Henríquez Ureña se separó prácticamente de las gestiones en torno a la desocupación dominicana. El 5 de noviembre de 1921, mientras su padre confiaba en fortalecer la campaña nacionalista con la reunión de Puerto Plata, escribía Max Henríquez Ureña a José María Chacón y Calvo desde París estas líneas, de las que emana un sutil desencanto: "En cuanto a mí, he sufrido una paralización de cinco años

---

[111] *Ibid.*, p. 149.
[112] *Ibid.*, p. 193. Carta del 8 de mayo de 1931.

con la cuestión dominicana, que me ha consumido las mejores energías. He trabajado muy poco de 1916 a acá".[113]

El 30 de marzo, cuando ya se había producido la proclama de Robinson y los acuerdos de Puerto Plata eran violentados por los jefes de partidos, Francisco Henríquez y Carvajal trataba de paliar el escepticismo de alguna carta enviada por su hijo y hoy perdida: "Las impresiones de mis primeras cartas al regresar a Cuba han dejado una huella más profunda de lo que debía ser, en tu ánimo. No es un desastre la situación que quedó en Santo Domingo después de mi salida de allí; es, por el contrario, una victoria completa".[114] Apoyado quizás en la mejor perspectiva que a veces da la distancia, a esas alturas el tercero de los Henríquez Ureña parecía conservar pocas esperanzas de que la causa nacionalista pudiera imponer la justicia de sus reclamos.

Y así fue. Cuando el 30 de mayo de 1922 regresaba Max Henríquez Ureña a Santiago de Cuba, ya los jefes de los partidos políticos dominicanos trabajaban junto al abogado Francisco J. Peynado en un posible entendido de evacuación con los Estados Unidos. Un mes después, el 30 de junio, Peynado presentaba al Departamento de Estado un memorando, sobre el que se elaboró el que luego se conocería como Plan Hughes-Peynado. Fue firmado el 11 de julio de 1922 por la comisión que lo redactara, formada por Sumner Welles, William W. Russell, los jefes de partidos, Peynado y el arzobispo de Santo Domingo, Adolfo A. Nouel. Francisco Henríquez y Carvajal había sido invitado a formar parte de la comisión, pero se negó.

En resumen, el Plan Hughes-Peynado establecía que un grupo de notables designaría a un presidente y a un ejecutivo provisional, el que luego legislaría para la celebración de elecciones y la reorganización de los gobiernos provinciales y comunales. También convocaría a la constituyente para someter las propuestas de cambios a la Constitución. A su vez, designaría plenipotenciarios para negociar un tratado mediante el

---

[113] Zenaida Gutiérrez-Vega: "Max Henríquez Ureña, cartas de un maestro", en *Cuadernos Hispanoamericanos*, No. 380, febrero de 1982, Madrid, p. 315-316.
[114] *Epistolario*, t. II, p. 149.

cual se reconocía la validez de las órdenes y resoluciones promulgadas por el Gobierno Militar, incluidos los empréstitos concertados por este, así como la subsistencia de la Convención de 1907 hasta que se pagaran los nuevos empréstitos de 1918 y 1922. Una vez cumplido esto, se elegiría al presidente dominicano, quien ratificaría dichos acuerdos, y las tropas estadounidenses abandonarían la isla caribeña.

De inmediato, los nacionalistas se lanzaron a la lucha contra el plan por todas las vías a su disposición.

> Ninguna necesidad, por otra parte, justificaría un tratado, o convenio, o entendido de Desocupación. Puesto que la presente Ocupación es un acto de guerra perpetrado en estado de paz; puesto que la Ocupación es un estado de hecho, esencialmente provisional; puesto que las facultades de hecho del Ocupante no facultan sino para decretar medidas de carácter provisional; puesto que todos los decretos promulgados por el Ocupante cesarán de ser ejecutorios *ipso facto*, por el hecho de la cesación misma de la Ocupación, no existe ninguna razón, motivo ni utilidad en convenir en una fórmula de Desocupación. En cambio es cosa profundamente peligrosa abrir la puerta a negociaciones *para conseguir lo que no se nos puede arrebatar*, esto es, la nulidad inherente a todos los actos del Gobierno Militar y la automática desaparición y extinción de ellos como consecuencia de la desaparición y extinción de la Ocupación.[115]

El razonamiento era perfecto desde el punto de vista jurídico e intachable desde el punto de vista ético, pero seis largos años de ocupación, tensiones continuas y abusos sin cuento, así como el estancamiento de las negociaciones, que amenazaba con prolongar el estado de usurpación indefinidamente, hicieron que el Plan Hughes-Peynado terminara por ser aceptado y aplicado en toda la línea. Los

---

[115] Américo Lugo: "Sobre lo que significa para el pueblo dominicano la ratificación de los actos del Gobierno Militar Norteamericano", en *Antología de Américo Lugo*, t. I, p. 142.

nacionalistas –Francisco Henríquez y Carvajal entre ellos– optaron por retirarse.

Al término de la ocupación

> quedó el país en una posición jurídica muy cercana al protectorado, tal como lo establecía la Convención Domínico-Americana de 1907, pues todavía quedaban los Estados Unidos reservándose el derecho de administrar las aduanas y de intervenir para hacer cumplir sus estipulaciones y de autorizar cualesquiera aumentos de la deuda pública que la República Dominicana quisiese realizar. Ese protectorado podía ser ejercido mucho más fácilmente ahora, luego que los dominicanos habían aprendido que el centro del poder político en el Caribe estaba en Washington y que la República Dominicana hacía tiempo había caído en la órbita de los intereses norteamericanos. El ejercicio de la soberanía, de ahora en adelante, sería entendido por los líderes dominicanos en forma mediatizada y siempre condicionado a la política exterior norteamericana o a los intereses económicos de los Estados Unidos que se desarrollaron enormemente en los años de la ocupación y fueron favorecidos con las medidas proteccionistas del Gobierno Militar.[116]

Es cierto. La ocupación norteamericana de 1916 a 1924 consiguió lo que desde mucho antes Estados Unidos anhelaba, el verdadero objetivo de su empresa imperial: fijar con vínculo de hierro la subordinación dominicana a su dominio económico y político. Aseguradas Puerto Rico, a través de un estatus colonial, y Cuba, por medio de la Enmienda Platt, solo restaba la República Dominicana entre las Antillas españolas por caer definitivamente bajo el poder yanqui.

El tesón y la postura radical del nacionalismo dominicano consiguieron, sin embargo, que los acuerdos de desocupación fueran menos onerosos que los pretendidos desde 1915 por el Gobierno norteamericano. En 1924, a la salida de las tropas interventoras, no quedaron en el país ni asesor financiero con

---

[116] Frank Moya Pons: *Manual de historia dominicana*, p. 492.

prerrogativas superiores a las del Congreso ni comandante norteamericano al frente del Ejército nacional. Tampoco les fue posible aplicar un instrumento legal tan lacerante como la Enmienda Platt o como los que habían implementado en Haití y Nicaragua y, mucho menos, adelantar pasos firmes para convertir el país en un protectorado yanqui. De hecho,

> los nacionalistas dominicanos, en comparación con los nacionalistas de otros países que sufrían intervenciones de Estados Unidos, armaron una campaña excepcionalmente efectiva contra la ocupación. Los elementos principales fueron una protesta con amplia base en la República Dominicana, un sistema muy poderoso de cabildeo y propaganda dentro de los Estados Unidos, y una influyente campaña internacional centrada en Latinoamérica.[117]

Los nacionalistas no fueron un bloque homogéneo. Si bien se movían unidos en el rechazo de la intervención como un acto de fuerza inadmisible contra la independencia, la nacionalidad y la cultura dominicanas, y en la solicitud de una desocupación honorable, hubo entre ellos matices muy diversos. El ala radical, que constituyó a partir de 1920 el núcleo la Unión Nacionalista y su Credo, mantuvo un inflexible rechazo a cualquier tipo de transacción o acuerdo con el invasor. Años después, todavía su más vertical representante evaluaba así los acontecimientos:

> En todos los desmayos de la Comisión [Nacionalista Dominicana en el exterior], la Unión Nacional la sostuvo, de todos sus errores e impaciencias la sacó, y le dio la verdadera noción jurídica del "caso dominicano"; y cuando la hubo edificado y mantenido, cuando fueron rechazadas las últimas proposiciones del Gobierno norteamericano ya vencido y urgido aun por la opinión pública de su propio país; cuando nuestro minúsculo Estado brillaba con fulgurante luz sobre el pecho de América como hermosísimo diamante; cuando solo bastaba ya, para triunfar, un poquito más de resistencia

---

[117] Calder: *El impacto de la intervención*, p. 368.

pacífica, mínima actitud para varones y política adoptada desde el principio por el pueblo dominicano, que renegó esta vez de su abolengo y de su historia, entonces hubo quienes aceptaron esas proposiciones y, como siempre, el pueblo dominicano siguió ciegamente a sus caudillos resucitados.[118]

En efecto, la impaciencia dominicana por recuperar su independencia, la nueva coyuntura política internacional de postguerra y la crisis económica que asolaba el país desde 1921, actuaban como apremiantes para que el Gobierno de los Estados Unidos diera una solución a la usurpación de la República Dominicana. Pero la postura intransigente, legalista, "esencialmente teórica y abstracta",[119] de los radicales limitaba todo intento de negociación y, en su fervoroso idealismo patriótico, no evaluaba con objetividad la evidencia de que los invasores estadounidenses no se retirarían como habían llegado al país y de que no había en la isla ocupada una situación de fuerza que los obligara a hacerlo.

La elección de un modo de lucha legalista, civil y pacífico no era del todo coherente con la intransigencia del ala radical nacionalista. Del mismo modo, tampoco dieron la necesaria importancia al hecho de que el bloque de la oposición dominicana fuera mucho menos uniforme y cohesionado que los intereses yanquis; así, estaban obligados a evitar que las conversaciones llegaran a un punto muerto, siempre favorable a estos últimos. El peligro que representaban los políticos tradicionales y una larga cultura caudillista en la nación caribeña sí fue evaluado en toda su pertinencia desde el principio mismo por Francisco Henríquez y Carvajal.

Visto desde hoy, lo deseable habría sido que esa posición radical hubiera servido como acicate para que el ala más conservadora del movimiento –bien representada en la Comisión Nacionalista Dominicana– discutiera la desocupación con la menor cantidad de concesiones posibles. De hecho, algo así ocurrió. Pero la negociación regresó a manos de

---

[118] Américo Lugo: "Emiliano Tejera", en *Antología de Américo Lugo*, t. III, p. 72.
[119] La frase es de Manuel Arturo Peña Batlle: "Semblanza de Américo Lugo", en *Antología de Américo Lugo*, t. III, p. 241.

los caudillos tradicionales, que habían dado el pretexto para la invasión; no se produjo aupada por el prestigio de los nacionalistas, que habían protagonizado tan formidable campaña por la soberanía nacional. Este hecho iba a ser clave en la historia posterior de la República Dominicana.

Con toda honestidad, no puedo ubicar a Francisco Henríquez y Carvajal definitivamente en ninguna de las dos tendencias del movimiento nacionalista. Osciló entre ellas según las circunstancias de las negociaciones que encabezó. Conservador por idiosincrasia y honesto por convicción, recibió la tarea de asistir a su patria en una coyuntura difícil y peligrosa. A esa labor se sumó como un agente externo a la política tradicional dominicana. Asumió el papel de representante del interés nacional e intentó protegerlo desde posiciones regidas por la ética y potenciando las mejores tendencias que se manifestaban en el país. En esa lucha, buscó un equilibrio entre sus propios criterios o preferencias políticas y las expresiones nacionales, tal y como se iban dando. Su comportamiento en cada momento estuvo determinado por las posibilidades reales del movimiento dentro de la República Dominicana, las estrategias que marcaban las obligaciones diplomáticas, una valoración muy certera de los componentes y las circunstancias en que se producía el conflicto y la necesidad de que el diálogo con el Gobierno de los Estados Unidos no se interrumpiera.

Centro de ese regateo con el poder interventor, Henríquez y Carvajal escogió negociar en 1916 porque no sentía que fuera oportuna la adopción de una postura más radical; insistió en las negociaciones durante 1919 porque no contaba con una base social organizada dentro del país para trazarse otra estrategia; y se afilió en 1920 a la pura y simple cuando entendió que era la voluntad más fuerte, decidida y limpia del pueblo dominicano, aunque estaba seguro de que no habría entendido sin negociación. Esta actitud provocaría no pocas incomprensiones a ambos lados del conflicto. Él mismo la definió así:

> En cada etapa de esta furiosa lucha, yo he adoptado posiciones según las circunstancias. Ahora he adoptado la

más radical, porque me siento apoyado por mayor cantidad de pueblo. Solo los imbéciles se han podido figurar que yo he venido a situarme frente al Gobierno Americano, para defender un asunto tan grave haciendo frases sonoras propias para la galería y dando gritos desaforados para sobreponerme a los que ambicionan conquistar en el país posiciones políticas. Ni una, ni otra cosa. Soy un hombre juicioso, sin ambiciones vulgares, que sabe lo que tiene entre manos y que ha actuado como negociador diplomático, no como desaforado político, ni escritor enamorado de frases literarias.[120]

En las jornadas por la desocupación, Francisco Henríquez y Carvajal se manejó como el hombre culto, honesto, cauteloso y pragmático que era; sobre él debió recaer el punto donde se equilibraran las tendencias del nacionalismo dominicano. No fue así. A uno de los nacionalistas más prestigiosos, que convivió con ambas vertientes, pertenece esta evaluación:

El defecto de la Unión Nacional estuvo en su *radicalismo*. Habiendo surgido a la lucha contra el invasor demasiado tarde [...], no tuvo esta Asociación tiempo suficiente para formar una intensa y extensa conciencia pública, que se hubiera opuesto, inquebrantable y por sí sola, a la acción desmoralizadora de la Junta Consultiva; y, después, ya partido en dos el bloque de la resistencia nacional, no supieron sus hombres evolucionar con eficaz inteligencia sobre el terreno en que, infaliblemente, debía solucionarse el problema dominicano.[121]

Y luego:

Ni se detuvo ahí la torpe obstinación; sino que ya convenido definitivamente el Plan de Liberación, aquellos hombres cerraron con firmeza los ojos para no ver, los oídos para no escuchar, negándoles su fe a todas las evidencias. Y por más que se les advirtió la necesidad

---

[120] *Cartas del presidente Francisco Henríquez y Carvajal*, p. 40. Carta del 12 de agosto de 1921.
[121] Fabio Fiallo: "La Comisión Nacionalista Dominicana en Washington (1920-1921)", en *Obras completas*, Vol. III, p. 389.

de aceptar los hechos cumplidos irrevocablemente, y la absoluta conveniencia de concurrir a las urnas eleccionarias para que el patriotismo puro tuviera sus genuinas representaciones en el Congreso –donde se librarían las últimas batallas contra el Imperialismo yanqui–, como estas advertencias quebrantaban los ya mohosos preceptos del Credo Nacional, prefirieron ellos sacrificarle a esa deslumbrante sombra del pasado, el imperativo deber de la hora presente [...].[122]

Con una vanguardia formada en lo esencial por intelectuales y hombres públicos de prestigio, el nacionalismo dominicano no se percató de que la oposición decidida al imperio usurpador y la defensa irrestricta de la soberanía nacional no bastaban: el credo nacionalista podía ser muy hermoso en su pureza ideal, pero era menester un proyecto político concreto para enfrentar la ocupación y organizar el país sobre bases nuevas, una vez lograda la extinción del poder extraño, un proyecto que descendiera los peldaños del elitismo intelectual, permeara las masas agobiadas del pueblo dominicano y las apartara de sus caudillos tradicionales.

Tras la experiencia traumática de esos años y los cambios introducidos por los norteamericanos, era ilusorio pensar que el país regresaría a la situación de 1916. "En fin, siempre aferrados a su Credo, los Nacionalistas fueron los más firmes campeones de la Patria en desgracia, nunca sus estadistas hábiles y entendidos".[123] Es decir: nunca los políticos sagaces y ajustados a la realidad que, gracias a una evaluación atinada y amplia de las coyunturas, pudieran trazar estrategias adecuadas, con una alta capacidad de renovación, no solo para lograr la desocupación al menor costo posible, sino también para desplazar a los caudillos de viejo tipo y transformar poco a poco el país real.

Las bases de toda la historia posterior en el siglo XX dominicano quedaron sentadas entre 1916 y 1924, con los cambios operados en el país y la derrota del proyecto nacionalista. La intervención norteamericana preparó las condiciones objetivas

---

[122] *Ibid.*, p. 389-390.
[123] *Ibid.*, p. 390.

y subjetivas para la aparición en el país de un caudillismo de nuevo tipo, espléndidamente aprovechadas por Rafael Leonidas Trujillo, a cuya sombra terminó la inmensa mayoría de aquel nacionalismo el tránsito de idealista a práctico que señala Diógenes Céspedes.[124] Aún hoy, rasgos muy notables del estilo de mando y liderazgo que impusieron los norteamericanos por aquellos años perviven con toda claridad y poder de determinación en la política doméstica de la isla antillana.

Max Henríquez Ureña vivió junto a su padre la mayor parte del período de lucha por la desocupación. Fue su ejemplar asistente. En el terreno político, esos seis años constituirían una verdadera escuela para él. A mediados de 1922, tras el viaje a Europa, otra vez asentado en Santiago de Cuba y con la cuestión dominicana en punto de mate, podrá el tercero de los Henríquez Ureña reiniciar su trabajo profesional y replantearse los cauces por donde habría de dirigir su quehacer intelectual en el futuro. Sin embargo, el capítulo que dejaba atrás actuaría como un parteaguas en su vida, que ya nunca volvería a ser la misma.

---

[124] *Vid*. Diógenes Céspedes: "El efecto Rodó. Nacionalismo idealista vs. nacionalismo práctico. Los intelectuales antes de y bajo Trujillo", en *Política de la teoría del lenguaje y la poesía en América Latina en el siglo XX*, p. 124-129.

TIEMPO DE CREAR

Pensar en cubano, ¿no es pensar en antillano?, ¿no es pensar en hispanoamericano?

MAX HENRÍQUEZ UREÑA

Hubo en Max Henríquez Ureña una temprana una inclinación hacia la política,[1] pero fue entre 1916 y 1922, al calor de las gestiones para la desocupación de la República Dominicana, que el escritor estableció un vínculo cercano con esa práctica. Los estudios que fueron necesarios para sustentar la ilegalidad de la intervención norteamericana y las gestiones diplomáticas en que se vio envuelto durante esos años le mostraron un accionar que concordaba muy bien con su sentido de servicio y sus reconocidas habilidades en el manejo de los modos de comunicación dominantes por la época. También con ciertos rasgos de su carácter y su personalidad. Ya fuera como protagonista, ya como comentarista, a partir de ese momento, nunca se alejaría de la política.

Tras su visita a Europa y apenas asentado otra vez en Santiago de Cuba, el dominicano se dio a la creación del Partido Nacionalista de Oriente, filial del que un año antes habían fundado en La Habana varios intelectuales y políticos. Al frente de ese núcleo partidista se enroló en la contienda electoral municipal de 1922.[2] El gesto debe ser considerado, con absoluta propiedad, una prolongación de los empeños desocupacionistas en torno a la cuestión dominicana, que tan de cerca había vivido, no solo por las similitudes de nombre que guardaba el nuevo partido oriental con la campaña capitaneada antes por Francisco Henríquez y Carvajal,

---

[1] Durante la visita que Pedro Henríquez Ureña hiciera a La Habana en 1911 vivió en la casa que ocupaba Max junto a otros dos estudiantes de Derecho. Desde allí escribió a Alfonso Reyes el 23 de abril en referencia a su hermano: "Hace política, precisamente a favor de Eusebio Hernández [es decir, a favor de los liberales], y aquí en la casa se celebran juntas [...]." Pedro Henríquez Ureña y Alfonso Reyes: *Epistolario íntimo (1906-1946)*, p. 115.
[2] *Vid.* Mario Hernández Riera: *Oriente 1900-1952; cincuenta y dos años de política*, p. 185, 211 y 217.

sino sobre todo por los propósitos y las premisas ideopolíticas que calzaba la fuerza con que Max Henríquez Ureña pretendió laborar. Veamos.

En el año de 1922 al que nos referimos, transcurría un proceso de suma importancia para el siglo XX cubano. Tras el fin de la guerra, en 1898, siguió la instauración en 1902 de una República de soberanía fragmentada, como se ha dicho ya. La segunda intervención norteamericana, de 1906 a 1909, intentaría fortalecer la estructura política y jurídica del país, pero al mismo tiempo consolidaría la dependencia del país y una práctica administrativa demagógica y corrupta, que los gobiernos subsiguientes, tanto liberales como conservadores, profundizarían y que en ese año de 1922 el encabezado por Alfredo Zayas llevaba a límites difíciles de admitir. Pero estaba también por entonces en marcha un fortísimo movimiento de renovación nacional que estremecería la década y terminaría estallando en la revolución antimachadista de 1933. Una nueva generación de cubanos tomaba la palabra para exigir la reactivación del ideal independentista. Y esa reactivación comenzaba por el intento de limpiar la escena política nacional.

Fue precisamente el saneamiento político y administrativo del país –premisa que Max Henríquez Ureña consideraba indispensable para salvaguardar la independencia cubana frente a la expansión imperialista– la propuesta central enarbolada en la campaña municipal de 1922 por el Partido Nacionalista de Oriente que, como antes el movimiento nacionalista dominicano, estuvo integrado en lo fundamental por intelectuales e intentó situarse por encima de la retórica electoral al uso.

Una fuerza con tal propósito, levantada sobre la plataforma liberal, tenía por obligación que volver la mirada hacia los más jóvenes; así, por ejemplo, la Juventud Nacionalista de Oriente se creó en ese 1922 para:

> Afirmar y defender el concepto de plena soberanía de la República de Cuba como un credo nacional; protestar contra toda injerencia extranjera que intente lesionar esa soberanía y que por lo tanto no se ajuste a la recta

interpretación de los tratados vigentes y de los principios generales de derecho internacional. Fortificar el sentimiento nacional cubano, contribuir a la educación cívica del pueblo y a la formación de ciudadanos conscientes, así como a la armonía política y social entre todos los elementos que constituyen el pueblo cubano. Contribuir a la mayor difusión de la cultura pública por medio de cursos libres, semejantes a los de las universidades populares, y conferencias y publicaciones.[3]

Resultante de la agresiva política norteamericana hacia los países más al sur, los años veinte en América Latina estuvieron marcados por un fuerte sentimiento antimperialista. El peligro que representaban las ambiciones yanquis se constituyó en centro de la posición política que asumiera Max Henríquez Ureña en Cuba: "Y es lo cierto también, que esa actitud [de los Estados Unidos hacia Cuba] es a veces tan extraña y contradictoria, que cabe volver la vista hacia el pasado y preguntar, sin ambages y sin temor, si los Estados Unidos han sido alguna vez los amigos sinceros de la independencia de Cuba".[4]

El caso dominicano era una herida aún sangrante; salvando las diferencias, la lucha en Cuba sería parte de ese capítulo inconcluso, un accionar urgente y precavido cuya dimensión continental no debía perderse de vista: "Cuba se encuentra, pues, en una posición sui géneris respecto al gobierno de los Estados Unidos: no tiene armas con qué defenderse frente a los designios de este, porque el derecho no es una fuerza sino cuando la fuerza bruta lo respalda, y la independencia de un pueblo no se defiende ni se rescata con el voto de las universidades, de los ateneos y de los institutos de derecho internacional [...]".[5]

---

[3] Max Henríquez Ureña: "Alma juventud", en "Discursos y conferencias; primera serie: prédicas de idealismo y esperanzas", p. 24-25. Discurso pronunciado el 8 de julio de 1922, en la inauguración de la Casa Social de la Juventud Nacionalista de Oriente.

[4] *Ibid.*, p. 26-27.

[5] *Ibid.*, p. 35.

Es decir, el Max Henríquez Ureña de 1922 iba tomando conciencia de la insalvable distancia que separaba a la teoría liberal y el idealismo rodosiano de la realidad concreta que vivía el continente latinoamericano. En su opinión alarmada, los peligros eran enormes y debían ser conjurados a toda prisa: se precisaba tomar medidas que cerraran las puertas al poderío extraño, eliminar cualquier pretexto para situaciones de fuerza consumada que luego serían insolubles, como había ocurrido en su país. La tarea, siempre según el dominicano, estaba en unir a todos los estratos de la sociedad cubana en una cruzada de adecentamiento interno y de elevación espiritual que actuara como valladar frente al poderío imperial y, al mismo tiempo, subsanara aquellos aspectos políticos, jurídicos o económicos lesivos a la soberanía nacional: "El problema de Cuba no es de raza: es de limpieza de alma y de elevación de espíritus. Es preciso combatir a los ineptos y a los indignos de todas las razas; es preciso elevar y dignificar a los hombres de alma negra, de alma blanca y de honrada y fuerte capacidad, teniendo en cuenta sus aptitudes y sus virtudes y prescindiendo por completo de su procedencia".[6]

El 12 de octubre de 1922, en el teatro Oriente de Santiago de Cuba, Max Henríquez Ureña resumió las bases de la campaña que durante meses había desarrollado en numerosos discursos, conferencias, intervenciones públicas, entrevistas, y que había encontrado una poderosa tribuna en las páginas del periódico *Diario de Cuba*. El punto central, claro, era el rechazo de plano a la corrupción de los gobernantes criollos y el llamado a una ofensiva de saneamiento social: "Hemos de convenir en que la audacia y la falta de escrúpulos de los unos, frente a la escasa energía cívica de los otros, hacen que Cuba se encuentre hoy frente a una completa subversión de valores morales. Es preciso, ciertamente, poner el alma y el espíritu en una labor de regeneración política colectiva".[7]

---

[6] Max Henríquez Ureña: "La madre de los Maceo", en "Discursos y conferencias", p. 89. Discurso pronunciado ante los restos de Mariana Grajales, el 24 de abril de 1923.
[7] "Política municipal", I.L.L., No. 45.

Las soluciones que esboza el dominicano apuntan a la superación por medio de la cultura y la educación; a la puesta en práctica de un programa cuidadoso, que fuera capaz de evitar la "rebeldía sorda de las muchedumbres"[8] y lograra una "nivelación social" gracias a la edificación de obras que permitieran a las clases desposeídas el disfrute de los placeres estéticos que estaban al alcance de los pudientes. La creación del Partido Nacionalista fue un intento por transformar la realidad política cubana desde dentro, siguiendo las reglas de juego del sistema. Muchos de quienes lo integraron no eran políticos de oficio y confiaban en la posibilidad de poner en práctica una política distinta, alejada de la demagogia, la corrupción y la permisividad ante el intervencionismo norteamericano, que habían fomentado provechosamente las dos fuerzas partidistas más importantes del escenario republicano.

No se percataba Max Henríquez Ureña de que los males del país eran mucho más profundos y de que se estaba sumando a un movimiento renovador cuyo radicalismo sobrepasaba con facilidad la vieja y noble idea de una elevación social a través de la cultura. Otro tanto ocurre con sus preocupaciones en torno a la independencia cubana: "Y es que tenemos que luchar frente a estos aspectos vitales de la cuestión: el enorme incremento del capital extranjero, y el fenómeno creciente de que el cubano se desposee de la tierra y esta pasa a propiedad extraña [...]."[9] En este sentido, la mención de los Estados Unidos, inevitable, era hecha con un cuidado que nacía de la más inmediata experiencia histórica dominicana:

> Tenemos que analizar fríamente, y sin exaltaciones peligrosas, el problema de ese otro capital, el netamente extranjero, el que extrae los productos de nuestra riqueza y los va a repartir fuera de Cuba. La mayoría de ese capital tiene su arraigo y su fuerza en los Estados Unidos, y mejor aún [...] en Wall Street. Y al decir esto, no puede haber animosidad alguna contra la gran

---

[8] *Ibid.*
[9] "En la asamblea de colonos", I.L.L.

nación amiga, y menos aún contra el pueblo laborioso y grande de los Estados Unidos [...].[10]

Finalmente, el 30 de noviembre de 1922 se realizaron las elecciones municipales de Santiago de Cuba, en las que Max Henríquez Ureña resultó electo concejal –junto a otros dos miembros de su partido–, gracias al respaldo de 789 votos.[11] A principios de 1923 tomaría posesión en el Ayuntamiento. En el original de su discurso "Política municipal", que conserva el archivo del Instituto de Literatura y Lingüística, en La Habana, hay una nota agregada de puño y letra, que resume su actividad en ese puesto:

> Recojo aquí algunos fragmentos del discurso final de la campaña política de 1922. Más de 40 discursos y arengas tribunicias, perdidas en el ala del viento, representan mi labor en esa cruzada del Partido Nacionalista. No quise aceptar otra postulación que no fuera la de concejal del Ayuntamiento de Santiago de Cuba, y el pueblo me honró con gran pluralidad de sufragio en unión de varios compañeros de candidatura. Hemos cumplido nuestra promesa de llevar al seno de la Cámara Municipal las ideas esbozadas en este discurso-plataforma. Cúpome la honra de presentar al Ayuntamiento el proyecto de creación de la Escuela de Artes y Oficios y el de la Escuela Modelo Municipal, que fueron aprobadas por unanimidad, al igual que otros proyectos de mis compañeros, como el paseo de circunvalación, el necrocomio, el hospital infantil, el censo de mendicidad, y muchos más que son ya acuerdos ejecutivos, y a los que seguirán nuevas iniciativas de utilidad pública.[12]

Precisamente durante el segundo semestre de 1922, en el centro mismo de la campaña electoral, Max Henríquez Ureña laboraba en un proyecto encaminado a la creación de espacios para la superación social de la región: la Escuela Libre

---

[10] *Ibid.*

[11] *La Independencia*, Vol. XXV, No. 259, 2 de diciembre de 1922, Santiago de Cuba, p. 1.

[12] I.L.L., No. 45.

de Derecho González Lanuza que, bajo su dirección, buscaría preparar en Santiago de Cuba a los estudiantes orientales que deseaban cursar la carrera de jurisprudencia; así, estos viajarían a La Habana exclusivamente para rendir exámenes. El 1º de octubre de 1922, el *Diario de Cuba* daba a conocer que "por iniciativa de varios profesionales distinguidos, abogados de significación, se ha establecido en esta ciudad una 'Escuela Libre de Derecho', que llevará el nombre de 'González Lanuza' y empezará mañana día 2 sus faenas, a las cinco de la tarde [...]."[13]

En efecto, el 2 de octubre de 1922 iniciaba su primer curso la Escuela Libre de Derecho con un numeroso grupo de estudiantes y no pocas expectativas. El propio diario comentó el final de ese curso:

> Ha llegado la época de las primeras pruebas para la Escuela Libre de Derecho "González Lanuza", que iniciada *como base de la futura universidad oriental* por un grupo de profesionales distinguidos, ha rendido ya su primer año de labor docente. Los cursos que estaban a cargo de los doctores Henríquez Ureña, Hernández Miyares, Molina y Pera Conesa terminaron satisfactoriamente a mediados de mayo. Ahora se han presentado a examen los primeros alumnos de la Escuela, en la Universidad Nacional, y el resultado no puede ser más satisfactorio. Todos los que han ido [...] han aprobado satisfactoriamente las asignaturas que llevaban preparadas.[14]

Otro curso, en fechas similares de 1923-1924, organizaría aún la Escuela Libre de Derecho. Como está expresado en la nota de prensa, el verdadero objetivo de este proyecto fue adelantar una acción que sentara las bases para gestionar, desde una posición de hecho consumado, la apertura de una segunda universidad en el país, con centro en Santiago de Cuba. La creación de esta institución docente superior −como ocurrió

---

[13] "La Escuela Libre de Derecho", en *Diario de Cuba*, año V, No. 1699, 1º de octubre de 1922, Santiago de Cuba, p. 1.
[14] "La Escuela Libre de Derecho y la Universidad", en *Diario de Cuba*, año VI, No. 1915, 13 de junio de 1923, Santiago de Cuba, p. 2. Las cursivas son de Fernández Pequeño.

unas décadas más tarde– hubiera representado un paso de avance sustantivo para la nación cubana, tanto por las posibilidades que abría a la extensión de los estudios superiores, como por el campo de acción que significaría para la intelectualidad del centro y del oriente cubanos. La iniciativa contó con el apoyo de no pocos sectores y personalidades, incluso en la universidad habanera, desde donde uno de sus catedráticos escribía: "Es [la Escuela Libre de Derecho] probablemente el germen de nuestra segunda universidad que ya está haciendo falta en la parte oriental de la Isla".[15] La ceguera y despreocupación de las autoridades hizo que esa intención demorara unos treinta años para fructificar en la Universidad de Oriente.

Cuando los años veinte apenas cumplían su primer lustro, se respiraba en Cuba ansias de renovación, inquietud de cambio, y a ese movimiento se sumó Max Henríquez Ureña con cautela, pero sinceramente. De tales inquietudes nació en La Habana el Grupo Minorista, concertación intelectual fraguada alrededor de la revista *Social* y de sus almuerzos en el capitalino hotel Lafayette, donde confluyeron a partir de 1923 numerosos intelectuales de la primera y la segunda generaciones republicanas. Era una congregación libre y abierta, sin estatutos formales, a la que pertenecieron artistas de tendencias y pensamientos diversos. Aparte de los intereses estéticos, su centro de cohesión radicaba en el convencimiento general de que era necesario poner en marcha, a como diera lugar, un proceso de regeneración nacional y que en esa aspiración la intelectualidad cubana tenía un papel histórico irrenunciable. Fuera de eso, el mapa estético e ideológico del minorismo era amplio, abigarrado, y abarcaba posiciones que iban desde un extremo conservadurismo hasta un extremo liberalismo.

Nombres tan importantes para la cultura y la historia de Cuba como Emilio Roig de Leuchsenring, Mariano Brull, Jorge Mañach, Alejo Carpentier, Rubén Martínez Villena, Juan Marinello, Enrique Serpa, José Z. Tallet, y otros, animaron el Grupo Minorista. Entre ellos estuvo con toda propiedad Max

---

[15] "La Escuela Libre de Derecho", en *Diario de Cuba*, año VI, No. 1782, 6 de enero de 1923, Santiago de Cuba, p. 1. El criterio es del Dr. Bustamante.

Henríquez Ureña, tanto de manera física, por sus frecuentes viajes a la capital del país, como respaldando desde Santiago de Cuba los pronunciamientos y acciones de la agrupación. Así, cuando el 18 de mayo de 1923 un grupo de minoristas protagonizó la Protesta de los Trece, al interrumpir un acto público que tenía lugar en la Academia de Ciencias y denunciar a un ministro corrupto que estaba a punto de tomar la palabra, el dominicano aprobaba: "Y, a propósito, he seguido con interés lo ocurrido con el señor [Erasmo] Regüeiferos. Es un consuelo ver que el alma juvenil deja oír su voz contra las cosas inmundas que nos rodean".[16] Cuatro años después, en 1927, el minorismo lanzó su manifiesto en la revista *Social*; de inmediato, el dominicano fijaba posición de apoyo en carta pública dirigida a ese órgano de prensa:

> El Grupo Minorista no es producto artificial ni fruto del azar. Existía realmente antes de que se le bautizara de algún modo. Ciertas simpatías ideológicas y ciertas afinidades combativas crearán en toda época vínculos de solidaridad que unen para la acción intelectual a un puñado de hombres [...]. Igual identificación, sin el estorbo de las directivas y los reglamentos, representa el grupo actual, constituido en su mayoría por la nueva generación, pero al cual nos hemos sumado –ya he dicho que por simpatías ideológicas y por afinidades combativas– algunos de los que pertenecemos a la izquierda de la generación precedente.[17]

Y como se trataba de elevar el conocimiento y la cultura del puedo cubano, la propia revista *Social* daba a conocer en enero de 1923 la creación de la Sociedad del Folklore Cubano, una idea que había propuesto José María Chacón y Calvo diez años antes y que era retomada ahora:

> El viejo proyecto es hoy una realidad evidente. La Secretaría de Instrucción Pública y Bellas Artes la alentó de la

---

[16] Zenaida Gutiérrez-Vega: "Max Henríquez Ureña, cartas de un maestro", en *Cuadernos Hispanoamericanos*, No. 380, febrero de 1982, Madrid, p. 323. Carta a José María Chacón y Calvo, Santiago de Cuba, 24 de marzo de 1923.

[17] Debo la posibilidad de consultar dicha carta a la valiosa ayuda de la Lic. Carmen Sánchez, desde la Academia de Ciencias de Cuba.

manera más generosa. En Camagüey, en Trinidad, en Sancti Spíritus, en Matanzas, han quedado fundados los primeros grupos folklóricos de Cuba. En Santiago de Cuba, gran centro de tradiciones, Max Henríquez Ureña enfrenta ahora mismo la organización de una de las más importantes agrupaciones. En Manzanillo se forma alrededor del grupo literario de la revista "Orto".[18]

El núcleo central de esta agrupación quedó establecido en La Habana, el 6 de enero de 1923, e incluía a intelectuales de la talla de Fernando Ortiz, Enrique José Varona, el propio José María Chacón y Calvo, entre otros. Pretendía tender una red nacional que recogiera el caudal folclórico cubano, sin complicarse en teorizaciones prematuras ni complejas conceptualizaciones metodológicas: "Podemos, sin embargo, los que solo tenemos buena voluntad, ir recopilando materiales, aportando datos y formar así una ruda materia que han de labrar las manos del historiador poeta del porvenir".[19] Era un desinteresado intento de reconocimiento y protección del acervo tradicional cubano, adelantado por un grupo de notables intelectuales en condiciones de valorar la importancia de la cultura popular-tradicional.

Llegó a ser mucho más. Surgido como parte del impulso por recuperar y reconocer los formantes esenciales de la cubanidad, que recorre la década del veinte, la Sociedad del Folklore Cubano cumpliría una larga y noble labor bajo la conducción del sabio Fernando Ortiz. A su sombra se daría a conocer el "primer plan temático y el primer cuestionario para colectar materiales orales en el país",[20] elaborado por Chacón y Calvo y Carolina Poncet, y se publicarían casi una veintena de números de *Archivos del Folklore Cubano*, revista hacia la cual fluiría gran cantidad de artículos y resultados de investigaciones firmados por especialistas o simples interesados en diversos lugares del país, entre ellos Santiago

---

[18] José María Chacón y Calvo: "El folklore cubano", en *Social*, Vol. III, No. 1, enero de 1923, La Habana, p. 15.

[19] *Ibid.*

[20] María del Carmen Víctori Ramos: *Cuba: expresión literaria oral y actualidad*, p. 24.

de Cuba. La Sociedad del Folklore Cubano dejó una huella imborrable para la antropología cubana y extendió su influencia hasta los años cincuenta.

También durante 1923, la Asociación de Veteranos y Patriotas largó una fortísima campaña contra la inmoralidad, la corrupción y el desgobierno del país, e intentó incluso la oposición armada. Muchos de los minoristas se alistaron enseguida. Desde su solar oriental, Max Henríquez Ureña observaba los acontecimientos con preocupación: "Pero el país está viviendo horas de angustia [...]. Todo está así. Se ha provocado con tal motivo una agitación, de tonos violentos, como el de aquellos cuya paciencia se acaba". A continuación, siempre cauteloso, establecía su punto de vista: "Yo he pensado mucho en este problema y veo algunos puntos oscuros en el horizonte, pero he entrado en el movimiento, como tantos otros, deseoso de no mantenerme en silencio de complicidad o cobardía". Su preocupación por los "tonos violentos" provenía en lo fundamental de su conservadurismo, acentuado por la reciente experiencia dominicana: "He expuesto, sin embargo, en carta pública, las únicas reservas que tengo: las que engendra en mi ánimo la injerencia, con la cual no quiero nada: Si esta aparece, yo desaparezco". Y, finalmente, la caracterización esencial de lo que venía siendo su actividad política del momento: "Yo tengo la garganta fatigada de pronunciar discursos, pero discursos de análisis, de serenidad, de rebeldía discreta, de altivez consciente".[21]

La participación de Max Henríquez Ureña en los avatares políticos que llenaron la tercera década del siglo XX cubano fue una muestra de su desvelo por el destino de la isla antillana, de su sentido de pertenencia a una tierra que le había acogido y a la que consideraba parte irrenunciable de su patria mayor. Pero el movimiento renovador que tenía lugar en el país, encabezado por una generación que no se sentía responsable de las lacras republicanas, había enrumbado con fuerza hacia la revisión de los valores nacionales, la aspiración de cambiar las estructuras económicas, políticas y

---

[21] Zenaida Gutiérrez-Vega: *op. cit.*, p. 324. Carta a José María Chacón y Calvo, Santiago de Cuba, 4 de octubre de 1923.

sociales del momento y la oposición abierta a la presencia imperial yanqui. Tal impulso iría tomando un matiz cada vez más radical y masivo, que terminaría orillando posiciones conservadoras e intelectualistas, como las sustentadas por el dominicano.

Ahora, resulta claro que entre 1922 y 1925 la actividad de Max Henríquez Ureña iba desplazando su foco de atención hacia la capital de Cuba. Era así en razón de su vínculo con el quehacer político. Y lo era además porque a partir de 1920 el ambiente cultural que había signado los inicios del siglo en Santiago de Cuba comenzaba a diluirse con rapidez. El activismo cultural decrecía y la creación artística –que en realidad nunca fue demasiada– perdía fuerzas, salvo aislados destellos, como los que emanaron del Grupo H (1928) y de un repunte que alrededor de ese mismo año vivieron las publicaciones culturales santiagueras.[22]

Por otra parte, resulta obvio que la etapa de gestiones para la desocupación de la República Dominicana, entre 1916 y 1922, y su posterior estancia europea habían hecho a Max Henríquez Ureña repensar su actividad de hombre público y diseñar una estrategia dirigida a consolidar espacios más estables, cuando se acercaba a la madurez de sus cuarenta años. Esto explica su acercamiento al accionar político, siempre alentado por su padre y, de manera diferente, por su hermano Pedro. También su proyecto, ya visto, para establecer una universidad en el este del país. Esas mismas razones le impulsaron a optar por una cátedra de literatura en la Universidad de La Habana durante los primeros meses de 1923.

En junio, la universidad llamó a oposiciones y Max Henríquez Ureña presentó los temas "La épica popular en España", el 11 de junio, y "Schiller: su obra y su influencia en la literatura alemana", dos días después. El tribunal, sin embargo, se inclinó por el Dr. Salvador Salazar, en una decisión donde pesó la condición de "extranjero" del dominicano. De inmediato, múltiples instituciones y personalidades cubanas repudiaron el resultado.

---

[22] Intenté una exposición detenida de este período santiaguero en *Crítica sin retroceso*, p. 91-93.

Las oposiciones a la Cátedra de Literatura española y extranjera moderna de nuestra Universidad constituyeron la actualidad literaria del mes pasado, no solo por la significación que en sí tenía esa justa, sino por la censura ruidosa que ha merecido el fallo del tribunal, al no otorgarle la cátedra al Dr. Max Henríquez Ureña, uno de los prestigios literarios más sólidos y apreciados del mundo intelectual latino americano [sic], profundo conocedor de las literaturas castellana y extranjeras y de diversos idiomas, autor de estudios, monografías y ensayos encomiados por los más altos críticos contemporáneos; cualidades y merecimientos todos que dejó completamente demostrados en los brillantísimos ejercicios de oposición que realizó. SOCIAL saluda efusivamente al que la opinión pública desapasionada y consciente juzgó como el triunfador moral en esas oposiciones, y ha considerado siempre, y ahora más que nunca, un insigne maestro de las letras americanas.[23]

Por segunda ocasión era objeto Max Henríquez Ureña de un discrimen público en La Habana, solo que ahora la injusticia adquiría una dimensión mucho mayor, habida cuenta los casi veinte años de laboreo que había entregado a la cultura cubana. El 4 de octubre ya estaba el dominicano de regreso en Santiago de Cuba. Apesadumbrado, escribió a José María Chacón y Calvo:

Ya usted comprenderá cómo he estado urgido de tiempo y de preocupaciones desde el momento mismo en que me trasladé a La Habana en busca de una cátedra y encontré otra cosa mejor: la pública estimación. Volví, casi al mes, a mi solar de Oriente, donde los agasajos públicos se multiplicaron [...]. De todo esto queda algo para el futuro: ¿será posible que se repitan estas cosas, una vez que ya la opinión pública ha tomado cartas en el asunto, y no es muy airosa la situación del que triunfa oficialmente, ni

---

[23] "Dr. Max Henríquez Ureña", en *Social*, Vol. VIII, No. 8, agosto de 1923, La Habana, p. 14.

de los que disciernen el lauro? Eso es todo lo que se ha conseguido.[24]

De regreso a sus labores habituales, en aquel octubre de 1923, Max Henríquez Ureña se ocupaba de un proyecto editorial al que parecía dar gran importancia: "Y dentro de dos meses salen a la luz mis dos volúmenes de *Discursos y conferencias*. Es mi primer manifiesto después de la derrota. Es el resumen de mis actividades de hombre que quiere ser útil. Yo no sé si hay obra de escritor, pero creo que en esos volúmenes hay un alma".[25]

El libro recogería textos creados al calor de sus esfuerzos para el fomento de la cultura y en su participación como agente del devenir político de Cuba. No mostraría los afanes del erudito recogido en el fondo de especializados y pacientes estudios, sino el trabajo del intelectual comprometido con el mejoramiento de la sociedad en que se desempeñaba, del "hombre que quiere ser útil". Pero he aquí que pronto el empuje se diluye, no vuelve a mencionarse el proyecto y el título *Discursos y conferencias* no aparece en las bibliografías personales que en el futuro elaborará Max Henríquez Ureña, tan cuidadoso en lo tocante a su papelería y sus libros. ¿Qué ocurrió en realidad?

Zenaida Gutiérrez-Vega da como un hecho la publicación de la obra y, aún más, reproduce en la nota 64 de su recopilación epistolar una partida bibliográfica: "Max Henríquez Ureña: *Discursos y conferencias*. Santiago de Cuba, 1924, 2 vols".[26] En la biblioteca del Instituto de Literatura y Lingüística de La Habana, donde fue a dar parte de los libros que el tercero de los Henríquez Ureña dejó en Cuba cuando se trasladó a Puerto Rico a principios de los años sesenta, se encuentran las galeras del que debió ser primero de los volúmenes, con pie de imprenta en La Habana.[27] Las pruebas

---

[24] Gutiérrez-Vega: *op. cit.*, p. 323.
[25] *Ibid.*, p. 324.
[26] *Ibid.*
[27] "Discursos y conferencias; primera serie: prédicas de idealismo y esperanzas". La Habana, Imprenta El Siglo XX, 1923.

están plagadas de correcciones hechas a tinta por el dominicano. Al parecer, el proyecto editorial no pasó de ahí.

Max Henríquez Ureña dejó una marca imborrable por su gestión cultural y educativa en Santiago de Cuba.

La actividad política de Max Henríquez Ureña se mantuvo con fuerza hasta principios de 1925, período en el que atendía las exigencias de su puesto como concejal de Santiago de Cuba, seguía bien de cerca cuanto estaba ocurriendo en la capital del país y trabajaba con el objetivo de obtener una candidatura para representante por el Partido Nacionalista. Fracasada esta última aspiración a fines de 1924 y ya con Gerardo Machado en la presidencia del país, esa actividad política iría perdiendo fuerzas,[28] hasta prácticamente

---

[28] En carta a Pedro Henríquez Ureña del 25 de enero de 1925, Francisco Henríquez y Carvajal escribía: "Max está bien, demasiado ocupado. Su candidatura a

desaparecer en la misma medida que la década se acercaba a su fin y la situación se hacía convulsa bajo el tiránico gobierno machadista y la enconada oposición del pueblo cubano, cuya violencia y alcance social rebasaba con mucho la eticidad conservadora y la cautela del dominicano. Muchos años después, Max Henríquez Ureña caracterizaría de esta forma aquellos esfuerzos nacionalistas:

> Y en los momentos conflictivos de la vida nacional iban a pedirle opinión y consejo [a Manuel Sanguily] muchos cubanos de relieve, alejado como estaba de toda actividad política desde que en 1921, accediendo a la petición que le hicieran José Manuel Carbonell, Manuel Márquez Sterling y otros amigos, aceptó figurar entre los fundadores del Partido Nacionalista, que sostuvo como base de su programa la necesaria revisión del Tratado Permanente entre Cuba y los Estados Unidos y, por ende, del apéndice constitucional llamado Enmienda Platt; pero el Partido Nacionalista, a pesar del prestigio de sus iniciadores y del aplauso y respeto con que fue recibido por la opinión pública, no llegó a fortalecerse lo bastante frente a los dos grandes partidos tradicionales, el Liberal y el Conservador, para contender con ellos en la liza electoral y el empeño quedó frustrado.[29]

Con más tiempo para dedicar a la producción intelectual, el escritor dominicano dio a la imprenta dos títulos en 1926: *El intercambio de influencias literarias entre España y América durante los últimos cincuenta años (1875-1925)*,[30] que recogería más tarde en *El retorno de los galeones*; y el *Programa de gramática castellana*,[31] proyecto nacido de su labor como catedrático de la Escuela Normal de Oriente. Si

---

representante por el partido nacionalista fracasó. Su bufete está extendiendo sus negocios, pero no produce tanto dinero como a otros les produce el suyo". *Epistolario*, t. II, p. 158.

[29] Max Henríquez Ureña: *Panorama histórico de la literatura cubana*, t. II, p. 72.

[30] La Habana, Cuba Contemporánea, 1926.

[31] Santiago de Cuba, Librería y Papelería Renacimiento, 1926.

El intercambio de influencias... representaba su segundo acercamiento investigativo al modernismo literario hispanoamericano, el *Programa de gramática castellana* era definido por su autor con llamativa modestia:

> Cada escuela tiene sus necesidades; cada enseñanza, para ser digna de tal nombre, tiene su fisonomía propia; cada mentor tiene o debe tener su personalidad. No es indispensable que esa personalidad se traduzca en valiosas y originales concepciones, propias para ser desarrolladas en amplias monografías o en tratados especiales; basta con que el profesor señale a sus discípulos las orientaciones que prefiere. De ahí la multiplicidad de libros de texto que, si nada nuevo dicen, señalan en cambio una tendencia definida. A ese propósito responde este programa, que no pretende ser siquiera un libro de texto, sino un resumen de ideas y tendencias preferidas por un profesor y recogidas por sus discípulos.[32]

Efectivamente, a medio camino entre la gramática normativa y la histórica, el *Programa* de Max Henríquez Ureña seguía de cerca las huellas de los estudios realizados por Andrés Bello y Ramón Menéndez Pidal. Fue sin dudas un serio y metódico esfuerzo de actualización, para su época y lugar de publicación, sobre los estudios gramaticales del español y, en tal sentido, ofrecía nociones de historia de la lengua, fonología, sintaxis y morfología. A esto debe agregarse la facturación de un discurso interesante por dos razones ligadas al quehacer académico: primero, el intento de evadir hasta donde fuera posible el seco memorismo normativo que por entonces –y durante tanto tiempo– esterilizaba el estudio de esta materia, para dar protagonismo al razonamiento; y segundo, el empleo de un lenguaje que va a lo suyo de manera directa, efectiva y clara. El *Programa* confirma lo que ya *La combinación diplomática* y *Los Estados Unidos y la República Dominicana* habían mostrado antes: la limpia eficiencia del maestro Max Henríquez Ureña cuando escribe con un propósito expositivo bien delimitado.

---

[32] *Programa de gramática castellana*; primer curso, p. 8.

Por eso, por la limpieza de ese discurso y el esfuerzo de sistematización del conocimiento que contiene, se hace difícil aceptar que se trate de apuntes "recogidos por algunos de mis discípulos durante los nueve años que llevo de dictar en la Escuela Normal de Oriente la asignatura de Gramática Castellana",[33] como se pretende en la "Advertencia" al lector. La modestia es tanta, que no puede sino llamar la atención. ¿Cuál fue la verdadera finalidad del proyecto? Quizás la explicación se pueda inferir de la inclusión en el libro, como texto liminar, del discurso "En torno a los estudios gramaticales", con el que Max Henríquez Ureña había inaugurado el curso escolar de la Escuela Normal de Oriente siete años antes, en 1919. Allí, tras insistir con asombro en la diversidad de métodos, vocabularios técnicos y aparatos conceptuales empleados en la enseñanza elemental cubana para abordar la gramática, se concluye: "Tal disparidad de criterios no justifica, sin embargo, el hecho de que el magisterio de un país o de una provincia no tenga orientaciones uniformes y definidas en la enseñanza de la gramática, hasta el grado de que el lenguaje técnico gramatical que usan los alumnos de una escuela sea una jerga indescifrable para los alumnos de otra escuela situada en la misma ciudad o en el mismo barrio".[34]

En definitiva, el *Programa de gramática castellana* alargaba una propuesta concreta para uniformar las orientaciones y el vocabulario en la enseñanza de la gramática dentro del sistema cubano de escuelas normales. Sea como fuere, el gesto dejó una obra apreciable por su utilidad, una huella que permite hacernos idea de las extraordinarias cualidades como educador que poseía Max Henríquez Ureña, todo lo cual fue reconocido cuando en 1932 el *Programa de gramática castellana* se declaró libro de texto para la asignatura en las secundarias de la República Dominicana, mediante Ordenanza número 284-32 firmada por Pedro Henríquez Ureña,[35] entonces superintendente general de Enseñanza en el

---

[33] *Ibid.*, p. 7.
[34] *Ibid.*, p. 12.
[35] Orlando Inoa: *Pedro Henríquez Ureña en Santo Domingo*, p. 225.

país y uno de los hombres mejor calificados de su tiempo para opinar sobre la materia.

Esas cualidades se vieron reconocidas una vez más cuando el 4 de octubre de 1926 resultó electo Max Henríquez Ureña para un segundo período como director de la Escuela Normal de Oriente.[36] Como en la ocasión anterior, su amplio criterio intelectual se puso de manifiesto sin pérdida de tiempo. No había terminado aún ese mes de octubre y ya se creaba un Centro de Altos Estudios para Maestros Normales, dirigido a la superación del personal docente por medio de ciclos de disertaciones libres, al estilo de la Academia Domingo del Monte, con la que Max Henríquez Ureña había iniciado en 1915 su carrera académica. En efecto, el 22 de octubre de 1926 quedó inaugurado el primer ciclo del Centro de Altos Estudios para Maestros Normales, que estuvo a cargo del dominicano y constó de diez conferencias sobre "La evolución de la poesía en Cuba".[37]

Un año después de haber concluido ese segundo período como director de la Escuela Normal de Oriente, en 1929, fue llamado Max Henríquez Ureña para formar parte de la delegación oficial cubana que, con el historiador Ramiro Guerra —entonces ministro de Educación— a la cabeza, participó en una reunión celebrada en Atlanta, Estados Unidos, durante los tres primeros días de julio, con el fin de estudiar la constitución de una futura Federación Interamericana de Educación. De ese viaje retornó en la segunda quincena de julio, no sin antes visitar la Universidad de Virginia y la Universidad de Duke.[38]

Es obvio que, tras su regreso de Europa en 1922, la actividad como promotor cultural que desarrollaba Max Henríquez Ureña en Santiago de Cuba había adquirido un carácter

---

[36] Véase "Extracto de la memoria presentada por el Director de la Escuela Normal de Oriente al Hon. Sr. Secretario de Instrucción Pública y Bellas Artes con motivo de la apertura del curso escolar 1928-1929", I.L.L., No. 126.

[37] "Un nuevo centro cultural", en *La Región*, año III, No. 472, 22 de octubre de 1926, Santiago de Cuba, p. 3. Puede verse además la edición de *La Región* correspondiente al 28 de octubre de 1926, así como las del *Diario de Cuba* correspondientes al 4 y 14 de noviembre de ese año.

[38] *Archipiélago*, año II, No. 14, 31 de julio de 1929, Santiago de Cuba, p. 226.

más selectivo: era menos amplia pero también mejor focalizada. Luego de 1925, con su progresivo alejamiento de la política activa, el laboreo intelectual del dominicano registró un crecimiento importante. Ambos factores estarán confluyendo el 6 de noviembre de 1927 en la fundación de la Institución Hispano-Cubana de Cultura de Oriente, filial santiaguera de la importante institución creada en La Habana a finales de 1926 bajo la dirección de Fernando Ortiz.[39]

Ese 6 de noviembre de 1927 fue elegido Max Henríquez Ureña presidente de la Institución Hispano-Cubana de Cultura de Oriente, que se concebía para "establecer un contacto fructífero entre las naciones de habla española, contando señaladamente a España como nación madre de la cultura hispánica, con la cual debían las naciones hispanoamericanas intercambiar fecundas orientaciones."[40] El proyecto era, pues, toda una declaración de principios en torno a nuestra cultura. Se buscaba en la práctica fortalecer el intercambio con la otrora "madre patria", cerradas las heridas que casi treinta años atrás dejara una guerra larga y sin piedad, aspiración que sin dudas merecía aplauso, dado que esos intercambios −como la misma migración española hacia Cuba− no se habían detenido con el fin del coloniaje español.

La labor que se propuso la Institución Hispano-Cubana de Cultura adquirió una gran relevancia: al activar el intercambio con el universo que hablaba español, permitió a su vez desarrollar un importante trabajo de información y promoción intelectual. Normalmente, la institución operaba a través de conferencias, para las cuales se invitaba a personalidades españolas

---

[39] En *Estudios y conferencias*, p. 50, Camila Henríquez Ureña sostiene que la Institución Hispano-Cubana de Cultura de Oriente fue creada en diciembre de 1927 y, a renglón seguido, describe el acto inaugural de sus actividades, celebrado el 18 de diciembre. En realidad, la institución nació el 6 de noviembre de 1927 y así se afirma en el primer número de la revista *Archipiélago*. En igual fecha de 1928, sus organizadores publicaron en esa misma revista (número 7) una reseña sobre el primer aniversario y un resumen de las actividades celebradas durante el año inicial de vida. Ahora bien, es probable que las actividades de la institución no comenzaran hasta el 18 de diciembre, y que esto haya confundido a Camila, quien fue protagonista de primera línea en la empresa.
[40] *Ibid.*

e hispanoamericanas –cubanas incluidas, claro–, que escogían los temas y asuntos de su mejor preparación. Como se ve, era un método que Max Henríquez Ureña había ensayado en numerosas ocasiones a lo largo de su trayectoria como promotor de la cultura, desde la época de la Sociedad de Conferencias de La Habana, en 1910, hasta el entonces muy reciente Centro de Altos Estudios para Maestros Normales, en 1926. Para que se tenga una idea, durante su primer año de vida (1927-1928), la Institución Hispano-Cubana de Cultura de Oriente organizó 30 actividades, de las cuales 28 fueron conferencias, impartidas por 29 disertantes: 13 cubanos, 10 españoles y 6 del resto de Hispanoamérica.[41]

Ahora bien, si la institución pretendía tender un puente entre los países de habla española y reafirmar aquellos elementos culturales comunes que los identificaban, requería de voz, de un medio que pudiera recorrer grandes distancias sin perder la intensidad de su mensaje: eso fue la revista *Archipiélago* que, bajo la dirección de Max Henríquez Ureña y con Ricardo Rodríguez Cáceres como jefe de redacción, vio la luz por vez primera en mayo de 1928, seis meses después de haber abierto sus trabajos la institución: "*Archipiélago*. Este nombre fue sugerido no solo por el hecho de ver esta revista la luz en Cuba, sino también por la semejanza de la agrupación histórica de los pueblos hispánicos con un archipiélago, en el que cada isla tiene sus límites aparentes determinados por el mar, pero por debajo del océano está firmemente ligada a otras islas del grupo merced a las cadenas de montañas suboceánicas".[42]

Bien impresa, *Archipiélago* cubrió tres líneas temáticas fundamentales: llenó las necesidades divulgativas de la institución oriental; intentó promover la literatura española e hispanoamericana del momento; y, por último, dio espacio a

---

[41] *Archipiélago*, año I, No. 7, noviembre 30 de 1928, Santiago de Cuba, p. 105.

[42] Camila Henríquez Ureña: *Estudios y conferencias*, p. 51. Como dato curioso, puede anotarse que la Institución Hispano-Cubana de Cultura de Oriente fue la primera de su tipo en tener una publicación propia dentro del país, pues la agrupación matriz, en La Habana, solo contó con un medio de divulgación semejante mucho después, con la aparición de la revista *Ultra*.

los textos de las conferencias que organizaba la institución, con lo cual extendió el trabajo de divulgación y promoción más allá de sus salones. Esta última fue la función principal de la revista y, en tal sentido, la que determinó su personalidad como publicación cultural.

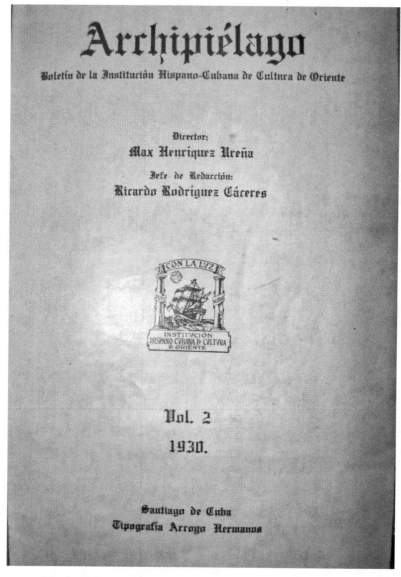

Ejemplar de la revista *Archipiélago*, una de las mejores que ha conocido el movimiento literario en Santiago de Cuba.

Debe tenerse en cuenta que *Archipiélago* saltó a la escena pública en un instante clave para el movimiento editorial en Santiago de Cuba, ciudad donde curiosamente el surgimiento de publicaciones periódicas de carácter cultural ha logrado sus índices más notables en momentos de grandes conmociones económicas y políticas. Así fue, como vimos antes, en la primera década del siglo XX. Luego, la emergencia de este tipo de prensa padeció un descenso que se fue acentuando con el transcurso de los años. Ahora, a medida que se aproximaba la cuarta década del siglo, la crisis económica y política se ahondaban y la agitación social crecía, Santiago de Cuba asistía a un alza notable en la fundación de publicaciones seriadas.

No es solo que entre 1927 y 1932 se puedan citar 28 nuevas revistas en la capital de Oriente,[43] sino sobre todo que algunas de ellas pueden vanagloriarse de estar entre las más notables que iba a conocer el siglo XX santiaguero. Tres merecen particular atención: *Cuba* (1930), dirigida por Manuel González Borrero y que había irrumpido un año antes con el nombre de *El Chofer de Cuba*; *Revista de Oriente*, la muy interesante publicación fundada en 1928 por Primitivo Cordero Leiva; y *Archipiélago*. Todas perecerían aplastadas por las turbulencias que acompañarían el estallido de la revolución antimachadista.

Entre ellas, fue *Archipiélago* la que tuvo una personalidad más erudita, por el carácter y la extensión de los trabajos que publicaba. Al ser los autores especialistas en sus temas, los textos resultaban en lo fundamental extensos —en ocasiones ocupaban más de una entrega— y profundos, al tiempo que los temas y asuntos variaban notablemente, pues dependían de la voluntad del disertante. Con *Archipiélago*, Max Henríquez Ureña logró una publicación notable para la época y el país, una de las mejores revistas que se hayan realizado en Santiago de Cuba desde la aparición de la imprenta hasta hoy.

---

[43] Según la misma investigación inconclusa que se mencionó en el primer capítulo de este libro.

La Institución Hispano-Cubana de Cultura de Oriente propició un importante movimiento intelectual en Santiago de Cuba y constituyó una filial en Manzanillo. Numerosos escritores, artistas, investigadores y hombres públicos, cubanos o extranjeros, viajaron a la capital oriental y contribuyeron al prestigio de un espacio de reflexión único en el país para la época, fuera de La Habana. Entre ellos estuvo el poeta español Federico García Lorca, cuya estancia en el Santiago de Cuba de 1929 se puso en duda durante años. García Lorca visitó efectivamente la capital del Oriente cubano e impartió una conferencia sobre la "Mecánica de la poesía"; claro que no fue en un "carro de aguas negras" —como prometió en el poema famoso—, sino en tren e invitado por Max Henríquez Ureña.

Pero toda esa actividad se iría apagando rápidamente con la llegada de los años treinta, aplastada por una doble crisis: la económica internacional y la política generada por la dictadura machadista en Cuba. En abril de 1930 la revista *Archipiélago* adoptó un formato más pequeño y una frecuencia trimestral. En diciembre de ese año publicó su último número. Ya en ese momento la Institución Hispano-Cubana de Cultura de Oriente estaba muerta. Cerraba así, de manera culminante, el mayorazgo intelectual ejercido por Max Henríquez Ureña en Santiago de Cuba, donde su quehacer como animador de la cultura le ganó las cumbres del respeto y la admiración. En mayo de 1930 Joaquín Leocadio Vélez, un bayamés amante de la cultura y de su rincón provinciano, realizaba gestiones en Santiago de Cuba. Desde allí escribió en carta al poeta Regino E. Boti: "He sabido ganarme a Max, es aquí el sésamo ábrete".[44]

La revista *Archipiélago* generó a su alrededor un movimiento editorial que dio salida a varios títulos de Max Henríquez Ureña, algunos de los cuales aparecieron antes en las páginas de la publicación. Son estos: *Tablas cronológicas de la literatura cubana*[45] que, junto al primer —y único— fascículo

---

[44] Carta del 23 de mayo de 1930. El original, inédito, se conserva en el archivo de Boti, en Guantánamo.
[45] Ediciones Archipiélago, 1929.

de la *Antología cubana de las escuelas*,[46] respondía a necesidades docentes, aun cuando en realidad ambos marcaban una etapa en el camino hacia la obra mayor de Henríquez Ureña sobre la historia de la literatura cubana, terminada décadas después; *Tratado elemental de música*,[47] escrito en colaboración con Antonio Serret para servir también como libro de texto; *El libro de Santiago*,[48] formado en lo fundamental por una extensa indagación histórica del dominicano sobre los siglos XVI y XVII en Santiago de Cuba, probablemente un subproducto de sus pesquisas en torno a los primeros momentos de la literatura cubana; y *Fosforescencias*,[49] la segunda colección de versos firmada por Max Henríquez Ureña, tras dieciséis años de aparecida la primera, en 1914. A estos títulos deben añadirse otros dos, de mucha importancia y publicados al margen de la revista: *Los yanquis en Santo Domingo*[50] y *El retorno de los galeones*; bocetos hispánicos.[51]

Los yanquis en Santo Domingo fue la edición definitiva de *Los Estados Unidos y la República Dominicana*, libro publicado en cantidad muy limitada diez años antes, a inicios de 1919, como parte de la campaña por la desocupación de la República Dominicana. En esta nueva edición influyó una vez más el criterio de Pedro Henríquez Ureña, quien el 17 de agosto de 1929 escribía a su hermano: "Sería interesante, me pareció, enviarles [a los editores de una casa española] tu libro Los Estados Unidos y la República Dominicana, con retoques, para que hicieran una segunda edición. El libro está muy bien, sobre todo por su gran sencillez, que lo hace ser un libro documental [...]."[52]

Así pues, el centro de *Los yanquis en Santo Domingo* es el texto preparado en 1919 sobre los antecedentes, premisas, razones y principales acontecimientos de la intervención

---

[46] Ediciones Archipiélago, 1930.
[47] Ediciones Archipiélago, 1929.
[48] Ediciones Archipiélago, 1931.
[49] Ediciones Archipiélago, 1930.
[50] Madrid, M. Aguilar Editor, 1929.
[51] Madrid, Compañía Iberoamericana de Publicaciones Renacimiento, 1930.
[52] *Epistolario*, t. II, p. 181.

militar norteamericana hasta noviembre de 1916; a este se agrega ahora una segunda parte, bastante más breve y de carácter informativo, que recoge los sucesos posteriores a esa fecha: la actuación del Gobierno Militar estadounidense, la respuesta del pueblo dominicano, parte de la campaña nacionalista en pos de la desocupación y la firma del acuerdo Hughes-Peynado, que estableció los términos y procedimientos para la retirada de las tropas yanquis. El libro inserta, además, una "Apostilla adicional" para rectificar algunos juicios o datos contenidos en investigaciones y estudios dados a las prensas por diversos autores entre 1916 y 1928; así como la conferencia "Santo Domingo: su evolución histórica", que Max Henríquez Ureña había pronunciado con apreciable éxito en el Ateneo de Madrid, el 15 de febrero de 1922.

No debe olvidarse, entonces, que la parte sustancial de este libro fue elaborada a finales de 1918, cuando los acontecimientos de que se ocupa eran un fragmento aún inconcluso y lacerante de la historia dominicana. Buscaba hacer llegar una información lo más completa posible sobre el caso dominicano a personalidades dentro y fuera de los Estados Unidos, así como a gobiernos en diversas partes del mundo, bien entendido que la Primera Guerra Mundial había capitalizado la atención del planeta y ocultado en cierta medida el secuestro de la isla caribeña por los norteamericanos, lo que generaba no pocas confusiones y dificultaba la campaña internacional en busca de apoyo para exigir la salida de los interventores.

El texto publicado en 1919 se concibió, pues, como un acto de persuasión. Es el relato de un testigo que ha delimitado muy bien su público receptor y no pierde jamás el objetivo en razón del cual escribe. Ese objetivo formaba parte de su presente, constituía para él un *ahora* que dio tensión y vitalizó todo el discurso. Era menester, por tanto, el uso de un estilo mesurado, que expusiera limpia, clara y sagazmente –sin apasionamientos entorpecedores ni personalismos disonantes ni jugueteos literarios– la justicia del reclamo dominicano y la base objetiva que lo legitimaba. Tales propósitos se cumplieron con precisión ejemplar en el texto de Max Henríquez Ureña y de ahí dimanan sus valores.

La madurez expositiva que articula toda la primera parte de *Los yanquis en Santo Domingo*, la pulcritud con que se organizó la información, el estilo carente de altisonancias, tejen un discurso eficaz. El tono es de nítida reflexión, exenta del fárrago metodológico que es costumbre en gran parte de la investigación histórica. La "óptica imparcial" y apegada a los hechos que invoca la exposición mueve al lector para que asuma la responsabilidad de evaluar los argumentos presentados. Allí donde el autor pudo describir un suceso del que incluso fue testigo, emitir un criterio personal, matizar emocionalmente lo narrado con el uso de ciertos recursos retóricos que estaban a su disposición,[53] prefirió citar un documento o una opinión ajena o, cuando no hubo más remedio, habló de sí mismo en tercera persona; esto es: optó siempre −en favor de la objetividad− por dar paso a otras voces. Bien lo dice en la introducción: "Me limito a exponer: rara vez comento".[54]

Digámoslo pronto: en la construcción de *Los yanquis en Santo Domingo*, Max Henríquez Ureña se aproximó a ciertas premisas y recursos de un modo literario que buscaría su consolidación genérica mucho después y que hoy posee un espacio más o menos reconocido dentro de la práctica literaria: el testimonio.[55] Admiran la disciplina y eficacia con que el dominicano, impulsado por las circunstancias y los propósitos de su libro, se vale de no pocos formantes que el testimonio en español sistematizaría durante la segunda mitad del siglo XX, siguiendo la huella luminosa del documental cinematográfico. De este modo, la obra de Henríquez Ureña se une al importante grupo de textos que, como antecedentes del actual testimonio, aparecen en Cuba desde finales de los años veinte y que capitaneó el espíritu inconforme y ágil de Pablo de la Torriente Brau. Solo que, mientras los pioneros cubanos se acercaron al testimonio fundamentalmente desde

---

[53] Compárese con el estilo, más "literario" y exaltado, de la conferencia "Santo Domingo: su evolución histórica", incluida en el libro de 1929 como apéndice.

[54] *Los yanquis en Santo Domingo*, p. 7.

[55] Para una mejor comprensión de lo aquí dicho, invito a diferenciar la literatura testimonial, que ha existido desde siempre, y el testimonio en tanto género literario contemporáneo, de cristalización más reciente.

el periodismo, el libro del dominicano se encuentra más próximo a la investigación histórica.

Ese carácter testimonial estaba en la médula misma del proyecto. El 10 de enero de 1917, cuando solo habían transcurrido dos meses de establecido el Gobierno Militar yanqui en Santo Domingo, escribía Pedro Henríquez Ureña a Alfonso Reyes: "Mi padre tuvo que abandonar el país, notificando al Congreso, pues la ocupación americana le ató las manos. Se publicará un folleto con los hechos y las notas".[56] Lo que va de ese propósito al texto finalmente elaborado por Max Henríquez Ureña es una minuciosa búsqueda de información –ya iniciada cuando Pedro escribía a su hermano de México–, un notable sentido del límite y una escritura certera.

Hay en el texto primigenio de *Los Estados Unidos y la República Dominicana* elementos que el testimonio de hoy reclama como propios y esenciales: el vínculo expedito con el momento histórico, la inmediatez de su asunto, el afán de comunicación con el lector y la utilidad de la captación literaria.[57] Toda esa primera –y fundamental– sección de *Los yanquis en Santo Domingo* está elaborada además sobre dos componentes medulares del testimonio: la diversidad de puntos de vista que articula el discurso y el continuo alarde de imparcialidad documental que no pasa de ser eso, un alarde. Por debajo del recuento con pretensiones de objetividad hay un delicado y constante inducir al lector hacia determinados criterios, que definitivamente condicionarán su actitud. Al mostrar con luces múltiples las diferentes zonas del problema, al organizar la información de una cierta manera, al "montar" el hilo de la exposición, se abre un ancho espacio para lo sugerido, para lo que deberá ser captado por el lector que sigue el peculiar modo en que las premisas son articuladas.

En realidad, el libro de Max Henríquez Ureña, tal y como resultó en su versión definitiva, puede ser dividido en tres partes. La primera tiene un marcado carácter de recuento histórico y traza con ejemplar orden y concreción los afluentes económi-

---

[56] *Epistolario íntimo (1906-1946)*, V. III, p. 42.
[57] Víctor Casaus: "Defensa del testimonio", en *Defensa del testimonio*, p. 49-53.

cos, históricos, políticos y jurídicos que desembocaron en el secuestro de mayo de 1916. La segunda focaliza específicamente la intervención yanqui, la actuación del Gobierno provisional dominicano dirigido por Francisco Henríquez y Carvajal y las negociaciones hasta la instauración del Gobierno Militar de Estados Unidos en la isla; esta es la sección principal del libro, la que tiene un decidido tono testimonial.

La tercera parte está constituida por el resumen agregado para esa edición de 1929. Su función es completar lo ocurrido desde noviembre de 1916 hasta el final del conflicto y posee carácter informativo. Ausente el *ahora* que dinamizaba la tensión narrativa en el texto de 1919, al cambiar el público receptor y el objetivo del recuento, en este capítulo agregado nada viene a sustituir el cuidadoso procesamiento y el milimétrico montaje de la información y, por tanto, a renovar la convicción expositiva y la consistencia ya apuntadas. El capítulo escrito en 1929 resulta, de tal suerte, una crónica histórica correcta, aunque mayormente incompleta y apresurada. La sagaz presunción de objetividad que había mayoreado el trabajo del escritor se inclina ahora hacia una primera persona que habla para el juicio histórico e intenta todo el tiempo justificar las posiciones del grupo que comandara Francisco Henríquez y Carvajal.[58] Cierto: el cronista no miente, pero tampoco dice toda la verdad.

Los yanquis en Santo Domingo es una obra valiosa. Lo fue en términos funcionales, para los objetivos que se concibió. Lo es como testimonio de un momento crucial en la vida dominicana y del área caribeña. Y marcó un punto importante dentro de la producción literaria que entonces desplegaba Max Henríquez Ureña. Su concepción se vio sin dudas favorecida por el entrenamiento del dominicano en el manejo de diversos discursos −periodístico, crítico, poético, narrativo, dramático, etc.−, dada la indispensable hibridez del testimo-

---

[58] Por ejemplo, la actuación de la Unión Nacionalista y de los patriotas que constituyeron su núcleo dentro de la República Dominicana queda muy disminuida, como perdida en un trasfondo de generalidades. También se maniobra para atenuar los cambios en las estrategias de Francisco Henríquez y Carvajal que intentamos explicar en el capítulo anterior.

nio, un género al que, en su concepción moderna, el escritor dominicano estaba aportando un interesante precedente dentro de la literatura antillana.

Pero, además, la limpieza expositiva y la ejemplar eficacia de este texto anunciaban que la voluntad expresiva del autor venía decantando poco a poco sus modos fundamentales a la hora de encarar la escritura, buscaba acercarse a un punto donde se funden la acuciosa mirada del investigador y la capacidad comunicativa del maestro. Junto a *Rodó y Rubén Darío* y al resto de la literatura que dio a conocer a través de la revista *Cuba Contemporánea*, el texto que apareciera primero en *Los Estados Unidos y la República Dominicana* y luego en el definitivo *Los yanquis en Santo Domingo*, señaló un momento significativo en el camino de Max Henríquez Ureña hacia una forma personal, característica, de encarar el oficio literario dentro de la prosa.

Ese tránsito intentará un asalto a la madurez con *El retorno de los galeones*. Bajo este título recogió Max Henríquez Ureña dos textos sobre las relaciones culturales entre España y la región constituida por sus antiguas colonias americanas. El primero y más notable de ellos ya había sido impreso antes un par de veces: en la revista *Cuba Contemporánea* durante 1925 y en forma de folleto un año después. Dada la actualidad que entonces tenía, había logrado alguna resonancia y ahora, como parte de este nuevo proyecto editorial, reaparecía con el extenso y poco exacto título de "Estudio sobre el intercambio de influencias literarias entre España y América durante los últimos cincuenta años".[59]

Ocupado en desentrañar los contactos literarios que se produjeron entre el país europeo e Hispanoamérica de 1880 a 1925 —es decir, hasta lo que en ese momento podía llamarse actualidad—, el texto se proponía situar el punto exacto en que el advenimiento del modernismo en este lado del planeta había convertido la antigua ruta de las Indias en un tránsito intelectual de doble sentido, cuando las influencias literarias

---

[59] Inexacto porque las reflexiones que contiene el estudio están referidas únicamente a Hispanoamérica, que de ningún modo es toda la América.

comenzaron a viajar también de América hacia España. De ahí el título, sin dudas feliz: *El retorno de los galeones*.

Quizás hoy, con una literatura latinoamericana reconocida incluso por las más cerradas capillas intelectuales europeas, sea difícil hacerse una idea exacta de lo que significaba tal planteamiento cuando solo había transcurrido un cuarto del siglo XX y Europa miraba hacia América con el desdén y la superioridad metropolitana de su añeja tradición histórica y cultural. El estudio de Max Henríquez Ureña apuntó hacia esa realidad y levantó comentarios. Algunos connotados intelectuales hispanoamericanos que habían participado de la renovación modernista le hicieron llegar sus opiniones; entre ellos, el venezolano Manuel Díaz Rodríguez, según el cual, "la mayoría de los escritores españoles nos considera, quiero decir considera a Hispanoamérica respecto a España, como un europeo no español podría considerar a España respecto a Europa, esto es, como provincia".[60]

Tras su objetivo, el intelectual dominicano se empeña en un recorrido diacrónico a través de las literaturas española e hispanoamericana durante el último cuarto del siglo XIX y el primero del siglo XX, propósito de suyo ambicioso incluso si Henríquez Ureña hubiera tenido el espacio suficiente, y que le obliga a un panorama, más que rápido, vertiginoso. Debe apuntarse que esa titánica labor se ejecuta a partir de una pesquisa acuciosa y una información muy amplia, lo que no dejó de ser reconocido en su momento: "Es un trabajo admirable, revelador de un estudio muy paciente, de una memoria muy sólida, de una cultura muy vasta y de un talento crítico de primer orden".[61] Si las tres primeras cualidades señaladas por Arciniegas se manifiestan generosamente en el texto, la última apenas encuentra espacio y la reconstrucción de los procesos histórico-literarios –complejos, muy complejos– queda disminuida a una anonadante sucesión de nombres y obras, sin la síntesis

---

[60] *El retorno de los galeones y otros ensayos*, p. 56. La carta está fechada en Cumaná, el 26 de octubre de 1926.

[61] *Ibid.*, p. 49. El criterio es de Ismael Enrique Arciniegas. Carta fechada en París, el 28 de septiembre de 1926.

que debieron aportar el consecuente ejercicio conceptual y el oportuno discrimen crítico:

> Valera, situándose en la prudente derecha del realismo, continuó, después de *Pepita Jiménez*, escribiendo amenas novelas de ambiente muy español: *Las ilusiones del doctor Faustino* (1875), *El comendador Mendoza* (1877), *Pasarse de listo* (1878), *Doña Luz* (1879), *Juanita la Larga* (1895), *Genio y figura...* (1897). Pereda acentuó el color local en sus novelas montañesas, y a *De tal palo tal astilla* (1880), siguen *El sabor de la tierruca* (1882), *Sotileza* (1885), *Al primer vuelo* (1891) y *Peñas arriba* (1895), obras llenas de vigor en las descripciones de paisajes y costumbres. Ortega Munilla continuó sus relaciones contemporáneas con *Lucio Tréllez* (1879), *El tren directo* (1880)...[62]

Y así hasta el agobio. Por otra parte, esa captación del proceso literario como una suma de autores y obras resulta más convincente y juiciosa cuando se ocupa de la poesía que cuando se sitúa en el terreno de la narrativa o del teatro, y definitivamente escuálida en lo que se refiere a la oratoria, la crítica y el ensayo. Es obvio que el estudio de la poesía estaba más cerca de la sensibilidad del dominicano y que sus armas críticas sobre este género habían sido mejor entrenadas. De circunscribirse a la poesía, el estudio se habría hecho menos pretencioso —por excesivo— y habría podido demostrar con mayor profundidad y detenimiento la manera en que los procesos literarios en España e Hispanoamérica marchaban —por la época en que Max Henríquez Ureña escribía— independientes pero compenetrados a partir de que, con la entrada del siglo XX, las influencias habían pasado a ser decididamente recíprocas.

El estudio enfrentó aun otro peligro, sutil por su naturaleza, inevitable dada la esencia del proyecto y letal porque constituía un ejercicio grato para Max Henríquez Ureña: la reconstrucción del mapa de intercambios literarios,

---

[62] "Estudio sobre el intercambio de influencias literarias...", en *El retorno de los galeones*, p. 11.

el establecimiento de las primogenituras en los hallazgos creativos, la determinación de las presuntas direcciones en que se movieron las influencias durante los procesos literarios bajo examen. Era esta una actividad muy en consonancia con la óptica erudita que por la época tanto se aplaudía en el investigador literario, pero en la que también latía –y late, cada vez más– el riesgo de los excesos subjetivos.

Los contagios entre escritores suelen ser difíciles de precisar, sobre todo cuando la influencia llega indirectamente, a través de terceros, sin que el receptor conozca la obra que está sirviendo como fuente principal de emisión. O cuando la investigación penetra en ese "territorio de nadie" donde es imposible determinar si un rasgo que aparece en dos o más autores se debe a contagio o a coincidencia creativa entre quienes desarrollan su labor en un medio semejante y envueltos en el espíritu de una misma época, como fácilmente puede ocurrir en el intercambio de temas, motivos y rasgos estilísticos que Max Henríquez Ureña se dedica a rastrear con innegable fruición erudita, hasta que su ímpetu descriptivo se detiene ante lo resbaladizo del terreno en que labra: "¿A qué seguir? ¿No es un rasgo distintivo de los escritores de una época la comunidad de ideas y la identidad de temas? ¿No surgen con ello semejanzas de estilo y de forma que dan unidad y carácter a la producción literaria de una generación?"[63]

En el centro del "Estudio sobre el intercambio de influencias literarias..." está el movimiento modernista hispanoamericano, tanto porque a su sombra se hizo evidente que los galeones literarios ponían proa de regreso a España, como porque su presentación constituye el momento conceptualmente más sustancioso dentro del recuento histórico-literario que allí se desarrolla. La perspectiva formal y la base teórica para el estudio del modernismo que el escritor dominicano expone en este nuevo acercamiento son las mismas que antes viéramos en su estudio sobre Rubén Darío. Apenas si agrega la percepción de ese movimiento en América como una renovación del "idearium poético", sin

---

[63] *Ibid.*, p. 52-53.

que aclare en qué consiste tal renovación ni qué planos del hecho literario afectaba de manera primordial.

Lo nuevo ahora será la inclusión de José Asunción Silva entre los iniciadores del modernismo y el trazado de la dispersión que ese movimiento ejecutó por las diferentes áreas de Hispanoamérica. El procedimiento no sobrepasa la descripción de los núcleos modernistas más importantes, con sus obras y autores característicos, y sin más juicio crítico que algún adjetivo al vuelo.

> Luis G. Urbina dejó de ser también un poeta de transición y se identificó totalmente con el nuevo credo. Jesús Urueta cultivaba con superior elegancia la prosa artística. Balbino Dávalos mantenía, mediante sus sapientes traducciones, el culto de las influencias exóticas, y en ese empeño lo emulaba Enrique Fernández Granados con sus *Exóticas* (1898), después de haber alcanzado buen renombre en los cenáculos con sus *Mirtos* (1888) y sus *Margaritas* (1891). Amado Nervo aparecía con sus *Místicas* (1895), sus *Perlas negras* (1896) y sus *Poemas* (1901), reveladores de una personalidad original e inconfundible. Y en el horizonte iniciaban su ascensión las estrellas nuevas: José Juan Tablada (*El florilegio*, 1899), Efrén Rebolledo (*Cuarzos*, 1902), Enrique González Martínez (*Preludios*, 1903)...[64]

A primera vista, la década que corre entre la publicación de "Rubén Darío" y el "Estudio sobre el intercambio de influencias literarias..." no parece traer cambios sustanciales en la caracterización que Max Henríquez Ureña hace del modernismo, si se exceptúa la posibilidad de delinear su transcurso por los diversos países de Hispanoamérica, gracias a la mejor perspectiva visual y el acopio de información que el tiempo permite. Y, sin embargo, en este último texto asoma ya el esquema ideológico y estructural sobre el cual el dominicano realizará veinte años más tarde la *Breve historia del modernismo*, pues su conocida negativa a concebir ese movimiento literario como una escuela homogénea se amplía ahora y sugiere que el espíritu modernista penetró toda la época literaria en la región hasta los años

---

[64] *Ibid.*, p. 36.

veinte, lo que situaba bajo su influencia a escritores y obras cuya conexión con el movimiento, de otro modo, resultaba difícil de precisar.

El "Estudio sobre el intercambio de influencias literarias..." fue un texto oportuno, nacido de una convincente base documental. Es comprensible el impacto que produjo su aparición. Pero, como enrumbaba todas sus energías hacia lo vasto y novedoso de la información reunida, antes que hacia la caracterización esencial de los procesos bajo estudio, el tiempo ha disminuido gran parte de su valor. Queda, eso sí, como una muestra del momento en que las herramientas metodológicas predilectas del investigador literario Max Henríquez Ureña completaban su consolidación y depuraban los rasgos que formarían su obra de madurez; esto es: el gusto por los abordajes diacrónicos, una predominante actitud didáctica que determina la estructura y orientación de sus textos y una voluntad intelectual que potencia la información por encima de la síntesis interpretativa o la sistematización del conocimiento a partir del juicio crítico.

Tales modos de abordaje fueron tensados al máximo en el segundo –y más extenso– texto que contiene *El retorno de los galeones*. El "Desarrollo histórico de la cultura en la América española durante la época colonial" es una investigación cultural que pugna por reunir todo el bagaje informativo posible en torno al desarrollo intelectual de la América española durante el período colonial, objetivo aún más ambicioso. Consciente de las dificultades que implicaba la tarea, aclaraba el autor: "La historia de la cultura en la América española durante la época colonial está todavía por hacer. El presente trabajo no tiene otro objeto que el de orientar los estudios de erudición hacia ese campo, todavía casi inexplorado".[65] Era, entonces, un texto concebido con un fin práctico y, sin dudas, estimulado por la actividad de Max Henríquez Ureña al frente de la Institución Hispano-Cubana de Cultura de Oriente.

---

[65] "Desarrollo histórico de la cultura en la América española durante la época colonial", en *El retorno de los galeones*, p. 81.

Otra vez en los dominios del panorama histórico, otra vez más extenso que intenso, más interesado en la información que en la interpretación, el escritor dominicano planea velozmente sobre la historia de los grandes centros coloniales creados por el dominio hispano en América, con el fin de distinguir y enaltecer aquellos jalones sobre los que, en su opinión, giró el desarrollo de la vida intelectual en la Hispanoamérica naciente; esto es: la evangelización, la construcción de instituciones religiosas y centros de enseñanza, la llegada de la imprenta, la aparición de publicaciones y el surgimiento de una intelectualidad que fue, al paso del tiempo, cada vez más americana.

Se trata, como es muy notable, de una visión estrecha de la cultura, que únicamente toma en cuenta los medios oficiales del dominador —entendidos como "civilizados"— y deja al margen los modos culturales de las grandes masas indígenas y de las migraciones —forzosas o no— que desembocaron en el Nuevo Mundo, principalmente los contingentes de esclavos africanos que tanta importancia tuvieron en el universo caribeño y en otras regiones de América. Así, el investigador pierde de vista la presencia de la cultura popular, de las formas tradicionales de enseñanza e información y, con esto, la riqueza y la profundidad que tipificaron los intercambios entre las distintas culturas que compartieron el espacio americano y, en un proceso tan ardiente como cuajado de matices, dieron por resultado este mestizaje variopinto que hoy somos.

Tras esa mirada incompleta no hay descuido ni desidia. Todo lo contrario. Si pudo esperarse del investigador un mayor grado de penetración analítica, que conectara orgánicamente los datos compilados con los perfiles sociales que concretó cada región americana, sin dudas el esfuerzo realizado para reunir una información dispersa, a veces difícil de localizar, resulta digno de aplauso. Solo es necesario echar un vistazo a la bibliografía relacionada al final del libro. Tras esa perspectiva restringida del investigador hay en realidad un potenciamiento de lo que entonces solía llamarse "alta cultura", en detrimento de las restantes maneras del comportamiento cultural dentro de una sociedad humana dividida en clases o estratos. Y hay, sobre todo, un concepto hispanocentrista de la formación de nuestras identidades, que ve lo español como un molde sobre el cual cayeron, adecuándose, difuminándose en él, los restantes componentes étnicos y culturales.

Nadie puede negar la importancia del formante español –y europeo– en las peculiares configuraciones nacionales de la región que todavía llamamos Hispanoamérica. Pero en las mezclas que dieron como resultado esas nacionalidades interactuaron de maneras bien complejas afluentes también muy diversos. La idea de que esos afluentes, así, en una suerte de estado puro y en un medio casi de laboratorio, se interpenetraron en el andar histórico americano, es idílica. Muchas veces los protagonistas de esos encuentros –en honor a la verdad, casi siempre colisiones– ya habían sufrido otros procesos de mezcla profundos antes, entraron en contacto desde posiciones económico-sociales distintas y transitaron por coyunturas históricas peculiares para cada región.

Desde hace mucho, la sola contabilidad de los supuestos aportes realizados por las etnias que coincidieron en estas tierras dejó de bastar a los antropólogos culturales. Se precisan –y muchas veces se intentan– estudios serios sobre el carácter de los procesos que, matizados por las circunstancias específicas de cada caso, llevaron a la integración de nuestras culturas mestizas. Esos procesos, cuyos profundos y sutiles modos de producirse nos deparan todo el tiempo sorpresas, moldearon culturas cualitativamente distintas de sus formantes, culturas donde ya nada hay español o africano o indígena o árabe o asiático, sino americano, mestizo, porque otra es la lógica y otros los valores de los sistemas socioculturales en los cuales se encuentran refuncionalizados.

Cuando damos por sentado que la cultura hispanoamericana fue moldeada por España durante el período colonial, nos colocamos tres pasos por detrás de la perspectiva con que en los años veinte observaba el problema Pedro Henríquez Ureña. Primero, porque el aparato colonial español no fue un sistema cohesionado para toda la región y para el largo período en que rigió nuestros destinos, ni mucho menos articuló la voluntad monolítica de construir *una* cultura, lo que generó las más diversas variantes a lo largo del extenso territorio sometido a coloniaje y depredación. Y, segundo, porque en Hispanoamérica –y, claro, en el Caribe– las culturas se formaron *con* el aporte español, pero las más de las veces *contra* la voluntad imperial y racista del poder colonial.

En la cristalización de las culturas latinoamericanas y, en particular, caribeñas tuvo una importancia capital el cimarronaje.[66] Como resulta frecuente, tal acción se produjo durante la etapa colonial de dos modos fundamentales: uno muy obvio, en que el sujeto obligado a subordinación se lanzaba a la rebelión abierta, huía del poder opresor o se atrincheraba en aquellos elementos que consideraba propios de su cultura de origen; y otro solapado, en que ese sujeto fingía aceptar las circunstancias impuestas por el poder, que sin embargo iba socavando desde dentro, lenta y tozudamente. El primer modo ha sido bastante estudiado y nutre desde hace mucho nuestro imaginario político como símbolo de rebeldía. El segundo, más extendido y complejo, hizo del camuflaje su arma predilecta y, por tanto, sus resultados son difíciles de reconocer, aunque están ahí, en el centro mismo de lo que somos.

Como para Hispanoamérica en su conjunto, ambas formas de cimarronaje son fácilmente apreciables en las culturas caribeñas, donde todavía perviven las que en su momento nacieron como verdaderas manifestaciones de contracultura, cuajadas con toda claridad y empuje de autorreconocimiento a partir de los rasgos que distinguían a las etnias inferiorizadas. Pero donde tuvo lugar también un extendidísimo proceso de camuflaje, a partir del cual los elementos culturales del dominador parecieron conservar su acrisolada forma y preeminencia, cuando en realidad eran refuncionalizados en lo esencial por la silenciosa entrada de raigales elementos, códigos y modos de comportarse, que provenían de las culturas subordinadas. El componente español, clave para nuestro mestizaje, actuó desde una posición de poder y se hizo por tanto muy visible. Estudios cada vez más frecuentes y

---

[66] Esta denominación suele evocar de inmediato a los africanos esclavizados que huían de sus amos. Se usa aquí en su acepción más amplia: para designar a todo aquel que, no importa su raza ni escogiendo qué medios, acciona para evadirse o escapar del poder que lo subordina.

reveladores van demostrando que, por debajo del elemento cultural supuestamente originario de Europa, se manifiesta un patrón distinto, venido de otra fuente y que pertenece a un modo de ser criollo, ya para siempre diferente de sus afluentes originales.

Esa ladina red de simulaciones se burla a diario de nuestra vocación por lo aparente. Vaya un ejemplo al calce. Puesto al estudio de la música campesina jíbara puertorriqueña, etiquetada por siempre –y con no poco orgullo– como un luminoso descendiente de la cultura hispana, el investigador Ángel Quintero Rivera se tropezó de pronto con que hay en ella una sustancial presencia de la bomba y su remarcada índole de ascendencia africana, nada más y nada menos que camuflajeada allí donde era menos dable esperarlo, en el patrón melódico que ejecuta el cuatro: "Con un timbre tan radicalmente distinto al del tambor, un timbre melódico brillante que evoca las cuerdas de la música española, el cuatro camuflajeó en su música para el mundo contradictorio de la contraplantación la vívida presencia afro de su negada constitución. Nadie que no viviera esos ritmos podía realmente imaginar que la música jíbara estaba colmada de bomba".[67] Quizás si un examen minucioso –y ejecutado con las herramientas técnicas imprescindibles– de las músicas campesinas dominicana y cubana ponga también unas comillas a su tan alardeada esencia hispánica.

Entender con amplitud nuestra conformación espiritual específica exige que sean desechados los prejuicios frente a la cultura popular y las formas tradicionales de transmisión cultural, vengan estas de donde vengan; esa operación obliga a sobrepasar las mixtificaciones que provocan las apariencias, de modo que sea posible indagar sobre nuestras raíces en las auténticas circunstancias de su articulación y a través de los especiales procesos histórico-sociales que las consolidaron. Solo así lo hispánico dejará de ser "un ente

---

[67] Ángel Rivera Quintero: "¡Bomba! Ritmo y africanía", en *Del Caribe*, No. 27, 1998, Santiago de Cuba, p. 98.

metafísico, totalmente alejado de la historia real", "el lugar de encuentro de la identidad".[68]

Como en el resto de la obra investigativa desplegada por Max Henríquez Ureña, esa perspectiva falta en el "Desarrollo histórico de la cultura en la América española durante la época colonial", un texto cuyo valor descansaba en la extensa información que lograron reunir el tesón y la dedicación características en el escritor dominicano. Y nada más. Por eso, al decidirse a reimprimirlo en 1963, el dominicano antepuso este aviso: "A pesar de que el autor considera que el segundo ensayo de los dos que fueron incluidos en *El retorno de los galeones* [...] compendia en forma acaso demasiado apretada un tema tan vasto, ha preferido no ampliarlo ni modificarlo (salvo algunos retoques), sino dejarlo tal cual fue concebido, esto es, como simple guía esquemática".[69]

Si la actividad de animación cultural, académica e intelectual de Max Henríquez Ureña conoció una ostensible maduración en la segunda mitad de los años veinte, su situación en Cuba se fue haciendo progresivamente más inestable y difícil con el fin de esa década. Cerrada la Escuela Normal de Oriente, disuelta la Institución Hispano-Cubana de Cultura de Oriente, diluido el ambiente cultural santiaguero y con la nación en completa efervescencia revolucionaria, la vida de Max Henríquez Ureña estaba lista para un cambio más –y también definitivo– a finales de 1930.

El dominicano volvía entonces la mirada hacia su país, donde el transcurso de ese año había traído acontecimientos políticos de primera importancia, que culminaron en la revolución de febrero de 1930 contra Horacio Vázquez y la toma de posesión de Rafael Leonidas Trujillo y Rafael Estrella Ureña como presidente y vicepresidente de la nación, el 16 de agosto de ese año. Así, la situación cubana se combinaría con el interés trujillista de afianzar su entonces naciente proyecto de poder a través de la convocatoria a intelectuales prestigiosos y líderes connotados del antiguo movimiento

---

[68] Andrés L. Mateo: *Mito y cultura en la Era de Trujillo*, p. 140 y 169.
[69] *El retorno de los galeones y otros ensayos*, p. 5.

nacionalista, para poner fin al periplo santiaguero de Max Henríquez Ureña.

El parque Céspedes, en Santiago de Cuba, por la época en que Max Henríquez Ureña abandona la ciudad.

En el caso de la familia Henríquez Ureña, los contactos efectivos con el nuevo régimen dominicano se habían iniciado en el propio mes de agosto de 1930, a través de Francisco Henríquez y Carvajal,[70] quien fue invitado a visitar el país con motivo de la toma de posesión. Ya de regreso en Santiago de Cuba, escribía el expresidente a Trujillo: "Reintegrado al seno de mi familia y ocupado en reorganizar mi situación profesional en Cuba, me es grato dirijir a Ud. estas líneas para expresarle mis sentimientos de gratitud por todas las muestras de deferencia de que fui objeto por parte de Ud. durante mi corta permanencia en Santo Domingo, así como ponerme aquí a sus órdenes".[71]

[70] Véase *Epistolario*, t. II, p. 187-188. Carta de Francisco Henríquez y Carvajal a Max Henríquez Ureña, Santo Domingo, 28 de agosto de 1930.
[71] Bernardo Vega: *Los Estados Unidos y Trujillo. Año 1930*; colección de documentos del Departamento de Estado, de las Fuerzas Armadas Norteamerica-

El 5 de diciembre de ese año, Max Henríquez Ureña embarcaba rumbo a Santo Domingo, para luego trasladarse a Caracas, al frente de la delegación dominicana que asistió a los actos por el centenario de la muerte de Simón Bolívar. Allí pronunció –solo en parte– su discurso "A Bolívar". El intelectual dominicano lo testimonió de esta forma:

> En el mes de noviembre de 1930, encontrándome en mi habitual residencia de Santiago de Cuba, me sorprendió, halagándome en extremo, un cablegrama en el cual por orden del Presidente Trujillo, que hacía pocos meses había asumido la Primera Magistratura del Estado, nuestro Gobierno me invitaba a representar la República en el centenario de la muerte de Bolívar. Acepté al punto, reconocido ante esa deferencia, y de paso para Caracas tuve la honra de conocer a nuestro joven Presidente, al cual me ligó desde el primer momento la más cordial simpatía, que no tardó en ser sincera e inquebrantable amistad.[72]

De Caracas volvió Max Henríquez Ureña a Santo Domingo, donde sostuvo varias entrevistas con Trujillo, hasta que "cuando, en el curso de una de nuestras conversaciones, el Presidente Trujillo me propuso regresar definitivamente al país y ocupar un puesto a su lado, no supe de qué modo agradecerle tan señalada distinción, a no ser el de aceptar y acudir a trabajar con todas las potencias de mi espíritu por prestar un concurso útil a sus levantados empeños".[73]

A finales de enero de 1931 regresó el escritor dominicano a Santiago de Cuba. El día 29 de ese mes fue nombrado para

---

nas y de los archivos del Palacio Nacional dominicano, t. II, p. 895-896. Carta fechada en Santiago de Cuba, el 11 de octubre de 1930.

[72] "El Dr. Max Henríquez U. solicita su inscripción en el Partido Trujillista", en *Juventud*, No. 11, 21 de febrero de 1941, Santo Domingo, p. 7. En 1941, el Sr. José Enrique Aybar se dio a la creación de un Partido Trujillista, supuestamente independiente del Partido Dominicano. Quienes deseaban solicitar su ingreso, enviaban una autobiografía política y, a partir de esta, eran aceptados o no. En la fecha arriba consignada, la revista *Juventud* publicó la solicitud de Max Henríquez Ureña, texto que debo al desvelo del investigador Orlando Inoa.

[73] *Ibid.*

prestar servicios en comisión como delegado técnico del superintendente provincial de Escuelas de Oriente,[74] pero en la primera quincena de febrero embarcaba en el vapor *Guantánamo,* nuevamente rumbo a Santo Domingo, con el fin de hacerse cargo de la Superintendencia General de Enseñanza en ese país.

Los días santiagueros de Max Henríquez Ureña habían terminado.

---

[74] Véase el nombramiento, I.L.L., No. 197.

.

Tiempo de cosechar

> *Yo sé que en esa clase me corresponde un lugar asaz modesto, pero también sé que el intelectual se debe a la sociedad en que vive, y que su misión fundamental es la de mantener vivo el culto de las más altas y más nobles aspiraciones, y prodigar su concurso y su estímulo al mayor desenvolvimiento de la cultura pública.*
>
> Max Henríquez Ureña

I

¿Cómo se entiende el vínculo de Max Henríquez Ureña con la dictadura de Rafael Leonidas Trujillo? No fueron pocos los intelectuales dominicanos que de una forma u otra apoyaron la ascendente carrera de Trujillo a partir de 1924 o que respondieron a su convocatoria cuando, una vez llegado al poder, quiso afianzar su régimen. La herida de la ocupación norteamericana estaba demasiado viva y esa convocatoria incluyó en preponderante lugar a muchos de los antiguos nacionalistas, que tan decidida oposición habían desplegado frente al interventor yanqui. Como tantos otros dominicanos, los Henríquez Ureña sintieron que el proceso histórico del país podía estar entrando, al abrirse la década del treinta, en un período de cambio definitivo, capaz de instaurar la estabilidad y orden tras el caos, los bandazos y la atomización de intereses que habían desangrado lo ya vivido del siglo XX.

Algunos de esos intelectuales se fueron alejando luego por diversas causas. Otros medraron con ventajas junto al dictador o sufrieron procesos de persecución, anulación, manipulación, etc.[1] ¿Por qué se mantuvo el autor de *El retorno de los galeones* hasta finales de los años cuarenta al servicio de la dictadura? No estaba desavisado. En fecha tan temprana como el 27 de abril de 1933, Francisco Henríquez y

---

[1] *Vid.* Bernardo Vega: *Unos desafectos y otros en desgracia, passim.*

Carvajal respondía a su hijo, entonces canciller de la República Dominicana:

> Me dices que la situación de nuestro Gobierno es buena; pero al mismo tiempo adviertes la posibilidad de que un día nos viéramos obligados a salir de él, por causa de la heterogeneidad de sus componentes. Yo veo con inquietud el papel que pretenden jugar ciertos elementos sin preparación y sin responsabilidad moral, que manejan de una manera grotesca el ditirambo desmedido y la lisonja impúdica, para atribuirse el título de partidarios y amigos del Presidente [...]. Sin duda que el General Trujillo ha dado muestras de carácter y de capacidad de discernimiento; pero no dejan de abusar de él factores de poco valer, que a menudo ha tenido que estar conteniendo y aun reprobando, pero que por desgracia él pronto perdona y engríe.[2]

Político fino y cauteloso el padre, intelectual culto el hijo, se acogen aquí a uno de los mecanismos justificativos típicos ante los regímenes personalistas: la responsabilidad de los errores se traspasa del dictador a quienes le rodean. Cinco años más tarde, el razonamiento todavía reaparecerá en Pedro Henríquez Ureña, como veremos en su momento. Pero, de cualquier modo, la duda ya está presente en la apreciación de Henríquez y Carvajal. El 10 de agosto de ese año, mientras Max Henríquez Ureña intentaba renegociar en Estados Unidos los términos de las espinosas relaciones económicas entre esa potencia y la República Dominicana, su padre insistía: "Con ese triunfo, debes ir a Santo Domingo y sacarle alguna ventaja, después de lo cual te retirarías, si los cambios que ocurrieren no son suficientes a inspirarte confianza".[3] Es obvio: si se estaba a la expectativa de cambios que justificaran la confianza en el régimen, significa que el entusiasmo y la esperanza de 1931 empezaban a ser sustituidos por la desconfianza hacia la mitad de 1933.

---

[2] *Epistolario*, t. II, p. 227.
[3] *Ibid.*, p. 260.

La extensa colaboración de Max Henríquez Ureña con el gobierno de Rafael L. Trujillo permite entender mejor las complejas relaciones entre los intelectuales y el poder en el Caribe del siglo XX.

El dilatado compromiso de Max Henríquez Ureña con la política de Trujillo ha intrigado a muchos. No se ha contado hasta ahora con declaraciones suyas, explícitas y confiables, que ayuden a comprender mejor las verdaderas causas de su actitud, aunque tal hecho no resulta extraño si lo observamos en perspectiva familiar. Los Henríquez Ureña mantuvieron una cierta reserva en torno al tema, rota solo contadas veces en la correspondencia familiar hasta hoy publicada. Incluso la renuncia de Pedro Henríquez Ureña en 1933 al cargo de superintendente general de Enseñanza y su retirada del país aparece rodeada por el silencio: "Los motivos por los que abandona el país han quedado en el misterio. Solo la oralidad da cuenta de posibles razones, ya que [Pedro] Henríquez Ureña no dejó constancia escrita de las razones ni de su inconformidad hacia el régimen trujillista, aunque se tienen noticias de algunos contactos con exiliados antitrujillistas".[4]

---

[4] Soledad Alvarez: "Pedro Henríquez Ureña, mito y presencia en la cultura dominicana", en *El Siglo*, miércoles 8 de diciembre de 1999, Santo Domingo. Edición especial.

En lo que respecta a Max Henríquez Ureña, creo firmemente que su vínculo con la dictadura de Rafael Leonidas Trujillo se construyó sobre una base esencial y un estímulo propicio. La base estuvo hecha de la sustancia conservadora que marcó su acercamiento al universo de la política y que la experiencia vivida en Cuba —desde los impulsivos y antimperialistas años veinte hasta la violenta oposición contra Gerardo Machado, una figura que no le era antipática— vino a confirmar en su perspectiva, siempre recelosa ante las opciones sociales extremas. El estímulo fue su relación traumática con la intervención norteamericana de 1916 y con las gestiones para la desocupación. El transcurso de esa jornada histórica y la manera en que concluyó habían sido definitivas para el perfil ideológico del intelectual dominicano. Veamos.

En 1914 Max Henríquez Ureña apostaba todavía por la vocación de progreso y el equilibrio de la sociedad humana:

> Es la misma Alemania que hoy, impulsada por el espejismo de realizar una gigantesca quimera napoleónica, representaría un peligro para el mundo si no fuera porque cuando un hombre, un régimen o una nación llegan a ser una amenaza para la estabilidad adquirida en el orden de la civilización a costa de tantos sacrificios y de tantos esfuerzos, no tardan en caer heridos por el rayo de las supremas reivindicaciones humanas, como un águila caudal que se desplomara de la techumbre celeste fulminada bajo un torrente de centellas.[5]

Esa fe en la justicia y en el inevitable avance de la humanidad se tambaleaban cuatro años después, en 1918, tras las sangrientas jornadas de la Primera Guerra Mundial, el triunfo de la Revolución de Octubre y, sobre todo, la usurpación dominicana por la misma potencia que se batía en Europa a nombre de la libertad. Heredero de la tradición ilustrada decimonónica, miembro de una elite culta y autoelegida para elevar a la sociedad mediante la educación y la difusión del saber, a esas alturas el tercero de los Henríquez

---

[5] "Memoria del director", en *El Ateneo de Santiago de Cuba*; su fundación, su primer año, su porvenir, p. 18.

Ureña comprobaba con aprehensión que "la libertad es una mujer fuerte, de senos poderosos, de voz ronca, de rústicos encantos, de piel tostada, de fuego en las pupilas, que, ágil, y marchando con firme paso, se complace en los gritos del pueblo, en los choques sangrientos, en el redoble prolongado de los tambores, en el olor de la pólvora, y en la repercusión lejana de las campanas que tocan a rebato y de los sordos cañones que vomitan metralla".[6]

Y en febrero de 1920 aquel antiguo optimismo había desaparecido:

> No es, sin embargo, el quebranto físico el obstáculo más grande que he tenido que vencer para concurrir aquí esta noche: es quebranto moral que me abruma a veces, como ahora, ante las perspectivas, a juicio mío no muy claras, que el porvenir ofrece para las patrias chicas, las que tienen como armas para defenderse de posibilidades de absorciones, solamente dos palabras que cada día suenan más vagamente en el oído: el derecho y la justicia.[7]

Su alarmada participación en la política cubana de los años veinte, la radicalización que conociera ese proceso y el movimiento popular en que desembocó –con riesgo constante de intervención norteamericana– dieron una fundamental vuelta de tuerca en la evolución política de Max Henríquez Ureña. El idealismo rodosiano que en el nacimiento del siglo había asegurado a su generación la inmarcesible superioridad de los valores ideales frente a los utilitarios, la suprema fuerza de nuestras esencias latinas frente al poderío material norteamericano, eran barridos por la realidad de América Latina, tanto hacia lo interno de sus países como en lo internacional: "Esta ideología arielista no toma en cuenta las contradicciones de clases en la sociedad. Su reino es la armonía social. Su lugar, como ficción teórica, es la utopía, en el sentido etimológico tradicional, débil pues:

---

[6] "Francia y el genio latino", en "Discursos y conferencias; primera serie: prédicas de idealismo y esperanzas", p. 40-41.

[7] "Patria", en "Discursos y conferencias", p. 61-62. Discurso pronunciado el 24 de febrero de 1920 en el teatro Oriente de Santiago de Cuba.

lugar que no existe".[8] José Enrique Rodó había exaltado la función social de la intelectualidad pero, como programa para la acción, su credo era un sueño, un anhelo.

La realidad que se impone en la segunda y tercera décadas del siglo XX provocó estremecimientos muy hondos en las perspectivas ideológicas de la intelectualidad latinoamericana, obligó a un replanteo de juicios frente a la situación del subcontinente. Dioni Durán cree encontrar el inicio de ese proceso en Pedro Henríquez Ureña durante su estancia norteamericana de 1914 a 1921:

> Las contradicciones que emergen a consecuencia de esta pugna entre su perspectiva humanista y la realidad inmediata socio-política de América habrá de modificar a la larga su visión del mundo y las tareas que se propondrá como ensayista y crítico de la literatura hispanoamericana. Esta transformación paulatina [...] se inicia precisamente en la medida en la que al oficiar como crítico del acontecer socio-político, se origina una apertura en su perspectiva a lo histórico inmediato y una lenta, pero constante, toma de conciencia. El eje esencial del problema descansa en que Pedro Henríquez Ureña había dado prioridad a una relación entre el hombre y la humanidad marcada por el viraje espiritualista que significaba la impronta rodosiana y la misma orientación que se había trazado el Ateneo.[9]

Pero si el carácter, el cosmopolitismo y la peculiar ética intelectual de Pedro Henríquez Ureña le permiten encontrar en el humanismo vías adecuadas para expresarse mediante una obra de fuerte preocupación social y, de paso, calafatear la maltrecha utopía americana, el mayor sentido práctico de Max Henríquez Ureña, su arraigado conservadurismo y la consiguiente inmediatez en su relación con la realidad política le cierran esa posibilidad. Ganado por un escepticismo apenas

---

[8] Diógenes Céspedes: "El efecto Rodó. Nacionalismo idealista vs. nacionalismo práctico. Los intelectuales antes de y bajo Trujillo", en *Política de la teoría del lenguaje y la poesía en América Latina en el siglo XX*, p. 150.
[9] Dioni Durán: *Literatura y sociedad en la obra de Pedro Henríquez Ureña*, p. 104.

oculto, este último haría número entre los muchos intelectuales latinoamericanos que a la llegada de los años treinta fueron abandonando antiguas posiciones combativas o antimperialistas –algunas muy cercanas o dentro de la izquierda– para abrazar la indiferencia o militar en corrientes desde muy conservadoras hasta decididamente reaccionarias.[10]

La llegada de Rafael Leonidas Trujillo al poder encuentra a Max Henríquez Ureña listo para ejecutar ese salto. En su perspectiva, las tendencias autoritarias del nuevo régimen dominicano podían ser entendidas como garantes de una estabilidad que permitiría trabajar en paz por la recuperación del país y evitaría otra experiencia semejante a la vivida en 1916. ¿No había insistido una y otra vez la elite intelectual dominicana en que la solución a los problemas nacionales demandaba la organización de una estructura política, social y jurídica moderna, sólida, que hiciera obsoletas las guerras civiles y abriera la senda hacia la prosperidad económica? Así parecía percibirlo Max Henríquez Ureña, quien traza un vínculo entre la llegada de Trujillo al poder y la intervención norteamericana que terminó en 1924:

> Cuando quedó zanjada esa cuestión y la República fue reintegrada en el disfrute de su soberanía política, continué residiendo en el extranjero, totalmente alejado de nuestra política militante. No era de extrañar esa actitud en quien como yo no ha tenido nunca ambiciones en la vida pública, pero no dejó de influir en mi ánimo la circunstancia de que no advertí en el horizonte de nuestra política ninguna señal que respondiera al empeño de completar el rescate de nuestra soberanía política con su indispensable corolario: el rescate de nuestra soberanía económica. Antes, al contrario, se habían creado nuevos obstáculos en ese camino.[11]

---

[10] Ese tránsito ideológico sería muy nutrido, tanto en Cuba como en la República Dominicana, aunque catalizado en cada caso por motivaciones diferentes: en Cuba, por la violencia y frustración de la Revolución del 33; en la República Dominicana, por la dictadura trujillista.

[11] "El Dr. Max Henríquez U. solicita su inscripción en el Partido Trujillista", en *Juventud*, No. 11, 21 de febrero de 1941, Santo Domingo, p. 7.

Sobre ese telón de fondo, la decisión de abandonar Cuba en los primeros meses de 1931 y regresar a la República Dominicana se debió a su percepción de que Rafael Leonidas Trujillo

> perseguía sin vacilaciones, entre otros muchos propósitos de interés nacional, cuatro objetivos sustanciales para nuestra existencia y nuestro prestigio como nación: primero, la reorganización integral de nuestra vida administrativa sobre bases de laboriosidad y eficiencia; segundo, nuestro desarrollo material mediante el incremento de nuestra producción y nuestra riqueza; tercero, el propósito de internacionalizar la República, dándole mayor personalidad y prestigio en sus relaciones con las demás naciones; y cuarto, el rescate de nuestra soberanía económica, mediante la revisión de la Convención Domínico-Americana y la consiguiente supresión de la Receptoría General de Aduanas.[12]

El último de los cuatro puntos enumerados tenía por obligación que atraer a quien había vivido desde tan cerca el ultraje norteamericano, había estudiado el suceso y sus antecedentes con todo detenimiento, había denunciado una y otra vez su ilegalidad:

> De enorme trascendencia era cualquiera de esos objetivos para nuestra vida nacional, pero el último representaba además el magno *desideratum* de nuestro patriotismo y nuestro decoro, y desde la primera conversación que sostuve con él [con Trujillo, claro] comprendí que ese era, al igual que los demás anhelos que bullían en su mente, un empeño decidido de nuestro Presidente y que nada lo haría cejar en la consecución de ese propósito.[13]

Cuando el escritor dominicano llegó a su país, en diciembre de 1930, para ponerse al frente de la delegación que asistiría a las actividades por el centenario de la muerte de Simón Bolívar, fue acogido con las muestras de respeto y

---

[12] *Ibid.*
[13] *Ibid.*

cariño que correspondían a su estatura intelectual. Al regreso de Caracas, en enero, desarrolló numerosas actividades y departió profusamente con la intelectualidad, el medio académico y las autoridades políticas dominicanas. En una de las conferencias que dictó por esa fecha, tomando como referencia el gobierno de Espaillat, afirmaba Max Henríquez Ureña:

> Soñó con un ejército de maestros y olvidó que ese ejército de maestros necesitaba, para realizar su función civilizadora, ser respaldado por un ejército de soldados. Los fenómenos sociales no pueden cambiar de golpe por la voluntad o el capricho de un espíritu generoso. Las leyes sociológicas no pueden violarse por obra de un candoroso espejismo. No era posible improvisar una administración civil volviendo la espalda al fenómeno social y nuestro fenómeno social era el de un pueblo militarizado por treinta años de caudillaje y rebeldía. El derecho, la libertad y la civilización son palabras vanas si no tienen una fuerza en que apoyarse. "Santo Domingo no está para reformas pensadas, dijo Hostos, sino para reformas impuestas". Para realizar una obra civilizadora de gobierno no basta con la bondad de la obra misma; es necesario que la respalde una fuerza material como la de los cañones, frente a los eternos enemigos del orden social.[14]

La cita es más que una muestra del pragmatismo hacia donde las decepciones históricas habían empujado el pensamiento político de Max Henríquez Ureña; más que una prueba de adhesión a las orientaciones visibles del nuevo régimen que dirigía su país. Tales palabras, insertas en una reflexión sobre la "Evolución de las ideas políticas del pueblo dominicano" y dichas frente al propio Rafael Leonidas Trujillo —a quien, por supuesto, estuvo dedicada la conferencia— concedían al entonces naciente dictador un espacio providencial dentro de la historia nacional, le asignaban la augusta misión de propiciar, a

---

[14] "Una síntesis de la conferencia del Dr. Max Henríquez U.", en *Listín Diario*, año XLII, No. 13 243, enero 21 de 1931, Santo Domingo, p. 8.

través de la fuerza, la acción ilustradora y civilizadora de sus mejores hijos sobre un pueblo que, en opinión del disertante, no estaba objetivamente preparado para fórmulas más democráticas. El propio intelectual se preocupó de que una síntesis de su conferencia fuera publicada en *Listín Diario*, lo que ocurrió el 21 de enero de 1931.

Ya en ese momento, Max Henríquez Ureña no solo había decidido abandonar Santiago de Cuba y radicarse en su país de origen, sino que además había sido señalado para dirigir la Superintendencia General de Enseñanza de la República Dominicana, algo que sabían hasta las piedras en Santo Domingo. Preguntado dos días después respecto a tales comentarios, Ramón Emilio Jiménez, entonces superintendente general de Enseñanza, respondía: "Entiendo que el Hon. Presidente Trujillo haría una atinada elección, dadas la capacidad y justa fama de que goza, como intelectual, el Dr. Henríquez Ureña. Por otra parte, fue en él en quien primero se pensó para ese cargo, a raíz del triunfo de la revolución del 23 de febrero del año ppdo".[15]

Cuando asume la cartera, a finales de febrero, Max Henríquez Ureña conoce bien la índole de su misión: transformar radicalmente el sistema de educación dominicano, darle una orientación moderna y una organización eficiente. En realidad, era la persona indicada para semejante tarea. Su probada capacidad práctica, su cultura notable, su experiencia en el ámbito docente y en la dirección de centros educacionales o de promoción cultural le capacitaban con todo el prestigio y las herramientas para poner en movimiento una renovación en tal área. Así fue mayoritariamente entendido su nombramiento en el país:

> La reciente designación que se ha servido hacer el presidente Trujillo, cual es la exaltación a la Superintendencia General de Enseñanza al Dr. Max Henríquez Ureña, llena el pecho de todo el elemento estudiantil consciente en nuestra patria de un profundo goce por

---

[15] "Una breve entrevista con el Superintendente General de Enseñanza", en *Listín Diario*, año XLII, No. 13 246, enero 24 de 1931, Santo Domingo, p. 10.

cuanto el Dr. Max Henríquez Ureña, al ennoblecer con su persona el magisterio dominicano, será un faro de luz intelectual para la juventud dominicana, que hoy está más que nunca ávida de solazarse al calor de una hoguera de sapiencia cierta, de intelectualidad y cultura aquilatada.[16]

Conocedor de su tarea, el escritor se dedicó de inmediato a estudiar la realidad de la educación dominicana:

> No he descuidado un solo momento ese aspecto de mi misión; durante los veintitrés días que llevo al frente de este departamento y sin que sufrieran el menor retraso las atenciones al servicio administrativo, he querido observar de manera directa nuestra vida escolar, he recorrido buena parte del territorio nacional y he visitado personalmente gran número de escuelas, he cambiado impresiones con los funcionarios del ramo y he hablado con profesores, maestros y estudiantes. Solo así me ha sido dable formar criterio, basado en la realidad, sobre nuestras necesidades educativas. Obra estéril, por falta del sentido de adaptación, sería, no ya para mi modesto esfuerzo, sino para el técnico más brillante en cuestiones pedagógicas, aquella que consistiera en dictar reformas desde el plácido aislamiento de una torre de marfil, donde, en vez del rumor multánime del hombre afincado a la madre tierra, solo llegara, envuelto en la caricia del aire, el armonioso canto de las aves del cielo.[17]

Max Henríquez Ureña había calado el carácter de Trujillo, su sentido práctico, su desconfianza ante las aproximaciones demasiado intelectuales o excesivamente teóricas, así como la urgencia de resultados concretos que el gobernante exigía a sus funcionarios, todo lo cual resulta en la estrategia de ese informe. Y en realidad el tercero de los Henríquez

---

[16] Freddy M. Prestol C.: "El Dr. Max Henríquez Ureña, en la Superintendencia Gral. de Enseñanza", en *Listín Diario*, año XLII, No. 13 280, febrero 27 de 1931, Santo Domingo, p. 2.
[17] "Bases para la reorganización de nuestro sistema escolar", en *Revista de Educación*, año 3, No. 11, 25 de junio de 1931, Santo Domingo, p. 6.

Ureña se enfrascó en una intensa actividad renovadora durante los seis meses que estuvo al frente de la cartera y a pesar de la pésima situación económica que atravesaba el país, al punto de que los tópicos educacionales se convirtieron en puntos de ardorosa discusión para la sociedad dominicana del momento.

En principio, intentó sanear la situación profesional de los maestros y esto dio lugar a la Ley de Reorganización del Magisterio,[18] que buscaba la inamovilidad del personal docente con títulos idóneos y eficiencia probada, con el fin de estimular la titulación de todos los docentes capaces y garantizar la estabilidad laboral de los ya graduados; la creación de exámenes de suficiencia para los maestros no titulados, que perseguía excluir al personal inadecuado y dar una vía para regularizar su situación a quienes sí poseían condiciones y trayectoria; la instauración de concursos para la selección de textos escolares firmados por autores nacionales; el rediseño del sistema de inspectores y sus funciones; entre otros aspectos.

Como resultado de ese laboreo, fue presentado a la Cámara del Senado en el mes de julio un Proyecto de Reforma de la Enseñanza que pretendía transformar a fondo el sistema educacional dominicano. El Senado retuvo la discusión de la pieza para que "personas entendidas expresaran su opinión relativamente a las reformas que se piensan introducir".[19] *Listín Diario* abrió también sus páginas a quienes quisieran emitir sus criterios y todo el mes de agosto se vio ocupado por un debate que movió las consideraciones más encontradas sobre aspectos como la revisión de los planes de enseñanza, las estrategias para el aprendizaje de la historia nacional, la instauración del bachillerato único, el establecimiento de fechas fijas para los exámenes libres, etc. Una lectura de todo ese material no deja duda en torno a la

---

[18] *Vid. Revista de Educación*, año 3, No. 11, 25 de junio de 1931, Santo Domingo, p. 23-29.
[19] "Todas las personas entendidas deben dar su opinión sobre el Proyecto de Reforma de la Enseñanza", en *Listín Diario*, año XLIII, No. 13 438, agosto 5 de 1931, Santo Domingo, p. 2.

diligencia con que el superintendente había asumido su función renovadora ni tampoco sobre el carácter fuertemente centralizado del sistema que se intentaba implementar, lo que quizás fuera inevitable dada la época; el criterio, ya visto, de que el país precisaba de reformas impuestas; y, al mismo tiempo, las necesidades de adoctrinamiento del régimen político sustentado en torno al "carácter" de Trujillo. De cualquier modo, hubiera sido interesante aquilatar los resultados de esos proyectos.

Pero he aquí que el 25 de agosto, cuando Max Henríquez Ureña parecía más inmerso en tales afanes, fue nombrado intempestivamente canciller de la República Dominicana, cargo que *hasta ese día* ostentara Rafael Estrella Ureña, también vicepresidente de la República. Con evidente estupor, la primera plana de *Listín Diario* correspondiente al 26 de agosto de 1931 inserta la brevísima resolución oficial donde se hace saber que el día anterior había sido "nombrado Secretario de Estado de Relaciones Exteriores el señor Doctor Max Henríquez Ureña",[20] sin más aclaraciones; la no menos escueta información sobre la partida hacia el extranjero de Estrella Ureña *ese mismo día*; la toma de posesión, *ese mismo día* y "en un acto que revistió gran sencillez",[21] del nuevo canciller, quien de allí se trasladó al muelle junto a los restantes funcionarios de la cartera para despedir al que partía; y la confirmación de que el nombramiento del nuevo secretario de Relaciones Exteriores "no ha sido con carácter interino como se ha dicho, sino con carácter definitivo",[22] lo que además se hacía acompañar por la noticia de que el superintendente general de Enseñanza reemplazante

---

[20] "Designado el Dr. Max Henríquez Ureña Secretario de E. de RR. EE.", en *Listín Diario*, año XLIII, No. 13 459, agosto 26 de 1931, Santo Domingo, p. 1.

[21] "Previo juramento tomó posesión ayer tarde el nuevo Secretario de Relaciones Exteriores Dr. Max Henríquez Ureña", en *Listín Diario*, año XLIII, No. 13 459, agosto 26 de 1931, Santo Domingo, p. 1.

[22] "La designación del Dr. Max Henríquez Ureña como Secretario de RR. EE. es con carácter definitivo", en *Listín Diario*, año XLIII, No. 13 459, agosto 26 de 1931, Santo Domingo, p. 1.

sería Pedro Henríquez Ureña, quien ya "ha aceptado por cable, la referida designación".[23]

El nombramiento puede ser entendido como un premio al trabajo y la dedicación desplegados por el escritor en la Superintendencia General de Enseñanza, que concitó la admiración de muchos.[24] También a la fidelidad con que había captado y la diligencia con que había puesto en práctica los deseos de Trujillo en ese terreno. Pero tanta precipitación resulta extraña cuando se piensa en los tensos conflictos que durante meses habían caracterizado las relaciones del dúo Estrella Ureña-Trujillo y en las conocidas intenciones del segundo por deshacerse del primero, una figura demasiado prestigiosa política e intelectualmente, cuya sombra importunaba el omnímodo espacio de poder que construía el dictador. La sustitución de Rafael Estrella Ureña como canciller era algo que ya en agosto de 1931 estaba decidido. El propio Max Henríquez Ureña afirmaría muchos años después que Trujillo había ofrecido el puesto a su padre, Francisco Henríquez y Carvajal, quien declinó por razones de salud y sugirió a su tercer hijo como candidato idóneo.[25] De cualquier modo, el nombramiento parece haber sorprendido a la opinión pública y, si vamos a creer, al agraciado mismo:

Estaba ayer [...] doblemente ocupado con los asuntos de la Superintendencia de Enseñanza y los míos particulares, con motivo de la llegada de mi esposa y mis hijos, desembarcados ayer mismo, porque habíamos tomado residencia en Gazcue. Allí me sorprendió la llamada del Presidente de la República Gral. Trujillo, que me la comunicó un empleado de la Superintendencia y a la cual atendí inmediatamente, bajo la impresión de que versaría

---

[23] *Ibid.*
[24] A la llegada de Pedro Henríquez Ureña, *La Opinión* correspondiente al 4 de enero de 1932 comentaba: "No conocemos en detalle el pensamiento del nuevo Superintendente a este respecto, pero aún sin esto, queremos adelantarnos a recordar la magnífica impresión con que fue recibido en todo el país el plan propuesto por el Dr. Max Henríquez Ureña cuando ocupaba la Superintendencia, en relación con la enseñanza de la historia patria". Orlando Inoa: *Pedro Henríquez Ureña en Santo Domingo*, p. 59.
[25] Max Henríquez Ureña: *Mi padre*, p. 199-200.

sobre algún tema en relación con el servicio escolar cuya dirección asumía. Yo no tenía la menor idea de que iba a ser designado para el cargo de Secretario de Estado de Relaciones Exteriores, pero a mi llegada a Palacio, me enteró el Sr. Presidente de sus propósitos, que no podía menos que aceptar complacidamente.[26]

En fin, la actitud de Max Henríquez Ureña hacia el régimen de Rafael Leonidas Trujillo, que apenas comenzaba entonces, estuvo regida por la firme convicción de que este último abriría por fin una posibilidad real y concreta para poner el desarrollo del país en manos de sus hijos más aptos y capaces de labrarle un lugar destacado en el concierto de las naciones, como solía decirse entonces. De ahí la invitación a su hermano Pedro para que regresara al país. Situado en 1931, con un ojo puesto en las extendidas luchas políticas dominicanas y otro en la intervención de 1916, el intelectual dominicano creyó fervorosamente que esa era la vía adecuada para la especificidad histórica y social del país, perspectiva en la que coincidió con no pocos de los antiguos nacionalistas. Todavía en 1941, Henríquez Ureña valoraba de este modo los logros de un gobierno que ya sobrepasaba su primera década y había desplegado sus características esenciales:

La Ley de Emergencia Económica fue el primer paso dado por él [Trujillo] para convertir la Convención [Domínico-Americana] en letra muerta, y el éxito coronó sus esperanzas. Después, como todos recuerdan, vino el arreglo directo con los tenedores de bonos, mediante el cual la amortización de nuestra deuda quedó sujeta a una escala fluctuante proporcional a nuestros ingresos; y obtenido esto, la energía moral del Generalísimo se concentró en la consecución del objetivo esencial: la Receptoría General de Aduanas debía desaparecer y la Convención sería sustituida por un instrumento internacional cuyas estipulaciones respondieran

---

[26] "Hablando con el nuevo Secret. de E. de RR. EE. Dr. Henríquez Ureña", en *Listín Diario*, año XLIII, No. 13 460, agosto 27 de 1931, Santo Domingo, p. 1 y 6.

a los más exigentes reclamos del patriotismo. Al cabo de unos cuantos años confrontamos la realidad halagadora y honrosa: ese objetivo trascendental se ha logrado de manera satisfactoria y plena, gracias a la hábil y patriótica tenacidad del Generalísimo, a quien todos los dominicanos deben admiración y gratitud.[27]

Este tipo de apreciación acompaña con frecuencia al poder totalitario que, en tanto articula un férreo control y reduce las vías alternas de expresión social, logra un orden y una preponderancia tal de las estructuras estatales, que le permiten concentrarse sobre proyectos muy específicos y dar una imagen de progreso. De su parte, una propaganda abrumadora se ocupa de presentar al centro autoritario único como premisa indispensable para implantar el rigor y la disciplina, para crear una base sobre la cual edificar a largo plazo y que, a su vez, muestre la coherencia y la fortaleza adecuadas para proteger la independencia nacional. Entonces, lo dictatorial pasa a la condición de causa colectiva, de exigencia patriótica en función de los intereses del país y la nacionalidad. Como se ha visto largamente, las consecuencias de estos proyectos políticos han sido terribles allí donde enraízan. Dejando de lado la supresión de las libertades y todo lo que esto acarrea para la sociedad, la supuesta inversión en el desarrollo de la economía, la educación, la cultura, el deporte, o cualquier otro rubro social solo está en función del poder mismo y sus resultados (allí donde pudiera haberlos) son efímeros. La República Dominicana de Trujillo y la Cuba posterior a 1959 son ejemplos dolorosísimos de esto.

En un cuento escrito por Max Henríquez Ureña durante junio de 1933, varios personajes debaten en torno a la pertinencia o no de una dictadura "buena", "necesaria", justificada por sus fines y las circunstancias específicas del país. La diégesis de la narración se ubica en Cuba, durante la época de la conspiración antimachadista, y la tesis se deja leer como expresada por el comunista Salvatierra –tómese nota del apellido–, para quien "solo una dictadura que persiga un

---

27 "El Dr. Max Henríquez U. solicita su inscripción en el Partido Trujillista", en *Juventud*, No. 11, 21 de febrero de 1941, Santo Domingo, p. 7.

propósito noble y definido puede cambiar de raíz nuestra estructura político-social".[28] No voy a cometer la ingenuidad de identificar mecánicamente las actitudes e ideas de un personaje de ficción con las de su autor. Pero, dado el tipo de narrativa de tesis, apegada al realismo social decimonónico, que desde la segunda década del siglo cultivó Max Henríquez Ureña, y sus opiniones de principios de 1931, ya citadas, podemos hacernos cargo de su preocupación en torno a un aspecto nodal del proceso político dominicano en transcurso, que planteaba a sus protagonistas un problema ético de primera importancia a la hora de tomar decisiones.

En fin, el proyecto cuya legitimidad era debatida en los marcos de la ficción narrativa constituía el dilema que en ese 1933 enfrentaba Max Henríquez Ureña y, con él, muchos de los antiguos nacionalistas que se sumaron a la causa del trujillismo y que –al decir de Diógenes Céspedes– intentaron una salida "práctica" a los profundos estragos que la realidad socio-política latinoamericana había hecho en la esencia misma del credo arielista: "En el arielismo, la justificación del totalitarismo es una posibilidad. El ideal, en circunstancias extremas, puede aliarse con la fuerza ciega de lo utilitario a condición de que encauce hacia el bien de la colectividad las energías de la bestia calibanesca".[29]

No hay casualidad en el hecho de que fuera la República Dominicana uno de los países donde mayor repercusión tuvieron las teorías de Rodó. Sus postulados parecieron ajustar a la perfección con las aspiraciones de la zarandeada intelectualidad dominicana de inicios de siglo, la misma que en 1916 enfrentaría la ocupación norteña y en 1930 asistiría a la inauguración de la Era de Trujillo. Ahora sabemos que el totalitarismo también fue una salida posible para aquel nacionalismo dominicano afincado en un irrenunciable elitismo, en la construcción de un discurso identitario de idílica raíz hispánica, en una perspectiva intrínsecamente racista y

---

[28] "Bandera roja", en Max Henríquez Ureña: *Cuentos insulares*, p. 152. En el cuento, Salvatierra no es un antihéroe o un personaje antitético; al contrario, es presentado como un "espíritu cultivado y reflexivo".

[29] Diógenes Céspedes: *op. cit.*, p. 127.

haitianofóbica, en una suerte de acomplejada autopercepción histórica. Todos estos pasarían a ser formantes esenciales en la base de sustentación ideológica que acompañó al trujillismo: los tres primeros con carácter afirmativo, el último como justificación de la intolerancia y la violencia que debía transformar aquel pasado confuso y pusilánime en una nación nueva y admirable. A esa base ideológica contribuyeron sin demasiado esfuerzo muchos de los otrora nacionalistas dominicanos.

Insisto en que la experiencia de la ocupación norteamericana –la soberbia con que el país norteño pisoteó los derechos soberanos de la isla caribeña y el regreso del poder a manos de los caudillos– creó las condiciones idóneas para que el trujillismo fuera entendido por muchos intelectuales en esa dialéctica de *extremo necesario*. Tal fue, en mi opinión, el caso de Max Henríquez Ureña.

> Se explica así que en tal discurso ideológico Trujillo quedara identificado como la encarnación de la nación. El lugar ocupado por la dictadura en el proceso de modernización permite hacer inteligibles tanto sus características extremas como la legitimación ideológica que se le ha prodigado. Gran parte de las elites políticas y sociales se habían puesto de acuerdo en el requerimiento del desarrollo económico como premisa para la realización nacional, lo que terminó asociándose al fortalecimiento del estado. El desorden caudillista y la penetración norteamericana crearon un estado de desasosiego que, imperceptiblemente, se fue dirigiendo a la búsqueda de remedios autoritarios.[30]

Entender la extensa dictadura trujillista solo como el brutal acto de fuerza ejecutado por un hombre, y a los muchos –y a veces muy notables– intelectuales que se le supeditaron solo como un ejército de oportunistas simuladores, nos empuja hacia explicaciones demasiado simples. Puede ocultar que para no pocos de ellos el régimen impuesto por

---

[30] Roberto Cassá: "Cuarenta años después de Trujillo", en *Isla Abierta*, año XIX, No. 803, domingo 10 de junio de 2001, Santo Domingo, p. 8.

Rafael Leonidas Trujillo interpretaba pilares esenciales sobre los que descansaba su sentido de nación, cultura e identidad nacional dominicana, al tiempo que el estado de fuerza funcionaba como una posibilidad de orden frente al caos histórico y social que había desembocado en la traumática primera intervención norteamericana.

Los matices de ese acercamiento en los intelectuales nacionalistas varían según el caso. Van desde los cortesanos que hicieron del camaleonismo un arte, hasta quienes nunca se entregaron en cuerpo y alma al proyecto, lo observaban incluso con serias dudas y reproches, pero no visualizaban una opción mejor en la circunstancia que vivía la República Dominicana. En el extremo más distante de esa segunda posición estaría, por ejemplo, Pedro Henríquez Ureña, cuya carta a Joaquín García Monge del 16 de julio de 1938, está permeada por esa postura: "En resumen: dos cosas han conspirado para presentar al mundo el gobierno de Trujillo como peor de lo que es, –una, la cómoda alianza de sus enemigos con los capitalistas norteamericanos, otra, la extraordinaria torpeza de los aduladores del gobierno, que han llegado a los peores extremos públicos [...]."[31]

Muchos de quienes dentro de la República Dominicana se empeñan desde hace algún tiempo en una tan perjudicial como inútil campaña para sacralizar a Pedro Henríquez Ureña y, en persecución de tal objetivo político, le necesitan antitrujillista a cualquier precio, han echado mano al criterio de que el intelectual regresó a su país en las postrimerías de 1931 y desempeñó un puesto dentro del Gobierno hasta 1933 engañado por las alabanzas que Max Henríquez Ureña prodigaba al régimen de Rafael Leonidas Trujillo. Nada permite poner en duda la existencia de tales alabanzas pero, aun así, el argumento es una ofensa a la excepcional inteligencia y a la ética personal de un hombre como Pedro Henríquez Ureña, cuyo juicio fue siempre un dechado de equilibrio y responsabilidad individual.

---

[31] Pedro Henríquez Ureña: "Carta privada, primera versión", en *Isla Abierta*, año XX, No. 826, domingo 28 de abril de 2002, Santo Domingo, p. 4.

Pedro y Camila Henríquez Ureña, los otros dos vértices de
un triángulo intelectual único en el siglo XX caribeño.

Mixtificación semejante pretende explicar también su tu-
pido silencio posterior en torno a la dictadura que regía en
su país: "Desde junio de 1933, fecha en que regresó a la Argentina, Pedro Henríquez Ureña no articuló una sola palabra
para condenar o alabar al régimen de Trujillo. Se mantuvo
en silencio, evasivo, cercado por el temor de que cualquier
cosa que dijera perjudicaría a su familia".[32] Esto es, la presencia destacada de Max Henríquez Ureña en la diplomacia
de la dictadura haría comprensible no solo ese silencio, sino
también la firma que Pedro sumó en 1936 a la solicitud para
que el Premio Nobel de la Paz fuera entregado a Trujillo, su
coqueteo con la posibilidad de ser nombrado ese mismo año
embajador de la República Dominicana en Argentina, su

---

[32] Andrés L. Mateo: *Pedro Henríquez Ureña: vida, errancia y creación*, p. 290.
En el pie de una foto de este libro (p. 64) se ilustra: "Rafael Leonidas Trujillo, el
tirano que gobernó el país con mano férrea, controló a su antojo a todos los sectores de la sociedad, pero nunca contó con la simpatía de la familia Henríquez
Ureña", texto que no pudo ser escrito por Andrés L. Mateo, quien sabe muy bien
que *todos* los Henríquez Ureña estuvieron, de hecho o emocionalmente, cerca
del proyecto trujillista en algún momento: Francisco, Frank, Pedro y Max como
funcionarios; en el caso de Camila, recomendamos la lectura de alguna conferencia escrita en los años treinta y cuyo original reposa en el archivo del Instituto de Literatura y Lingüística, en La Habana.

nombramiento como delegado del país caribeño al Segundo Congreso de Historia de América en 1937 y su negativa a admitir los crímenes de Trujillo en la carta a Joaquín García Monge ya citada.[33] Son demasiadas concesiones e ignorancias en un hombre de la brillantez y la verticalidad que siempre mostró Pedro Henríquez Ureña.

Don Pedro no necesita la construcción de una leyenda blanca, ni esos esfuerzos de "purificación", ni menos aún ser elevado al castrante pedestal de la sacralización. Perteneció a una corriente liberal y nacionalista que, en el caso dominicano, tuvo su mejor oportunidad en 1916 y se sintió fracasar en 1922, que vio en Trujillo una posibilidad de reorganizar el país y desarrollarlo. Las referencias que el erudito hace al dictador dominicano al correr de 1932, mientras se desempeñaba como superintendente general de Enseñanza, demuestran que ha captado con toda precisión su arma más temible, la fuerza, así como también la que entiende como su mejor virtud, el orden.[34] Su renuncia al puesto y salida del país en 1933 es un intento por distanciarse de un sistema político que mal se avenía con su carácter e idiosincrasia. Pero, aun con notables desavenencias, es obvio que el humanista consideraba todavía en 1938 que el régimen trujillista era lo mejor para la República Dominicana dadas las circunstancias y las opciones. Por demás, la monumental obra literaria de Pedro Henríquez Ureña está ahí, empinada en todo su valor, no para que la reverenciemos acríticamente, sino para impulsar el debate constante, el mismo espíritu cuestionador que ejercitó él a lo largo de toda su vida.

Tampoco es necesario cargar las tintas en una leyenda negra para Max Henríquez Ureña, cuyo respaldo al hombre que regiría por treinta y un años la isla caribeña fue expedito y dilatado. Y ese apoyo tenía un toque especial para Trujillo,

---

[33] "Pero no es cierto que se cometan asesinatos; según observo, cualquier muerte ruidosa se la atribuyen a Trujillo los enemigos". Pedro Henríquez Ureña: "Carta privada, primera versión", p. 4.

[34] "Gobierno enérgico, pero activo, disciplinado, ganoso de servir, puede decirse que no trata de justificar la fuerza, sino de fortalecer la justicia", escribe Pedro Henríquez Ureña: "Cuál es el Santo Domingo de hoy", en Orlando Inoa: *op. cit.*, p. 166.

al provenir de un intelectual sin contactos con la política tradicional dominicana y que, además, tendía un hilo de continuidad hacia su padre y, por ende, hacia el intenso vínculo que este mantuvo con el problema de la deuda dominicana y su preponderante papel dentro de la causa nacionalista. Por otra parte, en 1931 el tercero de los Henríquez Ureña era un intelectual conocido en el orbe que habla español y un poco más allá. Trujillo, que entonces iniciaba su larga carrera en el poder, lanzó un decidido coqueteo hacia las clases más representativas del país, algunos de cuyos miembros le recibían con suspicacia, incluso con burla.[35] Por su origen familiar y su renombre, a esas alturas Max Henríquez Ureña ocupaba un prominente lugar entre la aristocracia intelectual dominicana.[36]

En cuanto al escritor, su fundamental accionar político hasta ese momento había transcurrido a la sombra de su padre, entre 1916 y 1921, y en un modesto tercer o cuarto plano durante su relación con el nacionalismo cubano, de 1922 a 1924. El nombramiento de Max Henríquez Ureña en la Superintendencia General de Educación le daba una oportunidad excepcional de aplicar su madurez intelectual en un terreno que conocía como pocos. El llamado para dirigir la Secretaría de Relaciones Exteriores, por su parte, le ponía al frente de lo que entonces llamaban "la internacionalización" de la República Dominicana, una labor que coronaba las expectativas del escritor. A la luz de todo esto y de los propósitos que Trujillo le había comentado tan efusivamente, esa selección parecía depositar mucho poder sobre los hombros de Max Henríquez Ureña. Solo que en el totalitarismo cualquier poder que no sea el central está cubierto por una perenne gasa de relativismo e instrumentación.

---

[35] Invito a consultar *Mis memorias* (Santo Domingo, Editora Cole, 2000), del famoso *play boy* dominicano Porfirio Rubirosa. Hay allí un acercamiento agradable y de primera mano a ese coqueteo político.

[36] Prefiero utilizar en este caso el término *aristocracia* para subrayar la condición social de este grupo intelectual y la posesión de una relevancia que no dependía necesariamente del poder económico.

A ese papel instrumental se entregó Max Henríquez Ureña con evidente convicción y eficiencia. En 1935, ya sin el rango de canciller, el intelectual dominicano dirigió a Rafael L. Trujillo una propuesta para fortalecer a largo plazo la imagen del gobierno dominicano en América. Iba acompañada de estas palabras:

> Como veo que Ud., después de reorganizar interiormente la República y de arreglar el problema de nuestra deuda, ha emprendido en efecto esa grandiosa [tarea] de *internacionalizar* la República, me creo en el deber de demostrarle que, desde lejos, quiero estar cerca de su pensamiento y de transmitirle, para que Ud. las estudie y contrapese, y vea si vale la pena llevarlas a la práctica, algunas ideas que al respecto se me ocurren, y que ojalá sirvan de algo en la esfera de los hechos, pues en materias de gobierno las ideas valen por quien las realiza y no por quien las concibe. Concebir ideas pueden muchos: realizarlas, uno solo.[37]

Aquí me detengo. Queda abierto el camino para quienes deseen seguir la trayectoria intelectual de Max Henríquez Ureña luego de 1931 y, por tanto, estudien en detalle su relación con el poder trujillista hasta finales de los años cuarenta. Por lo que a mí corresponde, creo que luego de 1933, mientras representaba la diplomacia del régimen en diversos países, conferencias y organismos internacionales, quedó para el intelectual dominicano la siempre anhelada estabilidad económica y un posicionamiento privilegiado desde muchos puntos de vista, ahora con la ventaja agregada de una relativa toma de distancia respecto al antojadizo centro de poder. Hemos de reconocer que Max Henríquez Ureña, a su modo, también "utilizó" el espacio que el dictador le ofrecía pues tuvo el cuidado –y la posibilidad– de no subordinar su obra literaria fundamental a la defensa directa del régimen que representaba, como sí ocurrió con otros muchos intelectuales dominicanos.

---

[37] A.T.M.C. Carta fechada en Buenos Aires, el 12 de marzo de 1935.

He traspasado el límite que para este libro representaba 1931 porque considero que el compromiso asumido por Max Henríquez Ureña con la política trujillista es una decisión que solo puede explicarse a partir de su periodo de formación, al que se han dedicado los capítulos anteriores. Ese compromiso tiene que ser observado frontal y desprejuiciadamente, con una mirada que escudriñe sin dogmatismos en las conveniencias coyunturales y el error, reconstruya las causas de las acciones y establezca las generalidades de rigor en torno a las siempre complejas relaciones entre los intelectuales y el poder. No busco justificar o condenar sino entender de la única manera que me es posible: desde el presente, en la seguridad de que se necesita una perspectiva dotada de la amplitud suficiente para no confundir al autor con su obra, para reconocer también los aportes culturales legítimos que dejó uno de los intelectuales antillanos relevantes en la primera mitad del siglo XX.

No ha sido así. Publicado en 2003, este fue el primer libro centrado por completo en la vida y obra de Max Henríquez Ureña que conociera la República Dominicana. Hasta ese momento, las valoraciones en su país de origen sobre el tercero de los Henríquez Ureña eran mayormente difusas y su obra de escritor y promotor –múltiple y extendida a diversos campos– se perdía en una generalidad indefinida que apenas sobrepasaba la mención laudatoria. Una revisión de la historiografía literaria dominicana –que, por cierto, él consolidó definitivamente en los años cuarenta– producida hasta ese momento entregaba un cúmulo de apreciaciones grandilocuentes y reiterativas, que muchas veces fundían a Pedro y Max Henríquez Ureña en una totalidad ambigua: "Cuando afirmé que a Salomé Ureña, para ser grande, grande por la obra, le hubieran bastado o sus hijos o sus versos, nombraba, sin nombrarlos porque lo juzgaba ocioso, a sus hijos Max y Pedro, cuya tarea en las letras americanas, en el campo del idioma español, ha servido para mantenernos en el mapa de la cultura".[38]

---

[38] Héctor Incháustegui Cabral: *De literatura dominicana siglo veinte*, p. 392.

Esas valoraciones se autolegitiman a partir de una omnímoda perspectiva nacionalista, que parece llenar de sentido la obra literaria individual y pasa por alto la necesidad de cualquier demostración; dan tanto por sentado, que apenas dicen nada: "La República Dominicana puede ufanarse de poseer dos de los más grandes humanistas de nuestra América (Pedro y Max Henríquez Ureña); dos de los más nobles (Américo Lugo y Flérida Nolasco) y dos de los más elegantes (Fernández Spéncer y Joaquín Balaguer)".[39] Como su gloria está sobrentendida, el nombre de Max Henríquez Ureña se confina en esos estudios a la ingrata compañía de algunos datos bio-bibliográficos –con frecuencia plagados de imprecisiones– y de ciertos juicios que se repiten de autor en autor, sin una verificación elemental, como aquel de que "no hizo de la poesía su habitual medio de expresión literaria. Sus versos son esencialmente labor de juventud",[40] cuya segunda parte quedaría desmentida con una simple ojeada a las fechas en que fueron escritos y publicados sus tres libros de poemas.

Menos todavía concede la lamentable *Historia de la literatura dominicana* firmada por Joaquín Balaguer, quien exilia el nombre de Max Henríquez Ureña hacia el lejano acápite de "Otros escritores" y nada más informa que su "extensa y valiosa bibliografía comprende varias novelas históricas: 'La independencia efímera', 1938, 'La conspiración de los Alcarrizos', 1941, 'El arzobispo Valera', 1944, y 'El ideal de los Trinitarios', 1951, así como numerosos trabajos de crítica literaria [...]."[41] En este último caso, el menosprecio valorativo es doblemente injusto pues, en su intento de historia literaria, Balaguer hereda con largueza –y muy pobres resultados– los presupuestos teóricos y metodológicos que estableciera Max Henríquez Ureña para su *Panorama histórico de la literatura dominicana*.

[39] Mariano Lebrón Saviñón: *Historia de la cultura dominicana*, t. III, p. 1291.
[40] Margarita Vallejo de Peredes: *Apuntes biográficos y bibliográficos de algunos escritores dominicanos del siglo XIX*, Vol. II, p. 144.
[41] Joaquín Balaguer: *Historia de la literatura dominicana*, p. 269.

Recuentos y exégesis centrados en la perspectiva sociológica, por lo general abroquelados en el criterio de que la obra literaria cobra sentido y valor como índice referencial o a través del discurso histórico-político de la identidad, la mención a las historias noveladas que Max Henríquez Ureña publicara entre 1938 y 1951 casi nunca falta en esos textos críticos o historiográficos donde, por otra parte, muy poco se dice sobre la obra restante de un escritor que publicó a lo largo de su carrera decenas de títulos, entre los que la narrativa no constituye la zona literariamente más apreciable.

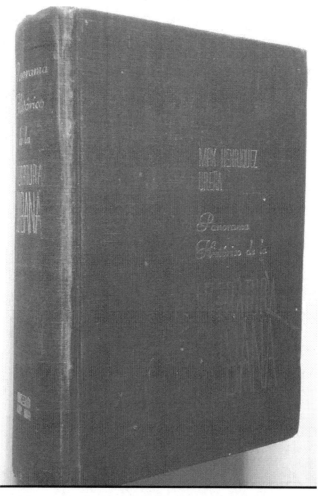

Panorama histórico de la literatura cubana, una obra en la que Max Henríquez Ureña invirtió décadas de estudio.

A muy temprana edad anduvo Max Henríquez Ureña por los predios del cuento, género que entraba al siglo XX latinoamericano con etiqueta de menor y un desarrollo tartamudo, a pesar del espaldarazo literario que los primeros modernistas le habían dado en las dos últimas décadas, al empeñarse en su cultivo con decidida pretensión poética e incluir numerosas piezas de esa especie en algunos de sus libros más importantes, el dariano *Azul* entre ellos. Bajo tal influencia escribiría y publicaría el dominicano sus cuentos iniciales en los que, sin embargo, la nota modernista resulta superficial. Puede encontrársele a modo de contagio en el cromatismo de algún título,[42] en el tratamiento de asuntos, épocas y lugares exóticos, en un cuidado estilístico inusual para un escritor quinceañero, o en la nota galante que a veces asoma.[43] Pero en todos los casos el argumento posee una imborrable motivación romántica.

Similar preocupación por la anécdota, aunque ahora en los terrenos del realismo, mostrarán los cuentos escritos por Max Henríquez Ureña entre 1912 y 1913, durante su segunda estancia habanera. Se agregaban al discurso narrativo, además, una fundamental prospección psicológica de ascendencia naturalista, que denuncia el trabajo íntimo junto a Jesús Castellanos; la clara presencia de Ibsen; y sobre todo el costumbrismo que, ya hemos dicho, será nota recurrente en el trabajo literario del autor, no importa el género en que se manifieste. Narrativa de tesis, centrada en una crítica sin estridencias a la utilitaria, hueca y pacata existencia burguesa, nos pone una y otra vez ante personajes cuya vida resulta vaciada de toda finalidad noble y desprendida por la férrea dictadura de las conveniencias sociales. Pero, incluso allí donde el costumbrismo se desliza sobre una suave y provechosa

---

[42] *Vid.* "Cuento blanco", en *Nuevas Páginas*, año 1°, No. 1°, octubre 1° de 1900, Santo Domingo, p. 9-10. También "Cuento gris", en *Nuevas Páginas*, año 1°, No. 2, octubre 15 de 1900, Santo Domingo, p. 6-7.
[43] *Vid.* "Amor de paje (cuento milenario)", en *Hojas Selectas*, Salvat y Compañía Editores, agosto de 1907, p. 705-708, *apud Isla Abierta*, año XX, No. 820, 3 de febrero de 2002, Santo Domingo, p. 12-13.

ironía,[44] esta literatura resulta verbalista en exceso, está tan pendiente de su tesis que no tiene tiempo para hacer vivir a los personajes, y esto hace que los conflictos se desarrollen no según su propia lógica ficcional, sino a través de un discurso narrativo directo, que con frecuencia pierde el tono.

Aunque ese interés psicológico y ese conflicto social son todavía relevantes en algún cuento escrito durante los años veinte,[45] Max Henríquez Ureña explora por esa época nuevos caminos narrativos. De un lado, en "La conga se va",[46] realiza un inusual descenso hasta las clases populares e intenta un cuadro de costumbres que no pasa de mirada folclórica y exteriorista. Del otro, acude al argumento de ambientación histórica, mucho más adecuado y acorde con su específica formación intelectual. Bien sea en una pieza de matices emocionales logrados, como "El nieto",[47] bien sea en un ejemplar lastrado por el verbalismo y la ausencia de convicción narrativa, como "Bandera roja",[48] lo que se nos presenta es un realismo al estilo siglo XIX, cuyo objetivo principal consiste en "pintar" una época. Cuando Max Henríquez Ureña recoge esos *Cuentos insulares*, en 1947, acota: "Al ordenar en gradación cronológica estas narraciones, veo que resumen, en algunos aspectos, el proceso político-social de Cuba desde la guerra de independencia hasta cumplirse los primeros treinta años de la vida republicana. La *realidad que pintan* es la que corresponde a la fecha en que cada una de esas narraciones fue escrita, con excepción de las dos primeras, que se refieren a un momento histórico anterior".[49]

A medida que Max Henríquez Ureña fue acercándose a la madurez como escritor, también sus cuentos acusaron de manera crecientemente profunda la nota didáctica que jamás falta en su literatura más característica. Solo que en este caso

---

[44] *Vid.* "La novela de Juanillo", en *Cuentos insulares*, p. 74-85. Juanillo se proponía caracterizar a la alta sociedad habanera en una novela que llevaría por título "Vidas inútiles". Al final, absorbido por esa misma sociedad, el personaje afirma: "No he podido escribir mi novela: la he vivido" (p. 85).

[45] *Vid.* "El primer indulto", en *Cuentos insulares*, p. 121-130.

[46] *Ibid.*, p. 131-144.

[47] *Ibid.*, p. 9-20.

[48] *Ibid.*, p. 145-156.

[49] *Ibid.*, p. [3]. Las cursivas son de Fernández Pequeño.

la vocación docente resulta un obstáculo infranqueable para el espacio narrativo en construcción. Ese perenne y demasiado evidente interés por informar un dato, una idea, por testimoniar este o aquel rasgo de la sociedad, tuerce la naturalidad del discurso narrativo, impide el desarrollo orgánico e independiente de los personajes en favor de una nota sociológica que no sabe resignarse a los recursos demorados e indirectos de la recreación narrativa.

Cuando el tercero de los Henríquez Ureña escribe "Bandera roja" –durante 1933, dos años después de haber regresado a su patria– adelanta ya muchos de los rasgos narrativos que poco después primarán en las cuatro "novelas" donde quiso ejecutar para la historia dominicana un gesto cercano al que pusiera en práctica Benito Pérez Galdós para la historia española en sus *Episodios nacionales*. Así, con absoluta honestidad, el autor dejó clara su intención de ilustrar la historia, no de hacer literatura: "He elegido el procedimiento narrativo, pero no creo ocioso advertir que, para mí, la historia en forma de novela no es precisamente la novela histórica. En la novela histórica prevalece el interés en la trama novelesca: la historia en forma de novela, es, en cambio, la interpretación de una época puesta en acción, en movimiento, con el ritmo de vida que seguramente tuvo".[50]

Adjudicar a esas narraciones –y, por tanto, exigirles– carácter de literatura artística es ante todo una injusticia para con su autor, cuyo interés estuvo centrado en elaborar un discurso didáctico que animara la historia dominicana y sirviera de combustible a un tipo de nacionalismo que, por cierto, ajustaba muy bien con el soporte ideológico trujillista en ejecución para la época. Así, la corrección estilística que tanto ensalzan los apólogos de estos cuadros costumbrista-didácticos se torna elocución infuncional y rígida cuando son evaluados con los parámetros de la narrativa artística, donde el acto escritural se define en la recreación, busca una libre reinvención del hombre y su entorno, mientras experimenta imaginativamente con la lengua

---

[50] "A la juventud dominicana", en Max Henríquez Ureña: *Episodios dominicanos*, p. 9.

viva, potenciada en la práctica cotidiana de sus hablantes. A la luz de la literatura ficcional, la supuesta corrección estilística de los *Episodios dominicanos* carece de emocionalidad, es un frío instrumento de arqueología costumbrista, de aséptica verbalización expositiva, que no alcanza a humanizar lo que toca y se resuelve en gesto docente.

No niego que esas obras tengan alguna utilidad didáctica; menos todavía pretendo ignorar en este caso la acuciosidad informativa y el manejo del idioma español, los mismos que permean toda la obra literaria madura de Max Henríquez Ureña. Pero mal puede captar "el ritmo de vida que seguramente tuvo" la sociedad dominicana del siglo XIX esa perspectiva que focaliza la narración desde la historia concluida y vuelta cliché en la pomposa glorificación del discurso político, esos personajes que hablan desde sus pedestales de héroes o sus simas de villanos y jamás encarnan la contradictoria emotividad del momento, esos extensos parloteos donde el narrador o –peor todavía– los personajes abandonan todo sentido de la verosimilitud para dar al lector la mayor cantidad posible de datos.

El aplauso que ha dedicado gran parte de la crítica y la historiografía literaria dominicana a estas historias noveladas solo puede explicarse a partir de una catastrófica distorsión de las funciones que competen a la literatura ficcional. Escribir que en ellas "se sitúa [Max Henríquez Ureña] en condiciones de realizar un ideal de más alcance y gloria personal que cuanto produjera hurgando en fuentes exóticas, carentes de vinculación con las raíces de su espíritu",[51] o que es ahí donde el escritor "alcanza el clímax de su estilo literario",[52] solo resulta posible si se entiende que el valor de la literatura no reside en la obra misma y en su peculiar capacidad de reinventar con ojo problematizador la vida palpitante de los seres humanos, sino en una dócil y docente confirmación de un discurso de la identidad que se entiende como herramienta política.

---

[51] Rufino Martínez: *Diccionario biográfico-histórico dominicano (1821-1930)*, p. 221.
[52] *Enciclopedia dominicana*, t. III, p. 297.

Así, en alguna ambiciosa antología de la prosa dominicana,[53] Max Henríquez Ureña aparece representado por el capítulo inicial de *La independencia efímera*, el primero de los *Episodios dominicanos*. ¿Son esos episodios el más alto logro, la cumbre de la prosa escrita por Max Henríquez Ureña? ¿Desconoce el antólogo las limitaciones de esas piezas narrativas, concebidas con los ojos vueltos hacia Pérez Galdós –que no fue lo más revolucionario del realismo decimonónico–, cuando los años treinta del siglo XX terminaban y en casi todas partes del mundo occidental la novela cumplía un contundente proceso renovador en manos de las vanguardias literarias? Por supuesto que no.[54] Y entonces, ¿por qué no se escogió uno de los muchísimos fragmentos antológicos que aparecen en los estudios literarios de Max Henríquez Ureña? ¿Por qué fue seleccionado precisamente un capítulo de estas "novelas" para llenar el espacio que con toda justicia le corresponde en las letras dominicanas?

De tan simple, la respuesta duele: porque una cierta perspectiva nacionalista considera esas novelas como "representativas". Pero, ¿representativas del valor literario? Claro que no: representativas de ese rígido discurso de la identidad que está situado fuera del proceso literario y sigue juzgando al arte a partir de una –también supuesta y muy servil– función de reflejo frente a la realidad. El asunto toma ribetes irónicos cuando comprobamos que, salvo su hermano Pedro, ninguno de los estudiosos e investigadores literarios incluidos en esa *Antología mayor de la literatura dominicana* puede exhibir la estatura intelectual, la obra de erudición, ni el reconocimiento internacional de Max Henríquez Ureña.

Parejo con tal apreciación corre un arraigado determinismo de asunto, una implícita o explícita consideración de

---

[53] *Antología mayor de la literatura dominicana (siglos XIX y XX)*, volumen III de la Colección Prisma, dedicado a la prosa, seleccionado por José Alcántara Almánzar y publicado en 2001.

[54] Una somera lectura a las valoraciones que el propio Alcántara Almánzar había dedicado en 1984 a esos episodios demuestra claramente que no está en absoluto ajeno a sus limitaciones. *Vid.* José Alcántara Almánzar: "Los episodios dominicanos de Max Henríquez Ureña", en *Narrativa y sociedad en Hispanoamérica*, p. 42-51.

que los textos elaborados sobre asuntos que se relacionan palmariamente con la República Dominicana son más "nacionales" y el hecho mismo de que el autor se los plantee agrega un valor especial, extraliterario, a su obra. Un ejemplo al canto. A Bruno Rosario Candelier, crítico con largas horas de estudio y dilatado quehacer en el afán literario, se deben las siguientes ideas:

> Una aspiración razonable es la de que los literatos de un país escriban sobre los asuntos de su país. Si leemos literatura antillana, buscamos las cosas que conforman al mundo antillano, no lo propio de una región asiática o europea. Por eso las raíces que conforman lo dominicano o, si se prefiere, el aliento temático de raíces dominicanas debe aunarse a la conformación lingüística del texto y al tratamiento técnico y estilístico que le sea más afín, puesto que la técnica y los procedimientos y los estilos deben estar al servicio de una temática; de ahí que el éxito de un escritor depende de su capacidad de explotar los asuntos propios con la técnica más adecuada o con la adecuación de las técnicas a la propia realidad socio-cultural.[55]

Y luego: "[...] para que sea dominicana [la novela] debe responder a un aliento temático de raíces dominicanas".[56] Y todavía después, con lógica anonadante: "[...] un novelista dominicano debe reflejar la realidad dominicana, bien sea de su época o de otra época, pero esa realidad debe ser preferiblemente nacional, pues se trata de un novelista dominicano".[57]

La cualidad de pertenencia literaria a cierta nacionalidad o cultura no radica en los temas ni en los asuntos sino en el sujeto, y desde él pasa a la obra, no importa qué pedazo de realidad haya escogido para echar a andar sus ficciones o sus juicios. Pedro Henríquez Ureña no es más dominicano cuando investiga y escribe sobre el español de Santo Domingo que en sus comentarios sobre la cultura griega. Los cuentos

---

[55] *Tendencias de la novela dominicana*, p. 142.
[56] *Ibid.*, p. 145.
[57] *Ibid.*, p. 148. Aquí me viene a la mente la antológica definición del boxeador cubano Teófilo Stevenson: "La técnica es la técnica, y sin técnica, no hay técnica".

más imaginativos y espacialmente imprecisos de Virgilio Díaz Grullón no atrapan menos el alma dominicana que los facturados por el meticuloso realismo de Juan Bosch. Vargas Llosa no renuncia a su condición de peruano porque sitúe *La fiesta del chivo* en Santo Domingo o *La guerra del fin del mundo* en Brasil. De igual modo, la dilatada trayectoria de Max Henríquez Ureña en varios países y sus numerosos textos sobre los asuntos más diversos no distraen su condición de dominicano, sino que la enaltecen, amplían sus horizontes de aplicación y desarrollo.

Hay dos formas de matar a un autor: echando su obra al olvido o colocándola en un indefinido pedestal, que la retrae a simple objeto de mención entusiasmada. No estoy seguro de cuál resulta peor o de si ambas no terminan en lo mismo.

Afortunadamente, luego de 2003, la obra de Max Henríquez Ureña ha merecido una mejor presencia en su país de origen. El Ministerio de Cultura, bajo la dirección del escritor José Rafael Lantigua, acometió la tarea de publicar en varios tomos la papelería del intelectual dominicano,[58] a partir de contactos con el Instituto de Literatura y Lingüística, en La Habana, que permitieron el acceso al archivo del tercero de los Henríquez Ureña y su procesamiento editorial por parte de un equipo de investigadores cubanos. De este modo, fueron reunidos por primera vez no solo sus libros fundamentales, sino también una producción más personal (como cartas, diarios, etc.), y muestras de su copiosa obra periodística, de escritor, político y gestor, que Max Henríquez Ureña dejó dispersa en la prensa de diferentes países.

A este, habría que sumar otros esfuerzos. El crítico Diógenes Céspedes reunió en dos volúmenes las colaboraciones que en sus últimos años de vida dio a conocer Max Henríquez Ureña en el *Listín Diario*, bajo el título general de "Desde mi butaca",[59] una recopilación que nos acerca al pensamiento del

---

[58] Henríquez Ureña, Max: *Obra y apuntes*. Santo Domingo, Editora Nacional de la República Dominicana, 2008-2012, 28 t.

[59] Henríquez Ureña, Max: *Max Henríquez Ureña en el* Listín Diario *(1963-1965)*; recopilación de Diógenes Céspedes. Santo Domingo, Editora Búho, 2009. Henrí-

intelectual en su última madurez y que quizás pudo ser aligerada de textos con muy escasa relevancia. Igualmente, pero en el plano de las valoraciones, el también crítico Odalís G. Pérez adelantó en su libro *Max Henríquez Ureña: las rutas de una vida intelectual*[60] un primer intento por marcar las líneas capitales que definen la producción del crítico y escritor dominicano, una reflexión cuyo primer valor radica en alejarse de lo anecdótico, de la hojarasca patriótica y, lo que es aún más importante, poner la debida distinción entre la vida política y la obra del erudito dominicano.

Max Henríquez Ureña tiene mucho que decirnos todavía y, creo, le debemos la honestidad de una postura analítica y cuestionadora, que convierta sus propuestas en núcleos de estudio y debate.[61] Para eso es necesario salvar su obra del trasfondo indefinido a que la condenan los juicios generales, protegerla de los prejuicios políticos y nacionalistas estrechos, evitar que la mayor estatura intelectual de su hermano Pedro termine por ocultarla. No como quien hace un favor, sino para reintegrar a la reflexión sobre nuestras culturas y nuestros países –que fueron tan intensamente *sus* países– una obra que los enriquece: la de Max Henríquez Ureña, el intelectual.

II

Intelectualmente, Max Henríquez Ureña nace con el siglo XX. Participa, pues, del espíritu impulsivo y emprendedor que la centuria trae al joven continente americano. A la sombra del

quez Ureña, Max: *Max Henríquez Ureña en el* Listín Diario *(1967-1968)*; recopilación de Diógenes Céspedes. Santo Domingo, Biblioteca Nacional, 2003.

[60] Santo Domingo, Archivo General de la Nación, 2011.

[61] Un ejemplo al calce lo ofrece Manuel Matos Moquete en *La cultura de la lengua* (p. 156-157), cuando se cuestiona –con lamentable brevedad– la validez metodológica del concepto "literatura dominicana" elaborado por Max Henríquez Ureña y seguido luego por la mayoría de los historiadores literarios en el país. En efecto, sería muy interesante someter a juicio profundo esos presupuestos historiográficos para el estudio de la literatura desde su período de gestación, que en Max Henríquez Ureña arranca a finales de la segunda década del siglo XX.

optimismo rodosiano y de una literatura regional que concitaba como nunca antes la atención de Europa, el intelectual latinoamericano del siglo nuevo se siente llamado a grandes tareas sociales, imprescindible en la construcción de un destino que espera por su esfuerzo. Hubo desde siempre en el escritor dominicano un sentido de servicio que rige toda su labor, no importa el campo en que la despliegue. Para él, nunca será suficiente premio la conciencia de una obra propia, inscrita en el reconocimiento de una intelectualidad que era –y sigue siendo– elitista. Esa obra debía volcarse sobre el grupo, entregarse de alguna forma a la colectividad. De esa materia estuvo compuesta su incansable dedicación a la promoción cultural.

Su actividad como animador de la cultura fue posible gracias a un efectivo dominio de los mecanismos de intercambio intelectual entonces al uso, en un mundo donde apenas comenzaban a despuntar los medios electrónicos de difusión y todavía la transmisión del saber y el debate de ideas obligaba al contacto personal, a la comunicación cercana, con la única mediación de la escritura, fuera impresa o epistolar. La presencia en el flujo de opiniones que garantizaban la prensa periódica, el ejercicio maduro y pensado de la cátedra y el punto intermedio entre ambas maneras que marcaba la conferencia, la disertación pública, eran tres momentos de una misma acción intelectual.

Fue sin dudas la conferencia el instrumento principal empleado por Max Henríquez Ureña para su obra de animación y promoción intelectual. En fecha tan temprana como 1918, el escritor dominicano solicitaba el rango de género literario para esa forma de exposición y le reconocía una modernidad que tomaba distancia de la engolada tradición oratoria decimonona que terminara capitaneando Castelar:

> No basta, empero, con estudiar los nuevos moldes que ha producido la actividad literaria, sino que también hay que tener en cuenta las transformaciones que han sufrido los géneros tradicionales. La oratoria ha pasado por una gran evolución: el exordio tiende a suprimirse en la mayor parte de los discursos, y ha desaparecido

totalmente en un género nuevo de oratoria: la conferencia. En ningún tratado de retórica se habla de la conferencia, suerte de conversación elevada, libre de los efectismos de la tribuna. Y sin embargo, ningún género ha alcanzado mayor auge en la época actual.[62]

Esa gestión difusora exigía, sin embargo, la existencia de instituciones que, generalmente ignoradas por los gobiernos de nuestros pequeños, pobres y subordinados países, cobraban cuerpo gracias al empeño de personas y grupos interesados en el perfeccionamiento educativo y cultural de la sociedad, lo que las condenaba no pocas veces a la inestabilidad y la muerte prematura, pero les garantizaba también independencia y libertad de decisión. Ellas abrieron espacios de interacción que –de una parte– servían como protección a las fuerzas intelectuales y permitían coordinarlas mejor, mientras –de la otra– facilitaban vías de contacto con el grupo social en cuyo seno alentaban.

Excepcionalmente dotado para la práctica cultural y dueño de un indiscutible poder de concertación, la trayectoria cubana de Max Henríquez Ureña entre 1904 y 1931 fue una constante siembra de esos espacios para el diálogo intelectual; espacios destinados a construir un ambiente que estimulara el desarrollo intelectual y el trabajo creador. Eso pretendían las publicaciones que impulsó, como *Cuba Literaria*, *Archipiélago* y *El Sol*, o a cuyo proyecto se sumó, como *Cuba Contemporánea*; las instituciones que dirigió, como la Sociedad de Conferencias de La Habana, el Ateneo de Santiago de Cuba y la Institución Hispano-Cubana de Cultura de Oriente, o a cuya actividad se integró, como el Ateneo de La Habana; los proyectos educacionales en que se empeñó, como la Escuela Normal de Oriente, la Academia Domingo del Monte y la Escuela Libre de Derecho González Lanuza. Algunas de esas instituciones son hoy reconocidos pilares de la

---

[62] *El ocaso del dogmatismo literario*, p. 16. Max Henríquez Ureña respetó concienzudamente esas diferencias genéricas en su práctica intelectual: mientras sus conferencias tienden a la simplificación expresiva, sus discursos mantienen esa envarada grandilocuencia, incluso con el empleo del "vosotros" y las formas verbales que le corresponden.

historia cultural cubana en el siglo XX. Cierto, tan cierto como que esa gestión hizo a Max Henríquez Ureña acreedor de un prestigio que nos alcanza. La obra literaria del dominicano, aquella que fijó la letra impresa, no puede ser estudiada sin perjuicio al margen de la articulación entre creación y promoción en la cual fue fraguada.

Ahora bien, todo ese volumen de actividad constituyó en primera instancia el resultado de un movimiento de dispersión intelectual que la familia Henríquez Ureña desplegó con riguroso tesón durante las primeras cuatro décadas del siglo XX. Nacidos en un país pequeño, pobre –como todos los del Caribe hispano–, estremecido por un inicio de centuria convulso, los Henríquez Ureña se vieron precisados a buscar en otras playas la estabilidad económica y social, las fuentes de educación y promoción intelectual, el ambiente que la isla de sus orígenes no podía ofrecerles.[63] Así, crearon durante cuarenta años un mapa de intercambio familiar intenso y amplio, fraguaron un país intelectual de dilatadas fronteras, levantado sobre una fe inquebrantable en la identidad antillana y latinoamericana. La patria, el centro espiritual de ese país aéreo, fue Santo Domingo; el corazón, la base logística, el puerto del retorno siempre posible, estuvo –al menos hasta mediados de los años treinta– en Santiago de Cuba, capital de Oriente, que tantos dominicanos y cubanos de la época entendían como parte de un espacio común. En fecha tan temprana como 1909, escribía Francisco Henríquez y Carvajal a su hijo Pedro: "Por otro lado, paréceme que nosotros tendremos que vivir entre Santo Domingo y Cuba. Otro medio más lejano ya cambia de fisonomía y nos aleja de una vez de nuestra tierra; tierra infeliz, a la cual vuelven siempre nuestros ojos y nuestros pasos aunque sea hacia el declinar de la vida".[64]

---

[63] Aún en 1931, cuando Pedro Henríquez Ureña examinaba la posibilidad de trabajar en su país, se preocupaba por "la estrechez cultural, sobre todo unida a la estrechez económica: con buenas entradas, no me preocuparía tanto, porque haría venir de Europa parte de lo que necesitara para trabajar y para enseñar; pero, con poco dinero, aquello sería la noche completa [...]." *Epistolario*, t. II, p. 196-197. Carta a Max Henríquez Ureña, 18 de junio de 1931.
[64] *Ibid.*, t. I, p. 545.

Las fronteras de ese país intelectual variaban: desde México hasta Nueva York, desde La Habana hasta Madrid, desde París hasta Buenos Aires, según los movimientos que trazaban los miembros de la familia. En su interior circulaba un profuso ir y venir de proyectos; una constante asistencia mutua en la búsqueda y acopio de información; una crítica y evaluación de ideas y textos hecha a corazón y rigor. El mentor intelectual, el sacerdote supremo de ese templo, fue Pedro Henríquez Ureña, a quien su hermano Max no dudó jamás en reconocer como maestro. El intercambio, sin embargo, fluía en todos los sentidos. El 30 de mayo de 1914 escribía Pedro a Alfonso Reyes desde La Habana:

> Pero faltó Max [que por entonces estaba regresando a Santiago de Cuba, luego de cinco intensos y polémicos años en la capital cubana], y él opina que el tono del artículo resulta duro para Varona, que, como Rodó, nunca lo emplea, y que esa dureza cortés es muy de D. Marcelino [Menéndez y Pelayo]. Desgraciadamente, la observación de Max es *post editionem*.

> Me hablas de libertarnos de D. Marcelino, y eso coincide con la observación de Max. Pero en estos días yo he tenido que combatir sus cosas, porque [José María] Chacón [y Calvo] es Marcelinista excesivo, y me creo capaz de libertarme pronto, después de esos dos avisos.[65]

Claro, tampoco faltaron las tensiones habituales en las familias fuertemente nucleadas; al contrario, parte de esa dispersión familiar fue una resultante de los choques entre la tendencia centrípeta sostenida por Francisco Henríquez y Carvajal, siempre empeñado en acercar a los hijos, y la búsqueda de mayor libertad en las decisiones personales por parte de estos. Esas tensiones son muy obvias sobre todo en el caso de Pedro, menos compatible con el carácter del padre. Pero también es cierto que la estructura familiar mantuvo su articulación funcional y desde el centro fluyó todo el tiempo la ayuda económica y el apoyo para paliar una situación difícil o poner en práctica algún repliegue urgente. Del

---

[65] *Epistolario íntimo (1906-1946)*, Vol. II, p. 252.

mismo modo que nunca faltó el respaldo decidido y unánime de todos cuando se hizo necesario el esfuerzo común, como ocurrió durante las gestiones para lograr la salida del invasor, tras los sucesos de mayo de 1916.

Desde el punto de vista intelectual, quizás el aspecto más visible de esta articulación familiar se sitúa en la promoción. Hombres notables por su formación, inteligencias reconocidas desde muy temprana edad, tanto Pedro como Max y Camila alcanzaron prestigio y respeto en las sociedades que les acogieron. A través de esas influencias, cada uno de ellos actuó como puente para mantener la colaboración de los otros en los medios intelectuales de los países donde actuaban. Pedro y Max Henríquez Ureña sabían que la difusión era indispensable para sus propósitos, y ambos dedicaron grandes esfuerzos a cultivar una producción para prensa periódica que les garantizó presencia intelectual continua en buena parte del mundo de habla hispana, Europa y Estados Unidos. Así, por ejemplo, aunque Pedro solo estuvo en Cuba en pocas ocasiones y siempre de paso, a través del hermano menor su nombre fue constante en los círculos intelectuales de la mayor de las Antillas entre 1904 y 1930, lo que atestiguan las colecciones de revistas y periódicos que se conservan. Así escribía en diciembre de 1914 a Alfonso Reyes desde Nueva York: "Yo en La Habana, para los efectos del bombo, disponía, y dispongo, de ella [se refiere a la prensa], pero no me sentí tentado a utilizarla [durante su estancia en La Habana, que se extendió a gran parte de ese año]. Espontáneamente se me da más bombo del que yo necesito, y Max se asombra de que se me conozca en Cuba tanto sin proponérmelo yo. Mucho se debe a su reflejo".[66]

Esa fraternidad, ese país intelectual sin mapa preciso, fue creciendo a medida que ambos maduraban como hombres de letras. Seguros de que la investigación y la creación literaria eran cocción de ambiente y precisaban, amén de talento y dedicación, un entorno propicio al intercambio de ideas, al debate exigente, la trayectoria de Max y Pedro Henríquez

---

[66] *Ibid.*, p. 116.

Ureña fue un esfuerzo denodado por rodearse de ese ambiente. El primero dedicó parte importante de su vida a la fundación de instituciones que abrieran espacios de intercambio, tribunas de expresión: en México, en La Habana, y sobre todo en Santiago de Cuba, cuyo menor rango urbano hacía más escabrosa la faena intelectual. El segundo se entregó, donde quiera que pudo, a la constitución de pequeñas cofradías de pensamiento. Primero en el México prerrevolucionario, luego en su corta estancia habanera de 1914, donde ya el maestro dominicano poseía una conciencia bien lúcida de esa estrategia y su importancia:

> Yo he difundido por aquí [escribe Pedro a Alfonso Reyes, su hermano literario, desde La Habana] la idea de que ninguna grande obra intelectual es producto exclusivamente individual ni tampoco social: es obra de un pequeño grupo que vive en alta tensión intelectual. Ese grupo [...] tiene un portavoz. Hasta en las religiones pasa eso. Y eso, que yo predico como esencial para Cuba —el grupo muy unido, que se ve todos los días por horas y trabaja en todo activamente— es lo que realizamos en México.[67]

El grupo era, pues, laboratorio; cuarto de máquinas donde la energía intelectual alcanzaba su máxima tensión; cámara de resonancia desde la cual se expandía luego — amplificada por los modos de intercambio entonces al uso— una labor ya constituida en obra. El grupo venía a ser la célula básica de un ambiente indispensable para el movimiento de ideas y la producción literaria. Hacia el interior de ese eficaz núcleo fluía un intenso ir y venir de criterios; un continuo retarse mediante el diálogo; un apoyo en la búsqueda, acopio y envío de información; una crítica lúcida, sumamente puntillosa, de lo escrito por cada cual; y un esfuerzo en la promoción común a través de las publicaciones periódicas y las editoriales de diferentes países. Ese intercambio pronto rebasó las fronteras geográficas dibujadas por el hombre, derrotó las distancias impuestas por la naturaleza y articuló

---

[67] *Ibid.*, p. 253.

una presencia solidaria, hecha de comunicación perseverante y tesonera. En referencia entusiasmada a los eruditos y escritores madrileños entre los que por entonces se movía, Reyes responde en diciembre del propio 1914 y completa el criterio del dominicano: "Esta gente es *nuestro grupo*. No estábamos solos en México. En Perú, en Cuba, en Madrid, existíamos también".[68]

Desde nuestro hoy secuestrado por la arrogancia de los medios electrónicos y el vértigo de las redes digitales, asombra que tanto y tan cálido contacto fuera posible gracias al medio epistolar. Porque en las dos últimas décadas del siglo XX, más lo que llevamos de siglo XXI, los modos de contacto intelectual han conocido notables modificaciones. Toda aquella gestión cultural con que hombres como Max Henríquez Ureña fecundaron, a fuerza de afán y presencia efectiva, la primera mitad del pasado siglo intelectual, parece arcaica desde la alejada proximidad del computador y el "diálogo" *on line*. El tradicional espacio intelectual en las publicaciones periódicas, la cátedra, las instituciones, se va desdibujando con rapidez ante la posibilidad del contacto cómodo y limpio en la soledad de cada quien y la lectura rápida, apenas sujeta a algunas palabras clave. Para conversar, informarse, estudiar una carrera universitaria y casi todo lo demás, solo es necesario no quitar los ojos de la pantalla luminosa. Incluso el libro en formato tradicional ve deteriorarse la jerarquía cultural que ostentó durante siglos. Y todo esto va haciendo más difusa la relación entre el escritor y su sociedad, dominada por el pragmatismo mercantil y el farandulero intercambio pseudocultural entendido como comunicación inmediata y fácil.

También ha cambiado el espacio físico y espiritual en que la familia Henríquez Ureña operó. Los procesos políticos vividos por las Antillas de habla española a lo largo del siglo XX han debilitado el vínculo que las unía y acentuado cada vez más su dependencia de centros poderosos, situados fuera del área geográfica y cultural caribeña. En tal sentido han obrado la situación colonial de Puerto Rico, la caída definitiva de la

---

[68] *Ibid.*, p. 115.

República Dominicana en el ámbito de influencia norteamericana y la instauración del sistema socialista cubano, que ya sobrepasa los sesenta años, con sus líneas de articulación trazadas hacia Europa del Este, Asia, o cualquier otro lugar donde sus sempiternos gobernantes puedan ejercer la mendicidad y paliar un tanto la crónica anemia de su sistema económico, sin aflojar las férreas ligaduras que atan las libertades de sus ciudadanos.

Es cierto que no han cesado los flujos humanos entre las islas, pero solo a modo de oleadas dictadas por conmociones políticas o por crisis económicas. Esas oleadas existieron siempre, pero aquel intercambio cotidiano, natural, que en la paciencia de los años fue tejiendo infinitos, arraigados y a veces invisibles lazos entre las islas, y alimentó un sentido implícito de patria común, se ha roto al ritmo de un proceso cuyo sentido pretendidamente globalizador aumenta el papel instrumental de nuestros países y su dependencia de los centros de poder, al tiempo que los aleja de su más íntimo ámbito de pertenencia.

El sueño de la unidad antillana va quedando para la pálida jerga de los discursos oficiales, de ocasión, mientras en la práctica nuestros países no encuentran modos para concertar sus fuerzas en un proyecto conjunto viable, conveniente a sus intereses comunes, y las sociedades caribeñas saben cada vez menos unas de las otras, se desconocen. Ese es un sueño –el de la unidad antillana; el de Martí, Hostos, Betances, Federico Henríquez y Carvajal, entre otros tantos– que estamos perdiendo. O que, al menos, está hoy más lejos que en aquel 28 de mayo de 1904, cuando Max Henríquez Ureña desembarcó en Santiago de Cuba como en casa propia.

III

Cuando Max Henríquez Ureña llega por primera vez a Santiago de Cuba no ha cumplido los 19 años de edad. Al momento de abandonar definitivamente la capital del Oriente cubano, en 1931, es un hombre con 45 años, una vida profesional hecha, una familia domínico-cubana constituida y un prestigio ganado en el campo intelectual. Los 27 años que median entre ambas fechas son los de su formación y maduración. Quien ve perderse en la distancia el Castillo del Morro santiaguero y avanza sobre la luminosidad del Mar Caribe hacia la patria dominicana, en aquel febrero de 1931, es un escritor de rasgos ya bien concretados y vasta cultura, listo para dar continuidad a una obra en proceso.

Esa obra se había extendido con intensidad variable por la poesía, el teatro, la narrativa, el ensayo, la crítica, la investigación histórica y literaria, la oratoria, etc. Y, sin embargo, el nombre del dominicano se sigue asociando hoy de manera casi absoluta al oficio de la crítica literaria. Que se le apreciara así en los años treinta resulta comprensible, pues sus continuas reseñas y artículos en periódicos y revistas de varios países podían crear la imagen de que era ese el terreno de su preferencia como escritor. Pero si, con la distancia que permite el tiempo, echamos una mirada a los libros publicados por el intelectual dominicano hasta 1931, encontraremos algo muy distinto: el ejercicio del criterio había sido para él un instrumento al servicio de otras disciplinas de los estudios literarios o una producción marginal, destinada a las páginas de la prensa periódica.

Apártense los géneros de creación y se verá que los textos de aquel período recogidos en libros por Max Henríquez Ureña pertenecen en lo fundamental a la historia literaria y, por su carácter, están más cerca de la investigación de corte académico que de la crítica. Para ejemplos, basta con *Rodó y Rubén Darío* y *El retorno de los galeones*. Los libros posteriores a ese año, con la *Breve historia del modernismo*, el *Panorama histórico de la literatura dominicana* y el *Panorama histórico de la literatura cubana* a la cabeza, confirman la apreciación. Incluso los pequeños ensayos sobre autores y literaturas contemporáneas de lenguas no española que recopiló el dominicano en 1960,[69] aunque más proclives al pensamiento desasido y la valoración crítica, acaban por derivar hacia los rumbos de la

---

[69] Max Henríquez Ureña: *De Rimbaud a Pasternak y Quasimodo.*

historia literaria, donde nuevamente la alta erudición informativa resulta nota protagónica.

Ni antes ni después de 1931 fue la crítica el género en que Max Henríquez Ureña desplegó su obra de mayor empeño. El encasillamiento del dominicano en ese género proviene de una perspectiva metodológica tan común como poco funcional, que engloba la investigación, la historia literaria, los estudios comparados –y aun los textos teóricos– dentro de la crítica, sin percatarse de que esta última es solo una rama entre otras muy importantes, diferenciadas aunque bien interconectadas, de la familia que constituyen los estudios literarios. A partir de aquí, ha cobrado vida una de esas frecuentes "verdades hechas" que los antólogos e historiadores repiten sin mayor detenimiento. No olvidemos las opiniones del propio autor: "La crítica literaria es otro género que no puede, que no debe agruparse dentro de las obras didácticas".[70] Y sus textos fundamentales como investigador de la literatura, aquellos que llegaron al espacio del libro, poseen un preeminente carácter didáctico. A menos que el completo rescate de sus artículos dispersos en la prensa demuestre algo distinto,[71] parecería que el ejercicio del criterio no constituyó el punto fuerte de Max Henríquez Ureña como estudioso de la literatura.

La abrumadora mayoría de los asuntos literarios que merecieron la atención del tercero de los Henríquez Ureña en su etapa de formación intelectual pertenecieron también al universo investigativo de su hermano Pedro. Incluso, este último se quejó en ocasiones de tales coincidencias e intentó que su hermano menor se desviara hacia otros caminos.[72]

---

[70] Max Henríquez Ureña: *El ocaso del dogmatismo literario*, p. 16.

[71] Piezas como el artículo sobre *Arabescos mentales*, publicado en *El Fígaro* y citado en el capítulo II de este texto, indican la imperiosa necesidad de rastrear toda esa literatura de ocasión, donde el crítico enjuiciaba su actualidad literaria inmediata y que quizás nos muestre a un Max Henríquez Ureña diferente al de sus libros fundamentales. No siempre (mejor dicho, casi nunca) un autor es la persona más autorizada para evaluar su literatura o decidir qué debe pasar al libro y qué no.

[72] "A propósito: creo que es error nuestro que los dos tratemos a menudo unos mismos temas; tú podrías haberte especializado en cuestiones de política, por

Curiosamente, los puntos de madurez en las carreras de ambos se manifestaron casi de manera simultánea. Con la publicación de *Seis ensayos en busca de nuestra expresión* (1928), Pedro Henríquez Ureña no solo se proyectó como el pensador definitivo de su América y marcó –en el temprano decir de José Antonio Portuondo– "el punto de partida de la crítica literaria hispanoamericana contemporánea",[73] sino que consolidó sus rasgos esenciales como escritor.[74] Están ahí, decantados ya, el fluido manejo del tono ensayístico; el afilado ejercicio del criterio; una búsqueda de la síntesis valorativa que se levanta desde la conceptualización de los hechos y procesos literarios; la extensísima erudición, cuyo alcance desborda lo informativo para ponerse al servicio del juicio; el estilo conciso y penetrante; etc. Aunque con mucho menor alcance, *El retorno de los galeones* (1930)[75] entregó, bien establecidos, gran parte de los que serían propósitos y recursos fundamentales en la obra madura que acometería el investigador y estudioso de la literatura Max Henríquez Ureña. Tanto en lo metodológico como en la práctica escritural, esos objetivos y maneras difieren de las instrumentadas por su hermano mayor y reconocido maestro.[76]

---

ejemplo [...]. Los García Calderón han sido más hábiles que nosotros: uno tomó para sí la filosofía y la política, otro la literatura, en creación y en crítica. Claro que ellos, estando juntos, pudieron convenir más fácilmente en la repartición". *Epistolario*, t. II, p. 193-194. Carta de Pedro a Max Henríquez Ureña, fechada en Buenos Aires, el 8 de mayo de 1931.

[73] "Pedro Henríquez Ureña, el orientador", en *La emancipación literaria de Hispanoamérica*, p. 63.

[74] "Sus libros anteriores se le parecen, los que vendrán saldrán de él, como desenrollando un rollo chino", dice con razón Andrés L. Mateo en *Pedro Henríquez Ureña: vida, errancia y creación*, p. 272.

[75] Recuérdese que la primera versión de *El intercambio de influencias literarias entre España y América durante los últimos cincuenta años (1875-1925)*, texto fundamental de ese libro, corresponde a 1926.

[76] Véase cómo en *Las corrientes literarias en la América hispana* el propósito docente que fraguó el texto y la necesidad de compactar una rápida síntesis informativa para un público no enterado, hacen que Pedro Henríquez Ureña contenga un tanto el juicio crítico y se acerque a las maneras preferidas por su hermano. De una parte, tengo por seguro que ese libro de Pedro –como mismo su *Historia de la cultura en la América hispánica*– no puede considerarse sino el ensayo preliminar de la obra sólida y definitiva sobre la literatura hispanoameri-

La trayectoria de Max Henríquez Ureña en los estudios literarios resulta de una coherencia aplastante. Sus obras fundamentales en ese terreno provienen de una rutina de trabajo que ejecutó con tenacidad casi implacable: la focalización sobre algunos grandes asuntos que comenzó a investigar desde su juventud y a cuya reflexión se dedicó por décadas, período de tiempo durante el que fue ofreciendo resultados parciales, a modo de pasos que conducían a la obra final, definitiva. Así, el camino que había comenzado en *Rodó y Rubén Darío* primero, y continuado en *El retorno de los galeones* después, seguiría avanzando en textos como *Las influencias francesas en la poesía hispanoamericana* (inicialmente publicado en francés, en 1940), para desembocar al inicio de los años cincuenta en la *Breve historia del modernismo*, uno de los títulos más sólidos firmados por el investigador literario dominicano.

A la hora de dar cima al ciclo de sus estudios modernistas, Max Henríquez Ureña tenía objetivos muy bien definidos: "[...] he querido, en estas páginas, resucitar una época que viví intensamente: para lograrlo, he tratado de ponerla en movimiento con su ritmo de vida propio, merced al relieve biográfico de sus personajes principales y a la evocación anecdótica de los grupos literarios a que pertenecía cada uno de ellos",[77] declaración que reactivaba los votos de heredad literaria modernista hechos por el escritor desde su primer acercamiento serio a ese movimiento, en 1916, y al mismo tiempo reconocía uno de sus rasgos primordiales como historiador de la literatura: el gusto por lo testimonial, sobre todo con el objetivo de recrear ambientes.

La cita trae, además, una palabra clave: época. Si bien la apreciación de que el modernismo significó una reacción frente al descuido formal romántico –que resultaba cardinal en el texto sobre Rubén Darío de 1916– se mantiene, aparece muy reducida en su antigua condición de rasgo esencial.

---

cana que su prematura muerte nos arrebató; de la otra, el humanista dominicano tampoco olvida aquí el sentido de la selección y esto nos ahorra las largas enumeraciones de obras y autores que con tanto gusto despliega en ocasiones Max Henríquez Ureña.

[77] *Breve historia del modernismo*, p. 7.

Triunfa en su lugar una concepción que ya pugnaba por hacerse espacio en *El retorno de los galeones*: la del modernismo como una época literaria, como una sensibilidad estética que extendió su carácter transformador a todo un momento de la literatura hispanoamericana, al tiempo que daba cabida a múltiples tendencias individuales. Esa idea ha terminado por imponerse:

> Y esto es la esencia del modernismo, que consistió en Rubén Darío como en su opositor Unamuno y en todos los hombres de valía en la época, en lo mismo que constituyó el valor de Martí: en ser individuales y únicos, en tener una voz y un estilo inconfundibles, en buscar la máxima originalidad personal por medio de la asimilación de las más variadas influencias antiguas y modernas. Lo que les hace a todos ellos modernistas no es tanto aquello en que se parecen, como aquello en que se diferencian de la generación anterior y entre sí mismos: su voluntad de íntima y sincera originalidad, más lograda en Martí que en ninguno otro, que es lo que le hace el primero de los modernistas.[78]

Esa idea del modernismo como una sensibilidad epocal guarda una clara deuda en su elaboración original con los estudios desarrollados, entre otros, por Max Henríquez Ureña. La negativa a admitir que el modernismo fue una escuela literaria cerrada aparece desde sus primeros textos sobre el asunto, más de treinta años antes y cuando los últimos ecos de aquel acontecimiento literario eran todavía audibles. Ahora, la primera mitad de la *Breve historia...* despliega una bien documentada exposición sobre los inicios del movimiento, su fisonomía estética y sus principales autores. Rico en información, seguro en sus juicios, interesante en las reconstrucciones de ambiente, el estudio demuestra serenidad de criterio y densidad reflexiva, que en los momentos más logrados parece abrazar las maneras del ensayo. De ahí que el dilatado y paciente examen de la época modernista seguido por el escritor dominicano destierre de toda esta parte

---

[78] Federico de Onís: "Martí y el modernismo", en *España en América*, p. 624.

inicial aquellas fatigosas enumeraciones de *El retorno de los galeones*, en favor de la síntesis conceptual.

Claro que la perspectiva de Max Henríquez Ureña sobre la sensibilidad modernista continuaba girando en torno a la profunda renovación formal que esta significó dentro de la literatura hispanoamericana. Al no incluir en sus propósitos el examen de los condicionantes sociológicos que actuaron sobre dicha sensibilidad, el investigador encuentra dificultades para explicar muchas de sus actitudes y manifestaciones, a las que alude vagamente como "estado de duda", "inquietud contemporánea", etc.,[79] insuficientes para entender un proceso de suyo complejo: "El pesimismo generacional modernista tiene un doble origen, y en consecuencia, puede considerarse que se escinde en dos tipos: un pesimismo literario ambiental, de origen libresco, aprendido en las obras de filósofos alemanes y novelistas rusos, y otro de origen social, determinado por la aparición en Hispanoamérica del escritor cuya pugna inevitable con el medio se agudiza al soñar con ser escritor profesional".[80]

Habría que preguntarse si ambos pesimismos no eran en el fondo uno: la reacción frente a la compleja realidad que generaba el desarrollo capitalista y su afianzamiento, que en el caso de Hispanoamérica significaba la consolidación tardía e incompleta de un sistema dependiente que, de hecho, subsistía traumáticamente con formas de vida y organización social provenientes de otros estadios económicos. La conversión del arte en mercado y de la obra en mercancía, sometida a las mismas leyes que cualquier otro bien negociable, estremeció en lo hondo a toda la intelectualidad decimonónica de Occidente, pero en el caso hispanoamericano representó una grave ruptura entre el artista y su mundo, hasta ese momento regido por formas de mecenazgo más o menos encubiertas.[81] Tanto es así, que solo en la década de los sesenta del siglo XX los escritores de la América que habla español

---

[79] *Breve historia del modernismo*, p. 19.
[80] Raymundo Lazo: *Historia de la literatura hispanoamericana*, t. II, p. 23.
[81] *Vid.* Françoise Pérus: *Literatura y sociedad en América Latina: el modernismo, passim.*

pudieron comenzar a abrirse espacio en un mercado literario entonces insuficiente y que se ha decantado hoy hacia una literatura más complaciente que experimental.

Max Henríquez Ureña estaba más interesado en trazar el mapa del modernismo hispanoamericano que en explicarlo. Y aquel, su propósito, lo logra con demorada precisión, aunque no con pareja efectividad en todo el libro. Luego de las casi primeras doscientas páginas, cuando se vuelca sobre la dispersión de los grupos modernistas en el territorio hispanoamericano, el discurso de la *Breve historia...* termina por convertirse en un denso panorama de las letras regionales desde finales del siglo XIX hasta la entrada de los años treinta, ya en el XX. Tras objetivo tan exigente, el estudioso dominicano regresa a aquellas apabullantes enumeraciones que nos habían anonadado en *El retorno de los galeones* y que, ahora como entonces, diluyen la aprehensión conceptual del proceso bajo estudio e informan bien poco en su monótona acumulación, al punto de que resulta difícil no echar de menos algo de síntesis, de concreción valorativa:

> La vida de los mineros y la de los marinos fue descrita con maestría por Baldomero Lillo (1867-1923), en *Sub-terra* (1904) y *Sub-sole* (1907), libro de narraciones breves, en las que se combinan las influencias de Zola y Máximo Gorki. Conocía por propia experiencia la vida minera de Lota y Coronel, y en *El chiflón del diablo, Quilapán, Era él solo*, pintó con maestría escenas que había visto de cerca. Entre sus cuentos de la vida marinera sobresalen *El ahogado, El remolque, La ballena* y *Sub-sole*, que da título a su segundo libro. Explota el filón folklórico en diversos cuentos: *Juan Fariña, La piedra de fuego, El anillo*; da [rienda] suelta a su vena humorística en otros: *Cañuela y Petaca, Caza mayor, Malvavisco*; y no siempre se concentra en la realidad, sino que deja correr su fantasía en *El rapto del sol* e *Irredención*. Su estilo es seco e incisivo. Mariano Latorre (1886-1955), que se inició con *Cuentos de Maule* (1912), también ha descrito con maestría la vida de campo adentro (*Zurzulita*) o de la cordillera (*Cuna*

de cóndores), lo mismo que la de los *Chilenos en el mar* (1929).[82]

¿En qué medida permite una enumeración como esta apropiarnos de los valores literarios o conceptuales que dieron alma al modernismo? Yendo más allá, ¿en qué medida ayuda a conocer realmente la obra de Baldomero Lillo o la importancia de la narrativa social chilena del período? También Max Henríquez Ureña siente necesidad de preguntarse:

> ¿Hasta dónde tienen nexos con el modernismo los nombres incluidos en esta relación de cuentistas y novelistas? Los tienen, al menos muchos de ellos, por lo que toca al estilo, a la forma de expresión, libre de clisés y frases hechas. Los tienen también algunos al través de la influencia del naturalismo y el impresionismo, que los modernistas se cuidaron de extender y propagar. Pero con la mayoría de esos escritores ocurre que, aunque florecieron en el momento modernista y a esa tendencia ajustaron sus primeros pasos, les tocó sobrevivir al movimiento, del cual quedaron desligados, y muchas veces su producción posterior es muy otra.[83]

La comprensión del modernismo como un manojo de tendencias que no era posible encasillar en una escuela específica constituyó un acertado punto de arrancada para Max Henríquez Ureña, pero también exigía el establecimiento de límites más precisos o terminaría por abrir las puertas del paraíso modernista a todo aquel que cuidara la forma y huyera de "clisés y frases hechas", con lo cual el concepto modernismo pierde gran parte de su valor metodológico pues se reduce a una actitud renovadora casi consustancial a cualquier verdadera manifestación de creatividad literaria. Modernismo podría ser, entonces, muchas cosas:

> ¿Puede clasificarse a [Roberto] Payró entre los modernistas? Él nunca pretendió serlo. Ahora bien, si tenemos en cuenta que la influencia del realismo y el naturalismo se manifestó en forma análoga entre los

---

[82] *Breve historia del modernismo*, p. 364.
[83] *Ibid.*, p. 366.

novelistas que pertenecen al movimiento de renovación literaria, fuerza será reconocer que Payró siguió una orientación afín con la de ese movimiento, dentro del cual, además, se encontraron muchos de sus mejores amigos. La diferencia que separa a Payró de la mayoría de los modernistas es una diferencia de estilo. Payró nunca tuvo empeño en acicalar el lenguaje. Su prosa es llana y correcta, pero no es "prosa artística".[84]

¿Y dónde queda entonces el cultivo del estilo que, según se nos dijo antes, era esencial para el movimiento? Si compartir alguna influencia con autores modernistas o ser amigo de ellos eran razones suficientes para ser incluido, entonces modernista fue casi todo el que escribió durante la época. Y, en efecto, la amplitud de la definición que Max Henríquez Ureña aplica franquea el acceso en la segunda parte de la *Breve historia...* a un material investigativo sumamente voluminoso, que en realidad constituye un extendido vistazo sobre la literatura de la región hasta la llegada de los años treinta y donde, no pocas veces, el lector se percata de que el acopio de información excede los objetivos del estudio que se había propuesto el investigador, como ocurre con la larga sección dedicada a Horacio Quiroga,[85] más adecuada para una historia general de la literatura hispanoamericana.

Al no trazar los límites del modernismo por comparación con los modos literarios que lo sucedieron y reaccionaron frente a su estética, como sí había hecho para señalar su aparición por contraste con las maneras románticas; al no hurgar con suficiente tenacidad en lo que había detrás de los rasgos formales y las preferencias que consolidó aquel movimiento, Max Henríquez Ureña no puede separar la auténtica actitud modernista de la captación superficial de esos rasgos y esas preferencias debido a la poderosa influencia que los escritores acogidos bajo esa orientación echaron a su estruendoso paso sobre la intelectualidad

---

[84] *Ibid.*, p. 203.
[85] *Ibid.*, p. 241-254.

hispanoamericana coetánea y posterior a ellos, con lo cual olvidaba la advertencia de su hermano Pedro:

> Hay que distinguir, pues, entre generación y escuela o movimiento literario: se pertenece fatalmente a una generación, si bien cada generación lleva consigo sus excepciones de retardados y avanzados; pero se puede tener o no la voluntad de aceptar de lleno un movimiento literario. En toda generación literaria hay, pues, escritores que no tratan de seguir la moda ni oponerse a ella: forman su estilo con los elementos que les parecen menos sujetos a controversia entre los que les ofrece el ambiente.[86]

En la *Breve historia del modernismo* encuentran terreno propicio las preferencias de Max Henríquez Ureña por la historia literaria y, sobre todo, por esa mirada panorámica, más extensa que intensa, más instructiva que interpretadora, en la que no se busca tanto el análisis vertical y revelador, la detección de raíces profundas que dan sentido al hecho artístico, la sintética captación de las líneas medulares que singularizan y permiten entender en esencia, como la creación de una acuciosa base de información. Ya lo había advertido el dominicano: "Abrigo la esperanza de que esta *Breve historia del modernismo* pueda ser útil, al menos por la información copiosa y por la abundancia de datos fidedignos pacientemente acumulados en sus páginas".[87]

Bien que lo logra. Su libro sigue siendo hoy uno de los acercamientos mejor documentados sobre ese fundamental momento de las letras hispanoamericanas; un trabajo concebido a lo largo de cuatro décadas de búsquedas, reflexiones e intercambios de ideas. No se ha agradecido bastante a Henríquez Ureña que, mientras la crítica inmediatamente posterior al modernismo "hizo de él materia de disección implacable, muchas veces inútil, si no perjudicial

---

[86] Pedro Henríquez Ureña: "Literatura contemporánea de la América española", en *Pedro Henríquez Ureña en Cuba*, p. 72-73.
[87] *Breve historia del modernismo*, p. 8.

e incomprensiva",[88] por esa misma época se alineaba el dominicano junto a quienes tuvieron la amplitud de criterio suficiente para entender la importancia del estallido modernista e iniciar estudios que fueron un indispensable punto de partida en el conocimiento y comprensión de nuestra definitiva independencia literaria.

Así, por ejemplo, Roberto Fernández Retamar considera que la nueva interpretación del modernismo arranca en 1934, cuando Federico de Onís publicó su *Antología de la poesía española e hispanoamericana*.[89] Según el escritor cubano, esa "nueva interpretación" se fundamentaba en: primero, la consideración de que el modernismo no fue una escuela literaria, sino un movimiento disímil, del que formó parte la española Generación del 98; segundo, la inclusión de los prosistas en su estudio; y tercero, la pertenencia de José Martí y Miguel de Unamuno al mismo. Desde 1916, en su texto sobre Darío, había Max Henríquez Ureña planteado la concepción del modernismo como un conjunto de tendencias diversas y allí aparecía con toda propiedad la obra de Martí en lugar preponderante entre los iniciadores. Tal concepción fue ampliada en 1926, con *El intercambio de influencias literarias entre España y América durante los últimos cincuenta años (1875-1925)*, donde además se repasaba la producción en prosa de la época modernista. Ese texto, si bien no identificaba al modernismo hispanoamericano y a la literatura española del 98 como expresiones de un mismo movimiento, sí estaba fundamentalmente dedicado a rastrear el cruce de influencias entre autores a ambos lados del Atlántico. No dudo que la antología elaborada por Onís tuviera una mayor circulación o que en ella los vínculos entre el fenómeno modernista y la literatura del 98 sean revelados con una más certera perspectiva conceptual, pero tales reconocimientos no precisan la negación de quienes desde muy temprano allanaron los caminos

---

[88] Raymundo Lazo: *op. cit.*, p. 26-27.
[89] "Modernismo, noventiocho, subdesarrollo", en *Para una teoría de la literatura hispanoamericana y otras aproximaciones*, p. 97-98.

para el estudio de ese capítulo literario en Hispanoamérica, entre ellos Max Henríquez Ureña.

IV

El dilatado proceso de investigación que cimentó la obra máxima de Max Henríquez Ureña sobre el modernismo se hace aún mayor en el caso de su indispensable *Panorama histórico de la literatura cubana*, obra de madurez que es posible seguir en sus avances y penetraciones desde la segunda década del siglo hasta su terminación definitiva en 1962, casi cincuenta años más tarde. En efecto, hacia 1917 o 1918, Foulché-Delbosc solicitó a Max Henríquez Ureña un texto de carácter histórico sobre la literatura cubana, como parte de un proyecto en que la *Revue Hispanique* pretendía dar a conocer panoramas literarios de diferentes países de lengua española. El pedido era, en sí mismo, un reconocimiento al interés y el dominio que en torno a ese tema poseía el joven escritor dominicano, quien ya por aquella época había concebido la idea de historiar alguna vez la literatura cubana y había incluido esa materia en el programa de estudios desarrollados por la Academia Domingo del Monte durante 1915.

A principios de 1921, Pedro Henríquez Ureña escribía a su hermano desde Minneapolis: "No urgía enviarle la Literatura cubana a Foulché, primero, porque las diferentes historias le van llegando muy despacio (solo lleva cinco), y segundo, porque no creo que la publique en dos partes, sino toda entera. Pero veo que piensas utilizar luego esa obra como libro de texto: si es así, no debes publicarla en la Revue, que se constituye propietaria de todo lo que publica y no permite su reimpresión".[90] A partir de este momento, dentro o fuera de Cuba, ocupado en asuntos académicos o en tareas diplomáticas, Max Henríquez Ureña extendería pacientemente el hilo de las indagaciones cubanas casi

---

[90] *Epistolario*, t. II, p. 114.

hasta el final de su vida; unas veces con más intensidad, otras con menos tiempo: siempre pendiente de la información que necesitaba, del dato que otros habían pasado por alto, del documento original que despejaría las dudas sobre este o aquel aspecto nebuloso.

Los resultados de tales búsquedas no demoraron en aparecer. En 1923, por ejemplo, la revista *Social* introducía un artículo de Max Henríquez Ureña sobre el poeta José María de Heredia con la siguiente nota:

> En esta página de honor publicamos un extracto de uno de los capítulos del libro que con el título de Historia de la Literatura Cubana tiene en preparación nuestro amigo y colaborador Max Henríquez Ureña, cuyo renombre de literato ilustre es cada día más reconocido en las naciones de habla española. ¿Será esta la obra que vendrá a llenar –pese a lo socorrido de la frase– un vacío de las letras cubanas, carentes hasta ahora de un libro escrito por un verdadero maestro en que se encuentre resumido todo el movimiento literario cubano desde sus orígenes hasta nuestros días?[91]

En 1926, con la fundación el Centro de Altos Estudios en la Escuela Normal de Oriente, dictó el dominicano un ciclo de diez conferencias sobre "La evolución de la poesía en Cuba"; tres años después, en 1929, imprimió sus *Tablas cronológicas de la literatura cubana*, primero por partes en la revista *Archipiélago,* y luego en forma de libro; y en 1930 publicó la *Antología cubana de las escuelas*.[92] Los dos últimos son proyectos con fines de apoyo a la docencia, pero en ellos se ensaya un primer ordenamiento del material bajo estudio y se dibujan ciertos presupuestos conceptuales que, con el paso del tiempo, evolucionarán hasta convertirse en claves metodológicas de la obra definitiva:

---

[91] *Social*, Vol. VIII, No. 9, septiembre de 1923, La Habana, p. 13.

[92] En buena medida, a estos trabajos sobre la historia literaria cubana debió Max Henríquez Ureña que la Junta de Historia y Numismática Americana le nombrara miembro correspondiente en Santo Domingo durante el año 1932. Ver A.T.M.C. Carta de Tulio Cestero a Max Henríquez Ureña, Buenos Aires, noviembre 23 de 1932.

Por lo general, en trabajos análogos al presente, no se concede al desarrollo de la enseñanza pública, de la imprenta y del periodismo, espacio tan vasto como el que yo le asigno. Igual sucede con la mención de hechos históricos que de algún modo han podido influir en la vida intelectual. Se dirá que la cronología literaria no debe ajustarse de manera demasiado minuciosa a la evolución político-social; pero como se trata del proceso de formación de un pueblo, he creído útil y aún diré que necesario establecer esa relación constante entre las actividades literarias y las restantes manifestaciones de la vida cubana.[93]

Este presupuesto historiográfico se iría radicalizando con el paso del tiempo, como veremos enseguida. Otra decisión interesante que el historiador se plantea al momento de construir sus *Tablas cronológicas...* es la de tomar en cuenta aquellos autores nacidos en Cuba pero que desarrollaron sus carreras en el seno de otra literatura nacional e incluso habían adoptado para su escritura una lengua diferente al español, postura desusadamente amplia entre nosotros, incluso para los días que corren. Todavía en 1941 Max Henríquez Ureña daría a conocer sobre este aspecto sus *Poetas cubanos de expresión francesa.*

En su versión definitiva, el *Panorama histórico de la literatura cubana* despliega a gran escala los rasgos fundamentales que el estudioso de la literatura Max Henríquez Ureña había consolidado en las proximidades de 1930. Claro que este proyecto fue concebido como libro de texto para un público amplio, como una fuente prioritaria de información sobre el acontecer literario cubano visto en perspectiva de totalidad. En efecto, esos propósitos se anteponen al examen sintético de las diferentes épocas literarias o a la intención de mostrar y hacer entender las líneas fundamentales del proceso bajo estudio; en su lugar, se relacionan en extenso las figuras de cada momento y género, se busca reconstruir la época a través de

---

[93] Max Henríquez Ureña: *Tablas cronológicas de la literatura cubana*, p. 5.

sus formantes históricos, políticos o sociales, hacer tangible el espesor del ambiente que rodeó la producción literaria.

Pedro Henríquez Ureña lo había advertido: "Noble deseo, pero grave error cuando se quiere hacer historia, es el que pretende recordar a todos los héroes. En la historia literaria el error lleva a la confusión".[94] En esa pugna entre el entusiasmo del investigador ante el dato y el necesario discrimen analítico del historiador literario, los excesos no faltan y, en consecuencia, el *Panorama histórico...* deviene no pocas veces lento desfile de nombres y títulos, muchos de los cuales sospechamos que eran perfectamente prescindibles. Max Henríquez Ureña fue consciente del riesgo que su decisión metodológica implicaba y, en consecuencia, explicó:

> Podrá argüirse que la historia literaria, si se ajusta a un criterio estricto, solo necesita registrar y enjuiciar las grandes personalidades que pueden considerarse de primera línea en atención al mérito intrínseco de su producción, y junto a ellas solo cabe agregar, reconociéndoles un valor cronológico, muy contadas figuras de relativo mérito y significación menor, por su participación en determinadas manifestaciones y tendencias literarias, que contribuyeron a orientar y definir.[95]

Y aunque considera ese criterio "limitativo y justo", explica que no quiso atenerse a él porque "el estudio histórico de las letras cubanas se encuentra todavía en el período de acumulación de materiales y revisión de valores".[96]

En realidad, para la historia literaria en tanto disciplina, la observación del proceso debe estar por encima de las figuras; estas últimas y sus obras son actores de un devenir literario que el estudio diacrónico ha de reconocer como discurso y a través de sus claves esenciales. No fue esta la elección metodológica de Max Henríquez Ureña, quien veía en su esfuerzo un punto de partida, un jalón sobre el que deberían levantarse futuras periodizaciones y juicios de valor en

---

[94] "Caminos de nuestra historia literaria", en *Obra crítica*, p. 225.
[95] *Panorama histórico de la literatura cubana*, t. I, p. 19.
[96] *Ibid.*

condiciones ya de sintetizar críticamente el dificultoso lastre informativo. En su caso, era una decisión muy pensada. La había puesto en práctica para la redacción de las *Tablas cronológicas de la literatura cubana*, en 1929. También la había hecho valer –a pesar del consejo de Pedro, que cita en esa ocasión– al momento de acometer su *Panorama histórico de la literatura dominicana*, en 1945.[97]

Las razones que aduce el investigador dominicano al escoger ese método historiográfico expansivo podían ser incluso de mucho peso; pero no hay que engañarse, en su elección resultó determinante la consabida preferencia que el maestro Max Henríquez Ureña sentía por la función didáctica y la erudición informativa, las cuerdas donde mejor se movía como investigador de la literatura. El asunto resulta mucho más trascendente de lo que aparenta porque, si en la historiografía literaria cubana nunca faltaron seguidores de tal método, en el caso dominicano la historia de la literatura centrada en la suma de autores y no en la reconstrucción e interpretación de los procesos literarios bajo estudio ha sido hasta hoy el modo predominante.

El principio organizador del *Panorama histórico de la literatura cubana* descansa sobre una lectura diacrónica que utiliza como guía la trayectoria de la formación, desarrollo y consolidación de la nación y la nacionalidad cubanas: "El desenvolvimiento de la vida literaria en Cuba está tan estrechamente ligado al de la historia política, que se hace imposible disociarlos".[98] Y más adelante: "Teniendo en cuenta ese paralelismo, he aspirado a ofrecer un panorama, una visión de conjunto de la vida literaria de Cuba al través del tiempo, en consonancia con la evolución del pensamiento político y, por ende, del acontecer histórico".[99]

Este enfoque de los estudios histórico-literarios, muy frecuente por la época en que se formara el escritor –y durante tanto tiempo después que todavía nos alcanza–, resultaba sin dudas el más acorde con la apreciación que Max Henríquez

---

[97] *Vid. Panorama histórico de la literatura dominicana*, t. I, p. [7].
[98] *Panorama histórico de la literatura cubana*, t. I, p. 15.
[99] *Ibid.*

Ureña tenía de la literatura y con el recto sentido de servicio social que siempre le confirió. De hecho, ya lo había aplicado en toda la línea, tanto en sus libros de texto publicados durante 1929 y 1930, como en su historia de la literatura dominicana. Pero, si bien constituye una guía cómoda para organizar el material literario, una manera sencilla de hacer que las manifestaciones de la literatura sean examinadas desde una perspectiva al parecer socialmente totalizadora, también pierde de vista con facilidad el carácter específico que el discurso literario posee y, de hecho, somete su intrínseco devenir al imperio del discurso histórico o político que, por sí solos, resultan incapaces para desentrañar muchas de las significaciones más íntimas y auténticas en la corriente de creación literaria que va marcando un país.

Gracias a esta manera de apreciar, las periodizaciones del proceso literario no son determinadas por su propio desarrollo, sino que se toman prestadas de la historia o del acontecer político; la mirada sobre el devenir literario termina por esclavizar la esencia del acto creador a una función referencial o de reflejo que entra en contradicción con la peculiar codificación estética de la verdadera literatura artística; por último, no permite desentrañar el intenso y complejo diálogo que el discurso literario establece con el resto de los discursos sociales, incluidos los de carácter ideológico, histórico, político, etcétera.

Allí donde Max Henríquez Ureña puede asirse con firmeza al transcurrir histórico-político de Cuba, su exposición cobra fuerza y soltura; cuando no, el material informativo pierde su centro de gravedad, se transforma en una poco conexa sucesión de autores y obras, de juicios cuya escala de valores resulta muchas veces cuestionable.[100] Allí donde la pugna de ideas se dinamiza dentro de la sociedad cubana, al calor de los conflictos políticos, el ejercicio histórico-literario encuentra sus mejores momentos. Así ocurre cuando llega a la mitad del siglo XIX y, aún más, a los años que preceden

---

[100] Véase la última parte del libro, que se aventura más allá de los años veinte. Dados los principios con que fue estructurado, el *Panorama histórico de la literatura cubana* debió terminar en 1933.

inmediatamente al alzamiento de Carlos Manuel de Céspedes; entonces la investigación se anima, como en animación gana el mismo proceso histórico y político cubano. A partir de ese momento, el panorama descrito por Max Henríquez Ureña seguirá creciendo indetenible, hasta concretar su mejor momento al recrear el período de entreguerras y las dos primeras décadas del siglo XX.

Las razones han de buscarse en la fuerza que alcanza la literatura cubana de ideas hacia finales del siglo XIX, en medio de un ambiente polémico, polarizado desde el punto de vista político y fecundo como pocos en el plano del pensamiento; en la cercanía de Max Henríquez Ureña a ciertas líneas de la sensibilidad estética que dominaron las postrimerías de esa centuria y el arranque del siglo XX; en el hecho de que el autor dominicano conoció de cerca a varias de las figuras cumbres en la literatura y el pensamiento cubanos que llenaron la escena finisecular y todavía mantuvieron su actividad bastante más allá del año 1900; y, por último, en la perspectiva que da al historiador literario su protagonismo en parte del período que intenta caracterizar. Ahora, a la meticulosidad del investigador, se suma la nota testimonial que tan cara resultó siempre al Max Henríquez Ureña investigador de la literatura. Aunque entre 1900 y 1925 no puede decirse que la literatura cubana haya alcanzado las expresiones cualitativamente más altas de su historia, es al abordar ese período que el *Panorama histórico...* lanza las notas más felices al alcance de su método historiográfico, pues carga con toda propiedad el acento en la reproducción del ambiente que condicionó la actividad literaria de la época, un ambiente en el cual Max Henríquez Ureña tuvo un lugar importante como periodista, estudioso y gestor cultural.

La crítica en detalle del *Panorama histórico...* escapa al alcance y los propósitos de estas líneas. No es difícil hoy disentir de juicios allí sostenidos. Pasados sesenta años desde su publicación, una parte de la información y de las valoraciones ofrecidas en sus páginas merecen revisión o han sido francamente superadas por investigaciones posteriores, que han tenido acceso a nueva documentación o se han centrado con intención crítica en períodos específicos del proceso literario cubano. De hecho, otras tentativas de historiar la literatura en la mayor de las Antillas han puesto en práctica enfoques y métodos diferentes. Pero el descomunal esfuerzo de búsqueda y sistematización desarrollado por Max Henríquez Ureña sigue siendo un monumento al tesón y a la inteligencia, la obra que resume un mayor volumen de información útil sobre la historia literaria cubana hasta 1930.

Me interesa, eso sí, resaltar que el *Panorama histórico de la literatura cubana* dio la oportunidad a Max Henríquez Ureña de empeñar a fondo sus armas predilectas en el estudio de la literatura. Es decir: esa erudición y documentación a fondo del objeto sometido a examen, que se resuelve en mirada panorámica, abarcadora. Al propio escritor dominicano pertenece la definición siguiente:

> No hay ensayo digno de tal nombre cuya esencia no sea la exposición de conceptos y apreciaciones personales. Una monografía puede ser voluminosa y exhaustiva –valga el anglicismo–; puede agotar el tema en todos sus aspectos, con lujo de erudición y conocimiento; pero valdrá menos, sin duda, que un ensayo de pocas páginas, si este ensayo atesora ideas originales. Hay monografías cuya importancia reside en un solo capítulo que contiene la aportación personal del autor: lo demás es información, que puede ser copiosa y útil, pero que nada nuevo agrega, por cuanto repite o resume lo que ya está dicho en otros libros. Al buen ensayista le basta con escribir ese capítulo, que nos trae su mensaje, en vez de un libro: se limita a darnos su aportación personal y prescinde del lastre de la erudición, que mejor encaja en la misión del divulgador y está destinada a ilustrar lectores que no conocen la materia.[101]

La labor fundamental de Max Henríquez Ureña en el terreno de los estudios literarios está más cerca de la "actitud monográfica" que del ensayo. Y no porque falten en sus trabajos datos nuevos, juicios o criterios personales, sino porque su inclinación hacia la historia literaria, su demorada

---

[101] *Breve historia del modernismo*, p. 318-319.

erudición puesta al servicio del afán informativo, su tendencia al empleo de lo testimonial son consecuencias del espíritu didáctico que anima en esencia todo su trabajo investigativo, dominado por la sombra del maestro que fue Max Henríquez Ureña.[102] Tan indisoluble unidad entre la literatura, la enseñanza y la actividad de promoción cultural cuajó los rasgos fundamentales de la obra firmada por el dominicano, cuya raíz nunca se separó definitivamente del positivismo. Bien supo verlo desde muy temprano la pupila ágil de Alfonso Reyes cuando, en referencia al tercero de los Henríquez Ureña, escribió: "Me parece que su característica literaria es la honradez: conoce todo aquello de que habla."[103]

Vista en perspectiva, la obra literaria de Max Henríquez Ureña es un acto de consagración perpetua: a la condición intelectual, al enriquecimiento cultural de la sociedad, a la patria hispanoamericana, a sus Antillas siempre próximas. Con sus virtudes y sus limitaciones, esa literatura se constituye a la vez en entrega y toma de posesión; el legado que, en absoluta coherencia con los actos de una vida dedicada a la enseñanza, nos extendió Max Henríquez Ureña con la serena convicción de quien se sabía parte del espíritu de las islas, donde ahora mismo está.

---

[102] *El ocaso del dogmatismo literario* fue el discurso de inauguración del curso escolar 1918-1919 en la Escuela Normal de Oriente; *Rodó y Rubén Darío* contiene dos conferencias, una dictada en la Academia Domingo del Monte y otra en el Ateneo de Santiago de Cuba; el *Programa de gramática castellana*, así como las *Tablas cronológicas de la literatura cubana* y la *Antología cubana de las escuelas*, fueron concebidas como libros de textos, carácter que conservan con toda pertinencia el *Panorama histórico de la literatura cubana* y el *Panorama histórico de la literatura dominicana*; incluso la *Breve historia del modernismo* partió de un curso que Max Henríquez Ureña dictara en la Universidad de Yale durante el curso 1948-1949.

[103] *Epistolario íntimo (1906-1946)*, p. 203. Carta a Pedro Henríquez Ureña, París, febrero 16 de 1914.

Max Henríquez Ureña
CRONOLOGÍA

1885.- El 16 de noviembre nace en Santo Domingo Maximiliano Adolfo Henríquez Ureña, tercer hijo de la poetisa y educadora Salomé Ureña y del intelectual y político Francisco Henríquez y Carvajal. Hizo los primeros estudios bajo la mirada de sus padres y a los diez años fue matriculado en el Liceo Dominicano, que dirigía Emilio Prud'homme. Ya a esa edad era un aficionado a la lectura, incluso de los clásicos, y poco después comenzó a circular entre sus familiares y amigos pequeñas publicaciones literarias manuscritas, como *La Tarde*, *El Faro Literario*, *El Siglo XX*, etcétera.

1894-1903.- Su vida transcurre entre Santo Domingo, Puerto Plata y Cabo Haitiano, debido a la enfermedad de su madre y, sobre todo, a las posiciones políticas del padre, cuya situación dentro del gobierno de Ulises Heureaux se hace insostenible. Hacia el final de este período, su firma parece al calce de poemas, cuentos y artículos en publicaciones como *Nuevas Páginas* y *Revista Literaria*. En 1897 muere su madre, hecho que marca definitivamente a toda la familia. Viaja a Nueva York en noviembre de 1901 para reunirse con sus hermanos Frank y Pedro y continuar sus estudios. Entre enero y marzo de 1903 realiza una visita a La Habana y en octubre de ese mismo año vuelve a Santo Domingo.

1904-1905.- Llega el 28 de mayo de 1904 a Santiago de Cuba y se instala junto a su padre. El 7 de junio de ese año funda y dirige el semanario *Cuba Literaria*, que se mantendrá saliendo poco más de un año.

1905-1908.- En agosto de 1905, se traslada a La Habana, donde ya estaban sus hermanos mayores. Allí inició en firme su carrera como periodista y conferencista en diarios como *La Discusión* e instituciones como el Ateneo de La Habana. Entre septiembre y noviembre de 1906 viaja a la República Dominicana y concluye el bachillerato. Se publica su conferencia *Whistler y Rodin* (1906). El 3 de febrero de 1907 embarca rumbo a México, para encontrarse con su hermano Pedro. Participa ese mismo año en la fundación de la Sociedad de Conferencias de México. En septiembre de 1908 tiene que regresar a Santiago de Cuba debido a una enfermedad pulmonar.

1909-1914.- En abril de 1909, se traslada a La Habana y matricula la carrera de Derecho, que concluye en 1912. Desde el diario *La Lucha* mantiene varias columnas que le propician enorme influencia sobre el medio intelectual de esa ciudad, aunque no una situación económica desahogada. Funda la Sociedad de Conferencias de La Habana (1910), junto a Jesús Castellanos, y la revista *Cuba Contemporánea* (1913), hitos ambos de la cultura cubana en esa época. Es nombrado individuo de número de la Academia Nacional de Artes y Letras de Cuba. Publica el folleto *Influencia de Chopin en la música moderna* (1910).

1914-1916.- A principios de 1914, se instala nuevamente en Santiago de Cuba, donde funda el Ateneo de Santiago de Cuba en septiembre de ese año. El 10 de diciembre de 1914 contrae matrimonio con Guarina Lora. En 1915 nace su hijo Hernán. Funda la Academia Domingo del Monte para estudios literarios en ese mismo año. Publica su primer libro de poemas, *Ánforas* (1914), así como *Tres poetas de la música* (1915) y *La combinación diplomática* (1916). Se gradúa de Filosofía y Letras en la Universidad de La Habana en 1916. En julio de ese mismo año viaja a la República Dominicana como secretario de su padre, Francisco Henríquez y Carvajal, que había sido nombrado presidente *de jure*, con el propósito de enfrentar la situación creada por la intervención norteamericana ocurrida el 15 de mayo de ese año.

1917-1921.- A partir de 1917, despliega una intensa actividad, tanto en Cuba como en Estados Unidos, con el fin de lograr la desocupación de su país. Obtiene en 1917 una cátedra en la recién creada Escuela Normal de Oriente, de Santiago de Cuba, institución de la que sería nombrado director entre 1918 y 1920. Participa en la fundación de los periódicos *Diario de Cuba* (1917) y *El Sol* (1920), también en la capital del Oriente cubano. Publica *Rodó y Rubén Darío* (1918), *Los Estados Unidos y la República Dominicana* (1919) y *El ocaso del dogmatismo literario* (1919). Su segundo hijo, Leonardo, nace en 1919. En diciembre de 1920, viaja con su tío Federico por Sudamérica para promover la solidaridad con la causa dominicana y en junio de ese mismo año parte desde Santiago de Cuba con su familia rumbo a Francia, con una beca otorgada por la Escuela Normal de Oriente. Visita además Alemania, Austria, Bélgica, España e Italia. Publica sus *Páginas escogidas de José Martí* (1920).

1922-1930.- En mayo de 1922 regresa a Santiago de Cuba. Crea el Partido Nacionalista de Oriente y es electo concejal de Santiago de Cuba en ese mismo año. Funda en octubre de 1922 la Escuela Libre de Derecho González Lanuza y se integra al grupo Minorista, de La Habana. Publica *El intercambio de influencias literarias entre España y América durante los últimos cincuenta años (1875-1925)* (1926) y el *Programa de gramática castellana* (1926). Es electo para un segundo período como director de la Escuela Normal de Oriente, de 1926 a 1928. Funda en noviembre de 1927 la Institución Hispano-Cubana de Cultura de Oriente y en mayo de 1928 la revista *Archipiélago*. Publica las *Tablas cronológicas de la literatura cubana* (1929), el *Tratado elemental de música* (1929), *Los yanquis en Santo Domingo* (1929), la *Antología cubana de las escuelas* (1930), su segundo libro de poemas, *Fosforescencias* (1930), *El retorno de los galeones* (1930). Además, se publica su traducción de la *Historia* *abreviada de la literatura española*, escrita por Fitzmaurice-Kelly (1929)

1931-1933.- En la segunda quincena de febrero de 1931 regresa a la República Dominicana para hacerse cargo de la Superintendencia General de Enseñanza. En agosto de ese año pasa a ser canciller de la República, responsabilidad que detentará hasta mediados de 1933. En este último año viaja a Estados Unidos para negociar la deuda dominicana, y a Europa para asistir a la Conferencia Monetaria y Económica. Trabaja como profesor de literatura en la Universidad de Santo Domingo durante 1932 y 1933. Junto a otros intelectuales, funda en 1931 la Academia de la Historia Dominicana, al tiempo que en 1932 la Junta de Historia y Numismática Americana le nombra miembro correspondiente en Santo Domingo. En el segundo semestre de 1933 permanece varios meses en Baltimore, Estados Unidos, para atenderse una dolencia de la garganta. Publica *El libro de Santiago de Cuba* (1931).

1934-1946.- En 1934 comienza un largo peregrinar como diplomático del gobierno dominicano, que lo lleva a ostentar el cargo de embajador en Argentina, Gran Bretaña, los Países Bajos, Portugal, México, Cuba, Brasil, el Vaticano, así como la Sociedad de las Naciones y la Organización de Naciones Unidas. Muere su padre, Francisco Henríquez y Carvajal, en 1935. Publica *Panorama de la República Dominicana* (1935), *La liga de las Naciones Americanas y la Conferencia de Buenos Aires* (1937), *Les influences françaices sur la poesie hispanoamericaine* (1937), *La independencia efímera* (1938), *El continente de la esperanza* (1939), *La conspiración de los Alcarrizos* (1941), *Poetas cubanos de expresión francesa* (1941), *El arzobispo Valera* (1944), *Panorama histórico de la literatura dominicana* (1945). A esto debe sumarse la publicación de su muy celebrada traducción de *Los trofeos*, de J. M. de Heredia (1938). En 1946 muere su hermano, el gran humanista Pedro Henríquez Ureña.

1947-1961.- Se instala nuevamente en Cuba durante 1947. En el curso 1948-1949 va a la Universidad de Yale, Estados Unidos, invitado a impartir un curso especial sobre el movimiento literario modernista. Publica *Evocación de José Antonio Ramos* (1947), *Cuentos insulares* (1949), *Hermano y maestro* (1950). Viaja por Europa en 1950 y por Estados Unidos en 1951. Regresa a Cuba, donde desarrolla una importante labor como conferencista en el Lyceum y el Ateneo de La Habana, como comentarista político en la revista *Carteles* y como profesor en la Universidad Católica de Villanueva. Publica *El ideal de los Trinitarios* (1951), *Breve historia del modernismo* (1954), *Homenaje a Sanín Cano* (1957), *Tránsito y poesía de Mariano Brull* (1958), *Garra de luz* (1958), *De Rimbaud a Pasternak y Quasimodo* (1960). En 1960, tras el triunfo revolucionario cubano, se traslada a Puerto Rico y actúa como profesor en la Universidad de Puerto Rico. Allí le sorprende la noticia del ajusticiamiento de Rafael Leonidas Trujillo en la República Dominicana. En 1961 concluye y entrega para su publicación el voluminoso *Panorama histórico de la literatura cubana*.

1962-1968.- Regresa en 1962 a la República Dominicana, donde retoca y reedita su *Panorama histórico de la literatura dominicana* (1965). Realiza un viaje a España, fundamentalmente con fines de atención médica. Vuelve a su país y trabaja como profesor en la Universidad Autónoma de Santo Domingo. Por motivos de salud, vuelve a España en 1965. Viaja ese mismo año a Puerto Rico para trabajar un curso como catedrático invitado en la Universidad de Puerto Rico. Nuevamente en la República Dominicana, pasa a impartir docencia en la Universidad Nacional Pedro Henríquez Ureña. Durante todo este tiempo, trabaja en el proyecto de escribir una historia de la literatura puertorriqueña, sostiene una columna en el *Listín Diario* titulada "Desde mi butaca", y que firma con el seudónimo Hatuey. Muere en Santo Domingo, el 23 de enero de 1968.

Max Henríquez Ureña:
PRINCIPALES DISCURSOS Y CONFERENCIAS
(1904-1930)

A lo largo de esta indagación trabamos contacto con gran cantidad de discursos y conferencias pronunciados por Max Henríquez Ureña entre 1904 y 1930. A continuación, se relacionan los más importantes, que dan una idea —fiel aunque aproximada— de la dimensión y valor que revistió el trabajo de promoción intelectual llevado adelante por el dominicano en Cuba a lo largo de 26 años. Para confeccionar la selección que sigue se ha usado fundamentalmente la bibliografía activa de Max Henríquez Ureña, la poca pasiva que sobre él existe, pero sobre todo su archivo personal y la prensa periódica de la época.

• Conferencia sobre José Martí, impartida el 13 de mayo de 1905 en el Liceo de Guantánamo. Fue la primera disertación pública de Max Henríquez Ureña en Cuba de la que tengamos noticias.

• Conferencia sobre Whistler y Rodin, impartida el 22 de abril de 1906 en la Academia de Dibujo y Pintura El Salvador, en La Habana. Apareció publicada en forma de folleto ese mismo año.

• "Ibsen y su teatro", conferencia impartida el 7 de enero de 1907 en el Ateneo de La Habana, como homenaje al dramaturgo noruego, fallecido poco antes.

• "Chopin", conferencia impartida el 24 de marzo de 1908 en el Teatro del Conservatorio Nacional de la Música de México. Fue publicada bajo el título *Influencia de Chopin en la música moderna* y recogida luego como parte del libro *Tres poetas de la música; Schumann, Chopin, Grieg.*

• "Fundamentos de la moral: el bien y el mal", conferencia impartida el 13 de octubre de 1909 en el Ateneo de La Habana.

- "Heredia y la poesía parnasiana", conferencia impartida el 25 de noviembre de 1909 en el Ateneo de La Habana.

- "En honor a Rubén Darío", discurso pronunciado el 3 de septiembre de 1910, en el banquete que los escritores de La Habana dedicaron a Rubén Darío, de paso en la ciudad. Apareció publicado el 4 de septiembre en *El Fígaro*.

- Discurso sobre la independencia de México, pronunciado el 15 de septiembre de 1910 en el Ateneo de La Habana.

- "Tolstoi y la novela realista", conferencia impartida el 30 de noviembre de 1910 en los salones del Ateneo de La Habana, bajo los auspicios de la Sociedad de Conferencias de esa ciudad.

- "Grieg y la música del norte", conferencia impartida el 16 de enero de 1911 en los salones del Ateneo de La Habana. El folleto *La Sociedad de Conferencias de La Habana* se refiere a ella con el título "La vida y la obra de Eduar Grieg", pero se trata de la misma conferencia, que fue luego recogida en el título *Tres poetas de la música*.

- "La poesía de Georges Rodenbach", conferencia impartida el 10 de marzo de 1912 en la Sala Espadero, como parte del ciclo sobre poetas extranjeros que organizara la Sociedad de Conferencias de La Habana.

- "La vida y obra de Jesús Castellanos", conferencia impartida el 29 de junio de 1912 en los salones del Ateneo de La Habana, como parte de la velada que organizó la Sociedad de Conferencias de La Habana por la muerte del narrador cubano. Apareció como prólogo en Jesús Castellanos: *Los optimistas*. La Habana, Talleres Tipográficos del Avisador Comercial, 1914.

- "Martí en Santo Domingo", conferencia impartida el 2 de marzo de 1913 en los salones del Ateneo de La Habana, como parte del ciclo sobre historia de Cuba organizado por la Sociedad de Conferencias de La Habana. Debió ser pronunciada por Eusebio Hernández, quien no pudo hacerlo.

- "Gerhardt Hauptmann: su significación en el teatro contemporáneo", conferencia impartida el 1° de abril de 1913 en la Academia de Artes y Letras.

• "Discurso de contestación al Dr. Guillermo Rodríguez Roldán", pronunciado el 13 de julio de 1913 en la Academia de Artes y Letras. Fue publicado en folleto el año siguiente.

• Discurso sobre Jesús Castellanos, pronunciado el 12 de noviembre de 1913 en el Conservatorio de Blanck para abrir una actividad de homenaje al narrador cubano.

• "Diego Vicente Tejera", conferencia impartida el 28 de noviembre de 1913 en Santiago de Cuba, bajo los auspicios de la Sociedad de Conferencias de esa ciudad. Fue repetida el 15 de marzo de 1914 en el Conservatorio de Blanck, como parte del ciclo que la Sociedad de Conferencias de La Habana dedicara a las figuras intelectuales de Cuba.

• "Schumann", conferencia impartida el 28 de septiembre de 1914 en la velada que dio inicio a las actividades del Ateneo de Santiago de Cuba. Fue incluida en el título *Tres poetas de la música*.

• "En la tumba de Martí", oración dicha el 19 de mayo de 1915 ante la tumba de José Martí, en Santiago de Cuba. Fue incluida luego en el fallido volumen "Discursos y conferencias".

• "En honor de José de Diego", conferencia sobre la poesía de José de Diego impartida el 31 de julio de 1915 en el teatro Oriente, dentro de la velada que dedicara el Ateneo de Santiago de Cuba al entonces presidente de la Unión Antillana de Puerto Rico, quien permaneció en esa ciudad cuatro días. Fue incluido en "Discursos y conferencias".

• "Origen y desenvolvimiento de la lengua y la literatura castellanas", conferencia impartida el 7 de noviembre de 1915 en Santiago de Cuba. Con ella quedó abierto el primer y único curso de la Academia Domingo del Monte.

• "Rubén Darío y el modernismo", conferencia impartida el 20 de febrero de 1916 en Santiago de Cuba, como actividad especial del curso 1915-1916 de la Academia Domingo del Monte. Aparece en el libro *Rodó y Rubén Darío*, donde se dice erróneamente que fue pronunciada el 22 de febrero de 1916.

• "Cervantes y su obra", conferencia impartida el 30 de abril de 1916 en Santiago de Cuba, como actividad especial del curso 1915-1916 de la Academia Domingo del Monte.

• "Origen y desenvolvimiento de la lengua castellana", disertación ofrecida en el mes de octubre de 1917, dentro de las oposiciones convocadas por la Escuela Normal de Oriente, en Santiago de Cuba, para optar por una cátedra del grupo primero en dicho centro. En el original escrito por Max Henríquez Ureña se dice que fue pronunciada el 20 de octubre, pero una certificación oficial de la Escuela Normal, fechada el 6 de febrero de 1923, afirma que el dominicano fue nombrado en ese centro docente por un decreto presidencial del 15 de octubre de 1917, lo que pone en dudas la fecha antes consignada.

• "Bélgica y las pequeñas nacionalidades", conferencia impartida el 2 de febrero de 1917 en el teatro Oriente de Santiago de Cuba, como parte de una velada a beneficio de la Cruz Roja belga. Fue recogida en "Discursos y conferencias".

• "Voto de gratitud", discurso pronunciado el 5 de febrero de 1917 en el teatro Oriente, como parte de una velada literaria y musical que el Ateneo de Santiago de Cuba dedicó a Max y a Francisco Henríquez y Carvajal, quienes habían regresado de Estados Unidos, tras su infructuosa gestión para lograr la salida norteamericana de República Dominicana.

• Discurso pronunciado el 10 de junio de 1917 en la inauguración de la casa social del Ateneo de Santiago de Cuba.

• "Los grandes poetas del romanticismo francés", conferencia impartida el 29 de julio de 1917 en el teatro Heredia, de Banes, durante una excursión que el Ateneo de Santiago de Cuba realizó por ese territorio.

• "Homenaje a un poeta", discurso pronunciado el 4 de agosto de 1917 en el acto de develar una tarja colocada por el Ateneo de Santiago de Cuba en la casa donde naciera el poeta Enrique Hernández Miyares, en Santiago de Cuba. Una copia de este discurso, corregida y firmada por Max, se encuentra en el archivo del museo Emilio Bacardí, en Santiago de Cuba.

• "La poesía patriótica en Cuba", conferencia dictada el 7 de diciembre de 1917 en el teatro Vista Alegre, en una velada cultural y patriótica celebrada por la Asociación de Prensa de Santiago de Cuba.

• Ciclo de conferencias sobre la Constitución iniciado a fines de 1917 en el Cuartel Moncada por un grupo de profesores. Se reinició el 12 de enero de 1918, tras recuperarse Max Henríquez Ureña de algunas dolencias.

• "José Enrique Rodó", conferencia impartida el 9 de junio de 1918 en el teatro Martí, de Santiago de Cuba, como parte de una sesión dedicada por el Ateneo de Santiago de Cuba al maestro uruguayo. Fue incluida posteriormente en el volumen *Rodó y Rubén Darío*.

• "Bélgica ante América", discurso pronunciado el 21 de julio de 1918 en un banquete celebrado por el Club de los XI, de Santiago de Cuba, en conmemoración de la Constitución belga. Fue incluido en "Discursos y conferencias".

• Discurso pronunciado el 3 de agosto de 1918, en la toma de posesión de la Junta Directiva del Ateneo de Santiago de Cuba para el año social 1918-1919.

• "Francia y el genio latino", discurso pronunciado el 14 de julio de 1918 durante un banquete celebrado en Santiago de Cuba por el aniversario de la toma de la Bastilla. Se encuentra recogido en el tomo XI de la *Evolución de la cultura cubana*, que realizara José M. Carbonell. En la reseña que hace el *Diario de Cuba* se dice que el orador fue sacado en hombros del local. El propio diario publicó el discurso en su edición del 16 de julio.

• Discurso en la toma de posesión de la Junta Directiva del Ateneo de Santiago de Cuba, pronunciado el 4 de agosto de 1918.

• Discurso sobre la Primera Guerra Mundial, el papel de los Estados Unidos y la unión latinoamericana, pronunciado el 24 de septiembre de 1918, en un acto de despedida al coronel Melville Shaw.

• "La Escuela Normal y su porvenir", discurso pronunciado el 30 de diciembre de 1918, en la clausura del Primer Congreso de Profesores de las Escuelas Normales, celebrado en La Habana.

• "Discurso de contestación al Sr. Carlos de Velasco", pronunciado el 4 de enero de 1919 en la Academia de Artes y Letras de La Habana. Fue publicado ese mismo año en folleto.

• Discurso sobre la cuestión dominicana pronunciado en el Centro Nacional de Veteranos de la Independencia de La Habana, durante la actividad en que se creó el Comité Pro Santo Domingo de La Habana.

• "En honor de Teodoro Rooselvelt", discurso pronunciado el 26 de enero de 1919 en el Árbol de la Paz, Santiago de Cuba, durante un acto celebrado por la Asociación de Reporters de esa ciudad. Fue incluido en "Discursos y conferencias".

• "Discurso en el centenario de Céspedes", pronunciado el 20 de abril de 1919 en La Demajagua, Manzanillo, aprovechando el recorrido que Max Henríquez Ureña realizara para crear los Comités Pro Santo Domingo. Fue recogido en "Discursos y conferencias".

• "En torno a los estudios gramaticales", discurso pronunciado el 1° de octubre de 1919 en la Escuela Normal de Oriente, Santiago de Cuba, para dejar inaugurado el curso escolar 1919-1920. Este es el germen del *Programa de gramática castellana*.

• "Salutación al profesorado normal", discurso pronunciado el 28 de diciembre de 1919 en la sesión de apertura del Segundo Congreso de Profesores de las Escuelas Normales, en Santiago de Cuba.

• "Patria", discurso pronunciado el 24 de febrero de 1920, en una velada patriótica celebrada en el teatro Oriente, de Santiago de Cuba. Fue incluido en "Discursos y conferencias".

• "Optimismo, idealismo, patriotismo", discurso pronunciado el 1° de octubre de 1920 en la Escuela Normal de Oriente, de Santiago de Cuba, durante el acto de investidura de los primeros maestros normales graduados por ese centro. Fue incluido en "Discursos y conferencias".

• "Santo Domingo: su evolución histórica", conferencia impartida el 27 de enero de 1921 en el Ateneo Hispanoamericano de Buenos Aires. En el libro *Los yanquis en Santo Domingo* este texto aparece con el título "Significación histórica de la República Dominicana".

- "La cuestión dominicana considerada en su aspecto jurídico", conferencia impartida el 17 de febrero de 1921 en el Gimnasio Paraguayo.

- "Santo Domingo ante América y España", conferencia impartida el 21 de febrero de 1921, en un acto organizado por la Asociación Patriótica Española, Buenos Aires.

- "Los Estados Unidos y la América Latina", conferencia impartida el 2 de marzo de 1921, durante una actividad organizada por la Federación de Estudiantes, en el Colegio Nacional de La Plata, Argentina.

- "La absorción capitalista norteamericana y el caso de Santo Domingo", conferencia impartida el 3 de marzo de 1921 en el local del Círculo Médico Argentino y el Centro de Estudiantes de Medicina, Buenos Aires.

- "El problema dominicano ante la América española", conferencia impartida el 17 de marzo de 1921 en el Ateneo Hispanoamericano de Santiago de Chile.

- "Mi viaje por Suramérica", conferencia impartida la noche del 21 de mayo de 1921 en la Escuela Normal de Oriente, Santiago de Cuba.

- "Santo Domingo: su evolución histórica", conferencia pronunciada el 15 de febrero de 1922 en el Ateneo de Madrid. Aparece como apéndice en *Los yanquis en Santo Domingo* y fue recogida en "Discursos y conferencias".

- "La política de Estados Unidos en el Caribe", conferencia pronunciada el 20 de febrero de 1922 en la Residencia de Estudiantes, Madrid.

- "Alma juventud", discurso pronunciado el 8 de julio de 1922 en el acto inaugural de la casa social de la Juventud Nacionalista de Oriente, Santiago de Cuba. Fue recogido en "Discursos y conferencias".

- "Política municipal", discurso pronunciado el 12 de octubre de 1922 en el teatro Oriente, de Santiago de Cuba, durante un mitin de la Asamblea Provincial del Partido Nacionalista. En el archivo personal de Max se conservan fragmentos de este discurso. También se conserva una nota donde el dominicano afirma que durante esa campaña política había pronunciado más de 40 discursos y arengas.

• "Conferencia sobre Albert Einstein", impartida en 1922 en el Ayuntamiento de Santiago de Cuba.

• "España en el siglo XX", conferencia impartida el 8 de abril de 1923 en el Centro de la Colonia Española de Santiago de Cuba.

• "La madre de los Maceo", discurso pronunciado el 24 de abril de 1923 ante los restos de Mariana Grajales. Fue recogido en "Discursos y conferencias".

• "La épica popular en España", disertación ofrecida el 11 de junio de 1923 en las oposiciones convocadas por la Universidad de La Habana para obtener una cátedra de literatura.

• "Schiller: su obra y su influencia en la literatura alemana", disertación ofrecida el 13 de junio de 1923 en las oposiciones convocadas por la Universidad de La Habana para obtener una cátedra de literatura.

• "La protesta contra la inmoralidad administrativa", discurso pronunciado en 1923, en Santiago de Cuba.

• "Discurso en la constitución de la Asociación Provincial de Colonos de Oriente", pronunciado en 1923, probablemente en Camagüey.

• "Ante el cadáver de Rafael Manduley del Río", discurso pronunciado en 1924, en Santiago de Cuba.

• "Discurso en el aniversario de la batalla naval de Santiago de Cuba", pronunciado en 1925, en Santiago de Cuba.

• "Palabras dichas en el Palacio Presidencial de Cuba, en nombre de los colonos de Oriente", pronunciadas en diciembre de 1925, en La Habana.

• Ciclo de conferencias sobre la evolución de la poesía cubana impartido en la Escuela Normal de Oriente, a nombre del Centro de Altos Estudios para Maestros constituido en esa institución. El ciclo incluyó diez conferencias.

• "El centenario del romanticismo en Francia", conferencia impartida el 30 de abril de 1928 en el local de la Institución Hispano-Cubana de Cultura de Manzanillo.

• "A Bolívar", discurso pronunciado parcialmente en Caracas, diciembre de 1930, dentro de las conmemoraciones del centenario de la muerte de Simón Bolívar, a las que Max asistió como presidente de la delegación dominicana.

Bibliografía básica

Citar todas las fuentes consultadas a lo largo de una investigación que tomó décadas, habría arrojado una interminable lista de obras y autores. A continuación, se relacionan solo aquellas que aparecen directamente citadas o a las que se hace referencia a lo largo del libro, así como algunas pocas más donde se encuentran juicios en torno a la obra de Max Henríquez Ureña.

Aguirre, Mirta: *Estudios literarios*. Ciudad de La Habana, Editorial Letras Cubanas, 1981.

Alburquerque Lima, Silvio Julio: "Vida, caráter e obra de Max Henríquez Ureña", en *Historia, literatura e folclore de América espanhola*. Río de Janeiro, A. Coelho Branco, 1945.

Alcántara Almánzar, José (comp.): *Antología mayor de la literatura dominicana (siglos XIX y XX)*. Santo Domingo, Ediciones de la Fundación Corripio, Inc., 2001, 2t.

_____: *Los escritores dominicanos y la cultura*. Santo Domingo, Instituto Tecnológico de Santo Domingo, 1990.

_____: *Narrativa y sociedad en Hispanoamérica*. Santo Domingo, Instituto Tecnológico de Santo Domingo, 1984, p. 42-51.

Alfau Durán, Vetilio: "Max Henríquez Ureña", en "Apuntes para la bibliografía dominicana", *Clío*, órgano de la Academia Dominicana de la Historia, Santo Domingo, 1969.

Andrade Coello, Alejandro: *Tres poetas de la música, Ánforas, de Max Henríquez Ureña*. Quito, Ecuador, Imprenta de la Universidad, 1920.

El Ateneo de Santiago de Cuba; su fundación, su primer año, su porvenir. La Habana, Imprenta de Aurelio Miranda, 1916.

Ateneo de Santiago de Cuba; memoria presentada por el director y trabajos de la institución durante los años 1915 a 1918. La Habana, Imprenta El Siglo XX de la Sociedad Editorial Cuba Contemporánea, 1919.

Balaguer, Joaquín: *Historia de la literatura dominicana*; décima edición. Santo Domingo, Editora Corripio, C. por A., 1997.

Cairo, Ana: *El Grupo Minorista y su tiempo* ("Nuestra Historia"). Ciudad de La Habana, Editorial Ciencias Sociales, 1978.

Calder, Bruce J.: *El impacto de la intervención; la República Dominicana durante la ocupación norteamericana de 1916-1924*. República Dominicana, Fundación Cultural Dominicana, 1989.

Casaus, Víctor: *Defensa del testimonio*. La Habana, Editorial Letras Cubanas, 1990.

Castillo Vega, Marcia: *Catálogo del archivo personal de la familia Henríquez Ureña*. Santo Domingo: SEEBAC, 1994.

Céspedes, Diógenes: "El efecto Rodó. Nacionalismo idealista vs. nacionalismo práctico. Los intelectuales antes de y bajo Trujillo", en *Política de la teoría del lenguaje y la poesía en América Latina en el siglo XX*. Santo Domingo, Editora Universitaria de la UASD y Librería La Trinitaria, 1995, p. 113-161.

Contín Aybar, Néstor: *Historia de la literatura dominicana*. San Pedro de Macorís, Universidad Central del Este, 1984, t. III.

Durán, Dioni: *Literatura y sociedad en la obra de Pedro Henríquez Ureña*. La Habana, Editorial Letras Cubanas, 1994.

Enciclopedia dominicana; 5ta. edición. Santo Domingo, República Dominicana, Enciclopedia Dominicana, S. A., 1999, t. III.

Familia Henríquez Ureña: *Epistolario*. Santo Domingo, Secretaría de Estado de Educación, Bellas Artes y Cultos, 1996, 2t.

Fernández Pequeño, José M.: *Crítica sin retroceso*. La Habana, Ediciones Unión, 1994.

Fernández Pequeño, José M. y Florentina R. Boti (comp.): *Regino E. Boti: cartas a los orientales (1904-1926)*. La Habana, Editorial Letras Cubanas, 1990.

Fernández Retamar, Roberto: *Para una teoría de la literatura hispanoamericana y otras aproximaciones*. La Habana, Cuadernos Casa, 1975.

Fiallo, Fabio: *Obras completas*. Santo Domingo, Editora de Santo Domingo, 1980, Vol. III.

Forment, Carlos E.: *Crónicas de Santiago de Cuba*. Santiago de Cuba, Editorial Arroyo, 1953, t. I.

Franco, Franklin J.: *República Dominicana, clases, crisis y comandos*. La Habana, Casa de las Américas, 1966.

Henríquez y Carvajal, Federico: *Nacionalismo*. [Santo Domingo], Biblioteca Nacional, 1986.

Henríquez García, E.: *Cartas del presidente Francisco Henríquez y Carvajal*. Santo Domingo, Imprenta Sánchez, 1970.

Henríquez Ureña, Camila: *Estudios y conferencias*. Ciudad de La Habana, Editorial Letras Cubanas, 1982.

Henríquez Ureña, Max: *Breve historia del modernismo*; segunda reimpresión. México, Fondo de Cultura Económica, 1978.

_____: *Cuentos insulares* ("Biblioteca Contemporánea"). Buenos Aires, Editorial Losada, 1947.

_____: "Discursos y conferencias"; primera serie: prédicas de idealismo y esperanzas. La Habana, Imprenta "El Siglo XX", 1923. El libro nunca llegó a publicarse. Las galeras del mismo se encuentran en el archivo de Max Henríquez Ureña que atesora el Instituto de Literatura y Lingüística, en La Habana.

_____: *Episodios dominicanos*. Santo Domingo, Editora de Santo Domingo, 1981.

_____: *Hermano y maestro*. República Dominicana, Librería Dominicana, 1950.

_____: *Max Henríquez Ureña en el Listín Diario, 1967-1968*; compilación de Diógenes Céspedes. Santo Domingo, Biblioteca Nacional Pedro Henríquez Ureña, 2003.

_____: *Max Henríquez Ureña en el Listín Diario, 1963-1965*; compilación y prólogo de Diógenes Céspedes. Santo Domingo, Universidad APEC, 2009.

_____: *Mi padre*; perfil biográfico de Francisco Henríquez y Carvajal. Santo Domingo, Comisión Permanente de la Feria Nacional del Libro, 1988.

_____: *Obra y apuntes*. Santo Domingo: Editora Nacional de la República Dominicana, 2008-2012, 28 t.

_____: *El ocaso del dogmatismo literario*. La Habana, Imprenta "El Siglo XX" de la Sociedad Editorial Cuba Contemporánea, 1919.

_____: *Panorama histórico de la literatura cubana*. La Habana, Editorial Arte y Literatura, 1979, 2t.

_____: *Panorama histórico de la literatura dominicana*; segunda edición. Santo Domingo. Editorial Librería Dominicana, 1965, 2t.

_____: *Poetas cubanos de expresión francesa*. [s.l.], Revista Iberoamericana, 1941.

_____: *Programa de gramática castellana*; primer curso. Santiago de Cuba, Librería y Papelería Renacimiento, 1926.

_____: *El retorno de los galeones*; bocetos hispánicos. Madrid, Compañía Iberoamericana de Publicaciones Renacimiento, 1930.

_____: *El retorno de los galeones y otros ensayos*; segunda edición. México, Ediciones Galaxia y Ediciones de Andrea, 1963.

_____: *De Rimbaud a Pasternak y Quasimodo*; ensayos sobre literaturas contemporáneas. México, Tezontle, 1960.

_____: *Rodó y Rubén Darío*. La Habana, Sociedad Editorial Cuba Contemporánea, 1918.

_____: *La Sociedad de Conferencias de La Habana* ("Cuadernos de Historia Habanera, No. 58). La Habana, Oficina del Historiador de la Ciudad, 1954.

_____: *Tablas cronológicas de la literatura cubana*. Ediciones Archipiélago, 1929.

_____: *Tres poetas de la música*; Schumann, Chopin, Grieg. La Habana, Imprenta "El Siglo XX", 1915.

_____: *Whistler y Rodin*. La Habana, Imprenta de Esteban Fernández, 1906.

_____: *Los yanquis en Santo Domingo*; la verdad de los hechos comprobada por datos y documentos oficiales. Santo Domingo, Editora de Santo Domingo, S.A., 1977.

Henríquez Ureña, Pedro: *Las corrientes literarias en la América hispana*. La Habana, Edición Revolucionaria, Instituto Cubano del Libro, 1971.

_____: *Historia de la cultura en la América hispánica*. La Habana, Editorial Gente Nueva, 1979.

_____: *Memorias; diario*; introducción y notas por Enrique Zulueta Álvarez. Buenos Aires, Academia Argentina de Letras, 1989.

_____: *Obra crítica*; prol. de Jorge Luis Borges. México, Fondo de Cultura Económica, 1960.

_____: *Pedro Henríquez Ureña en Cuba*. Santo Domingo, [s.e.], 1992.

Henríquez Ureña, Pedro y Alfonso Reyes: *Epistolario íntimo (1906-1946)*; prólogo de Juan Jacobo de Lara. Santo Domingo, UNPHU, 1981.

Incháustegui Cabral, Héctor: *De la literatura dominicana siglo veinte*; segunda edición. Santiago de los Caballeros, Universidad Católica Madre y Maestra, 1973.

Inoa, Orlando: *Pedro Henríquez Ureña en Santo Domingo*. Santo Domingo, Comisión Permanente de la Feria del Libro, 2002.

Jaime Julia, Julio: *Antología de Américo Lugo*. Santo Domingo, Editora Taller, 1976, 3t.

_____: *Escritos de Tulio Manuel Cestero*. Santo Domingo, Publicaciones ONAP, 1985.

Jerez Villarreal, Juan: *Oriente*; biografía de una provincia. La Habana, Imprenta El Siglo XX, 1960.

Lazo, Raymundo: *Historia de la literatura hispanoamericana*. La Habana, Editorial Pueblo y Educación, 1969, t. II.

Lebrón Saviñón, Mariano: *Historia de la cultura dominicana* ("Colección del Sesquicentenario de la Independencia Nacional, Vol. IX). Santo Domingo, Editora Taller, 1994, t. III.

Martínez, Rufino: *Diccionario biográfico-histórico dominicano (1821-1930)* (Colección Historia y Sociedad, No. 5). Santo Domingo, Editora de la Universidad Autónoma de Santo Domingo, 1971.

Mateo, Andrés L.: *Mito y cultura en la Era de Trujillo*. Santo Domingo, Librería La Trinitaria e Instituto del Libro, 1993.

_____: *Pedro Henríquez Ureña: vida, errancia y creación*. Santo Domingo, Comisión Permanente de la Feria del Libro, 2002.

Matos Moquete, Manuel: *La cultura de la lengua*. Santo Domingo, Instituto Tecnológico de Santo Domingo, 1999.

Moya Pons, Frank: *Manual de historia dominicana*. Santiago de los Caballeros, R.D., Universidad Católica Madre y Maestra, 1977.

Nolasco, Sócrates: *La ocupación militar de Santo Domingo por Estados Unidos de América (1916-1924)*. Santo Domingo, Editora del Caribe, C. por A., 1971.

Onís, Federico: *España en América*; estudios, ensayos y discursos sobre temas españoles e hispanoamericanos. Puerto Rico, Editorial Universitaria, Universidad de Puerto Rico, 1968.

Pérez, Odalís G.: *Max Henríquez Ureña; las rutas de una vida intelectual*. Santo Domingo, Archivo General de la Nación, 2011.

Pérus, Françoise: *Literatura y sociedad en América Latina: el modernismo*. La Habana, Casa de las Américas, 1976.

Portuondo, José Antonio: *La emancipación literaria de Hispanoamérica*. La Habana, Cuadernos Casa, 1975.

Ricardo, Yolanda: *Magisterio y creación: Los Henríquez Ureña.* Santo Domingo, Publicaciones de la Academia de Ciencias de la República Dominicana, 2003.

Riera Hernández, Mario: *Oriente 1900-1952*; cincuenta y dos años de política. [s. l.], [s. e.], 1953.

Rosario Candelier, Bruno: *Tendencias de la novela dominicana.* Santiago de los Caballeros, Pontificia Universidad Católica Madre y Maestra, 1988.

Rueda, Manuel (comp.): *Antología mayor de la literatura dominicana (siglos XIX y XX).* Santo Domingo, Ediciones de la Fundación Corripio, INC, 1999, 2 Vol.

Sumner Welles: *La viña de Naboth*; la República Dominicana, 1844-1924. Santo Domingo, Editora Taller, 1975.

Vallejo de Paredes, Margarita: *Apuntes biográficos y bibliográficos de algunos escritores dominicanos del siglo XIX.* Santo Domingo, Publicaciones ONAP, 1995, Vol. II.

Vega, Bernardo: *Los Estados Unidos y Trujillo. Año 1930*; Colección de documentos del Departamento de Estado, de las Fuerzas Armadas Norteamericanas y de los archivos del Palacio Nacional dominicano. Santo Domingo, Fundación Cultural Dominicana, 1986, 2t.

_____: *Unos desafectos y otros en desgracia.* Santo Domingo, Fundación Cultural Dominicana, 1986.

Víctori Ramos, María del Carmen: *Cuba: expresión literaria oral y actualidad.* La Habana, Centro de Investigación y Desarrollo de la Cultura Cubana Juan Marinello y Editorial José Martí, 1998.

ÍNDICE

En la colección Cuadernas

Leviatán. Policía política cubana y terror socialista
—Testimonio—
Yoe Suárez

Hombres necios que acusáis... Décima femenina en Cuba
—Ensayo—
Mayra del Carmen Hernández Menéndez

Monika Krause. Queen of condoms
—Memorias—
Monika Krause

Verdad es belleza
—Memorias—
Marco Tulio Aguilera Garramuño

Asomada a la vida. Adolescencia y pubertad
—Memorias—
Helena Vilarelle

El pacto social posmoderno
—Ensayo—
Faisel Iglesias

Un naufragio en tierra firme
—Periodismo—
Jesús Arencibia Lorenzo

Made in the USA
Columbia, SC
07 November 2023

25240247R00159